JN024800

実践的アプローチで学ぶ

総合政策学入門

加賀見一彰

著

ミネルヴァ書房

はしがき

「政策に関わることはおそろしい」
という意識を持つべきだと思う。

政策は人々の生活を左右する。このため，自分の判断や活動が間違うと，多くの人々をとんでもない不幸に叩き込んでしまうこともありうる。

そんな責任を自分は負えないので，なんとか逃げ出してしまいたい。しかし，日常生活の至るところに政策となる問題が転がっている。そのうえ，「何もしない」というのも政策のひとつであって，自分が政策に関わることから逃れることはできない。

もちろん，権力欲や名誉欲，使命感，学術的探究心だけで，政策に取り組む人にとっては，政策に関わる恐怖から解放されるかもしれない。

しかし，このような人たちが推進する政策が，自分自身や自分の大切な人の生活を左右する。このため，彼らの判断や活動が間違うと，自分たちがとんでもない不幸に叩き込まれてしまうこともありうる。

そんな権限を他人に与えたくないが，日常生活の至るところに政策となる問題が転がっていて，他人が推進する政策の影響から逃れることはできない。

要するに，私たちは，「政策を間違うおそろしさ」と「政策から逃れられないおそろしさ」に直面しているのである。では，どうすればよいのだろうか。

「政策に関わるおそろしさ」は，人間の善性，あるいは，努力や根性だけでは解消されない。また，もう少し積極的に克服しようとしても，断片的・直観的な知識や技能だけでは限界がある。「世の中をより良くする」という目的を基軸としながら，総合的で，体系的で，実践的で，かつ，多様な人々の間で共有可能な学問が求められる。

その学問が，総合政策学である。

本書は，総合政策学の入門レベルの教科書である。

執筆においては，観察者・分析者の視点ではなく，実践者・当事者の視点か

らの総合政策学というものを目指した。つまり，政策に関わる現象や活動について，記述や説明するだけではなく，特定の目的を実現するために，理解し，操作することを念頭に置いている。さらに，政策についての理解や操作が一面的・断片的であると目的の実現は覚束ないので，幅広い知識や技能を総合的かつ体系的に盛り込むことを心がけた。

　執筆においてもうひとつ意図したことは，読者が自分自身で考える機会を提供することである。政策に関わる目的，前提，問題，制度，手法などは，「正しいもの」とされながら，その内容も根拠も疑わしいものが少なくない。そこで，ところどころに Work を設置して，「自分自身であらためて考えてみる」ようにした。これらの Work の多くには正解はない。「政策のおそろしさ」を踏まえて，「より望ましいものはなにか」「なぜ望ましいといえるのか」といったことを考えてもらいたい。

　繰り返しになるが，本書は，総合政策学の入門レベルの教科書である。読者が，基本的な意識や視点に基づいて，薄くて幅広い知識や技能を身につけ，総合的に活用する基盤を確立することを目標としている。このため，より高度な知識や技能，分析手法は解説していないし，個別的な政策の内容，歴史，成果などを詳細に紹介してもいない。これらは大幅に切り捨てている。これらの事項については，優れた解説書・研究書などが存在しているので，是非とも，本書の次のステップとして学び，そして，実践へとつなげてもらいたい。

　最後に，本書の出版にご尽力いただいた，ミネルヴァ書房の本田康広氏に心より感謝申しあげる。

　2023年 6 月

加賀見一彰

実践的なアプローチで学ぶ
総合政策学入門

目　次

はしがき

PART I　総　論

PART II　タイプに着目した知識・技能

PART Ⅲ　対象に着目した知識・技能

PART Ⅳ　まとめと展望

PART I
総　論

第1章

総合政策学の理念と背景

　総合政策学の世界へようこそ！

　これから，世の中をより良くするための学問である，総合政策学について学んでいこう。とはいえ，総合政策学は分かりにくい。さらにいうと，学習を進めるほどにますます分かりにくくなるところもある。というのも，基礎となる用語や概念は曖昧だし，具体的な考え方も状況に応じて揺れ動くからである。そこでまず，これだけはブレないものとして，総合政策学の根底にある基本理念を説明する。そして，総合政策学が揺れ動く背景について簡単に描写して，これからの学習の指針を提示する。

1　総合政策学の基本理念

社会改善への欲求

「世の中をより良くしたい」。

「自分の周りの状況を改善したい」。

　この欲求——社会改善への欲求——が総合政策学の起点そして基点となる。

　政策とは（後で詳しく説明するが）社会をより良くするための取り組みである。そして，総合政策学とは（これも後で詳しく説明するが）社会をより良くすることを目的とする学問である。具体的には，「社会にとって良いとは何か」を考え，「どうすればより良くなるのか」を解明し，「社会をより良くするための方策」を考案し，遂行するように，様々な知識や技能をまとめた学問である。

　このように書くと，政策あるいは総合政策学の意味や意義は明白だと思うかもしれない。しかし，実際に深く考えてみると，「政策とは何か」「総合政策学とはなにか」「どんな意義があるのか」といった疑問は容易に解消しない。むし

ろ，考えれば考えるほど，混乱して，自信がなくなってくる。一方，政策は多くの人々の生活や人生を左右する，場合によっては不幸に陥れることがある。つまり，自分が考案した政策が多くの人々を不幸に陥れるかもしれないのである。このことに思い至ると，政策に関わることが怖くなるかもしれない。なにか確実なものに縋りたい気持ちになってくる。

では，どうすればよいのだろうか。まさにそういう時にこそ，社会改善への欲求を再確認することが求められる。「世の中をより良くする」ために最後に頼れるのは，「世の中をより良くしたい」という強い想い，熱意なのである。

Point
社会改善への欲求が総合政策学の起点そして基点となる。

社会改善への欲求だけでよいのか？

社会改善の欲求は，世の中をより良くするための大前提となる。しかし，これがあれば必ずうまくいくというものでもない。社会改善への強い意欲を持っていたにも関わらず「世の中をより良くする」ことに失敗した事例はいくらでもある。社会改善の欲求と併せて何が必要なのだろうか。ここでは，アルフレッド・マーシャル（経済学者であるがその思想は総合政策学に通じる）の言葉を紹介する。

マーシャルは，1885年2月のケンブリッジ大学の教授就任講演において，社会的な困難に打ち克つためには「冷静な頭脳と温かい心情（cool heads but warm hearts）」が重要だと説いた。[1] つまり，広範な事実を客観的に捉え，かつ，事実を前提として厳密に考察を進めていく頭脳と，現実の人々の実情に寄り添い，共感するような心情が求められるというのである。

この言葉は，社会改善の欲求を総合政策学に結びつける架け橋となる。熱意というエネルギーを，有効な推進力に転換し，適切に制御するための指針を提供してくれるのである。この3つの要素を併せて，総合政策学の基本理念ということができる（**図表1-1**）。

---
(1)　J.M.ケインズ（熊谷尚夫・大野忠男訳）[1959]『人物評伝』岩波現代叢書（188頁）。

図表1-1　総合政策学の基本理念

― Point ―

総合政策学の基本理念は，社会改善への欲求に，冷静な頭脳と温かい心情
を併せたものである。

　　ただし，この基本理念において，それでもやはり，社会改善の欲求が総合政
策学の起点かつ基点であることに注意してもらいたい。社会改善の欲求がある
から冷静な頭脳と温かい心情が要請されるのであって，その逆ではない。また，
なぜ，どのような頭脳あるいは心情が要請されるのかも，社会改善の欲求によっ
て規定される。

2　総合政策学の背景

総合政策学の発生・発展の背景

　　総合政策学の基本理念に意義があっても，それで学問として成立するわけで
はない。学問の発生や発展は，関与する人々の活動によって影響を受ける。さ
らに，人々の活動は背景となる環境によって左右される。ということは，環境
を把握することで，その学問に期待された役割や発展の方向性を理解すること
ができる。

　　ここでは，総合政策学を求める側の事情である外部環境と，総合政策学を発
生・発展させる側の事情である内部環境に分けて整理しよう。前者は総合政策
学への需要あるいはニーズに関わる背景，後者は総合政策学の供給あるいは
シーズに関わる背景と言い換えてもよい。総合政策学の発展や特性は，これら
の環境によって大きく左右される （**図表1-2**）。

図表1-2　総合政策学の発生・発展の背景

総合政策学の外部環境

　まず，総合政策学の発生・発展が求められる外部環境の要因について考える。この要因はさらに二段階に分けられる。まず，政策が求められる要因であり，次に，政策の学問が求められる要因である。

　政策が求められる要因は，人々の生活や仕事において現状を改善したいという意欲に帰せられる。現状の改善には2つの方向がある。ひとつは，進歩志向や未来志向のもとで「良い状況を促進しよう」とするものである。もうひとつは，問題解決志向のもとで「悪い状況を抑制しよう」とするものである。総合政策学の黎明期においては進歩志向や未来志向が重視されていたが，近年では問題解決志向のほうが注目される傾向がある。

> ― Point ―――――――
> 政策が求められる外部環境要因は，進歩志向・未来志向と問題解決志向に分けられる。

　問題解決志向は，危機感や不満，不安といった感情を原点とする。不景気や失業，貧困や格差，医療不安や老後不安，自然災害や安全保障上のおそれなどが具体的な契機となる。これらの感情が「何とかしたい」「何とかして欲しい」という想いを強化する。とくに近年では，VUCA（volatility, uncertainty, complexity and ambiguity）というように，難しい状況に晒されて，人々の間で危機感や不安感が高まっている。さらに，ICTの発達によって，個人の危機感や不安感が他の多くの人々に容易に拡散され，共有されるようになっている。この結果として，問題解決志向が高まり，さらに政策へのニーズが強くなってきている。

　ところが，政策へのニーズが強くなっても，政策の学問へのニーズへそのまま結びつくとは限らない。政策の学問が求められる要因も検討する必要がある。もし，「いままでと同じ」で対応する先例主義，「他者と同じ」で対応する模倣

主義，あるいは，経験と勘で対応する実践主義といったやり方でうまくいくのであれば，政策の学問は不要である。「政策について改めて深く検討する必要がある」という認識がなければ政策の学問へのニーズは生まれない。さらにまた，政策の学問へのニーズが潜在的に存在しても，政策の学問を活用できるだけの能力や資源を保有しないために，顕在化しないこともある。

Point

政策の学問を活用できる条件が整わないと，政策の学問へのニーズは顕在化しない。

では，政策の学問が求められる外部環境（役に立つという認識と活用できる条件）は，現状においてどのように評価できるのだろうか。じつは，「強くなっているところもある（＝強くなっていないところもある）」というのが正直な評価だろう。

役に立つという認識については，先例主義，模倣主義，実践主義では限界があることは広く理解されている。しかし，政策の学問のほうが役に立つという信頼を獲得しているとまではいえない。むしろ，「頭でっかちな政策の学問よりは，先例主義，模倣主義，実践主義のほうがマシである」という認識すら根強く存在する。

また，活用できる条件についても，確定的な傾向は見いだせない。たとえば，近年の大きな動きとして，まずICTの発達は，情報収集や分析の可能性を広げた一方で，VUCAを加速させて，政策の学問を困難にした。あるいは，1990年代から促進されてきた地方分権は，自治体の行動が独自の政策に取り組む機会を拡大させて政策の学問へのニーズを高めたが，同時に予算や人員の制約が厳しくなって政策の学問を活用しにくくなった。

ここまでの議論を総合的にまとめる。まず，政策が求められる外部環境は，潜在的には強くなっているといってよい。一方で，政策の学問が求められる要因は，強くなっている側面と弱くなっている側面が混在している。結果的に，総合政策学の発生・発展は，大まかな方向としては期待されているが，全面的に受容される状況にはないといってよい。

┌─ **Point** ─────────────────────────────────
　総合政策学が求められる外部環境はポジティブ要因とネガティブ要因が混
在している。
└──

総合政策学の内部環境

　政策の学問へのニーズが顕在化しないのは，その学問の性質や発展経緯にも
理由がある。そもそも役に立つ学問でなければ，社会から求められないのは当
然である。そして，学問の性質や発展は，その学問に携わる人々の知識や能力，
思惑（内部環境の要因）によって左右される。このため，現時点での総合政策学
の性質や発展の方向性を検討するために，内部環境について理解しておくこと
が求められる。

　現代的な総合政策学の直接的な出自は政治学（とくにアメリカの政治学）である。
しかし，かつての政治学は，理想的な主義主張を語るか，現状を描写すること
に主眼を置いていた。つまり，現実的な分析もしないし，ましてや具体的な政
策提示もしなかった。ところが，政治学のなかで，1920年前後から主体行動に
着目した機能的分析が出てきた。また，ほぼ同時期に，経済学が発展して主体
の意思決定と市場メカニズムについて理解が進み，統計学が発展してデータを
より深く解釈できるようになり，そして，近代国家の発展によって国家レベル
の様々なデータが整備されるようになった。これらの内部環境要因が撚り合わ
せられて，1930〜1940年代の政治学は，政治を科学的に分析する方向へ大きく
発展した。そして第二次大戦後に国際関係が激変するなかで，アメリカにとっ
ての困難を克服するものとして，1951年にラスウェルらが『政策科学』と題す
る論文集を出版した。ここに「政策の学問」が発生したといわれる。これを承
けて1960年代には，ある種の楽観主義のもとで科学的な「政策の学問」が実践
された。ところが，これらは概ね失敗した。このため，1970年頃には，学問と
しての方向性を見直そうという機運が高まった。この時期における「政策の学
問に携わる人々の思惑」は，主として，社会科学の他の学問に比肩するような
学術的な体裁を整えることに向けられていた。具体的には，当事者の視点より

────────────────────────

(2)　D. Lerner and H.D.Lasswell, eds., [1951], *The Policy Sciences : Recent Develop-
ments in Scope and Method*, Stanford University Press.

も分析者の視点を優先させ，とくに考察方法の厳密化が図られた。しかし，これは同時に，実践的で役に立つ「政策の学問」から遠ざかることになった。

　結果的に，この時期の総合政策学は，考察方法の厳密化を追求する傍らで，「この学問の本質は何か」「どのように役立つのか」が曖昧になってしまった。一方，近年においては，これまでの状況を反省して，総合政策学の本質や実践的な意義を捉え直そうという動きもある。本書も，この動きに沿うことを意図している。

　このように，総合政策学を供給する側の意図や思惑が揺れ動いているのが，現状における内部環境の実態となっている。

Point

総合政策学の内部環境について，主流となるのは，分析者の視点から考察方法の厳密化を志向するものである。ただし，近年では，総合政策学の本質や実践的意義を再検討する動きもある。

総合政策学の背景の整理

　総合政策学の背景は，以下の3点のようにまとめられる：

　　需要する側は，潜在的には強いが，無条件に求めているわけではない。

　　提供する側は，実践的であることよりも，考察方法の厳密化を重視する。

　　同時に，「政策の学問」としての本質や意義を再検討する動きもある。

　結果的に，現状の総合政策学は，求める側の意向（ニーズ）と提供する側の意向（シーズ）が合致しておらず，「どのような学問か分かりにくい」そして「どのように役に立つのか分かりにくい」という状況になっている。

　たとえば，わが国における政策学の確立に多大な貢献をした足立幸男をして，「政策学とか公共政策学というコトバが（中略）＜同好の士の集い＞という程度の意味」しか持たず，その結果として「政策系の学部や大学院で学ぶ学生にはアイデンティティー・クライシスが蔓延している。何をどう学び，どのような資質や能力を修得して社会に出ればよいのか，自信をもって答えることができる学生は，実のところ，それほど多くないのではないだろうか」と述べるに至っている。[3]

3 本書の基本方針と構成

前節までの説明を聞いて，総合政策学の先行きに不安を覚えたかもしれない。しかし，強調しておくが，総合政策学は，適切に学び，適切に使えば，現実の生活やビジネスにおいて役立つ実践的な学問である。あくまで，適切な学習と適切な活用ができるようになることが重要なのである。そこで，本書では，以下のような基本方針を提案する。

第一に，実践的で役に立つ「政策の学問」であることを重視する。すなわち，政策を理解し，政策を実践することに貢献する，という目的を追求する。

第二に，当事者の視点を前提とする。自分自身が直面し，自分自身が判断し，その成果(利益あるいは損害)を自分自身が受け取るような政策に取り組む状況を念頭に置く。

第三に，できるだけ厳密な考察方法を活用する。具体的には，経済学を全面的に利用する。

第四に，当事者の視点と厳密な考察方法とのバランスに配慮する。

第一の基本方針は，先に述べた基本理念を言い換えたようにものである。ここから，第二から第四の基本方針が派生する。

第二の基本方針において想定しているイメージは，能力にもモラルにも限界がある人々（とくに自分自身）が，何が正解か分からず，正解を見つける方法もよく分からないまま，直面する状況をより良くしようともがく立場である。そして，実際に「もがく」ことができるようになる学問が，総合政策学であると考える。

第三の基本方針において，実践的であることを強調しながら経済学に依拠することに戸惑うかもしれない。先に言っておくと，経済学は「お金に関する学問」ではない。経済学は，人間の意思決定と相互作用に関する考察方法である。そして，考察方法として他の学問分野へ幅広く応用されてきた実績も豊富であ

---

(3) 足立幸男［2005］『政策学的思考とは何か』勁草書房（13-14頁）。

る。

　第四の基本方針は，意味そのものはすぐに理解できるだろう。当事者の視点だけに着目すると，その場限りで「役に立つ」ことが追求されて最終的には望ましい成果を獲得できない。一方で，厳密な考察方法だけに偏ると，実践的に役立つことが無視されてしまう。両者のバランスに目配りすることが望まれる。なお，当事者の視点と厳密な考察方法のバランスは，直面する状況に応じて調整されるべきである。たとえば，当事者の視点だけに依存した結果として政策が失敗している状況では，厳密な考察方法を強調するべきかもしれない。あるいは，異動や転職，転居などによって直面する環境がリセットされるときは，当面の間は，当事者の視点に基づくことが望ましいかもしれない。「これが適切なバランスである」というようなものが超越的に存在するわけではない。

　以上，4つの基本方針を提示した。これらは当然のようにも見えるが，当然すぎて軽く扱われてきた。本書では，改めて，これらの基本方針に基づいて説明・議論を進めていく。

第2章

政策と総合政策学の定義

　具体的な説明の手始めに,「政策」という用語の意味を捉えよう。政策という用語を聞いたことはあるだろうが, 改めて考えてみると, その意味はよく分からない。しかし, 政策の意味が固まらないと, その意義や実践方法について腰を据えて検討することもできない。そこでまず政策を定義し, さらに総合政策学を定義する。そのうえで, 公共性, 政府, 総合性といった関連する概念についての注意, そして, 他の学問分野との関係を解説する。

1　政策の意味と意義

政策の意味

　「政策」という用語について, 確実に共有されているような定義はない。実際のところ, 政策について説明する教科書や文献は数多く存在するが, その定義は多岐にわたるし, そもそも定義しないものも多い。そこで, これまでの政策に関する説明や議論を包括的に捉えるものとして, 次のように定義する。

定義▶▶政策

政策とは, 特定の目的を実現するための, 組織的な取り組みである。

　ここで, 目的とは,「実現したい価値」ということであるが, 主観的なものでも構わない。つまり, 客観的に測定できることも, 広く共有されていることも必要ない。また, この目的は, 個人あるいは集団が独自に設定してよい。たとえば, ある大富豪が「ある歴史的建造物の保存」という目的を設定し, 自らの財産を活用して組織的に取り組むような状況もありうる。一方で, ある社会が「公衆衛生の改善」という目的を設定し, 政治システムを通じて組織的に取り組

むような状況もありうる。

次に，組織的とは「複数の要素が有機的に連関し，統合的に機能するような」という意味になる。ここでいう「要素」には，人間だけでなく，政策に関わる様々な資源を含む。要するに，「組織的である」というためには，様々な人間の意思や能力，時間，および，資金，資産，技術，権限などを組みあわせ，調整することで，全体として機能するような状況あるいは構造となっていることが求められる。

最後に取り組みとは，「一定の意図あるいは方向性を備えた活動の集まり」というような意味であって，企画と言い換えてもよい。現実には，意図や方向性もなく，いくつかの活動を一括りに集めたものを政策と称することもあるかもしれない。しかし，このような活動の集まりは，ここでの定義では「政策ではない」ことになる。

政策の具体的なイメージの確認：個別的な政策の範囲・種類

政策の定義を示されても，なかなか実感として捉えにくいかもしれない。そこで，具体的なイメージをつかむために，個別的な政策の範囲・種類（政策類型）を自分なりに考えてみよう。ここでは，できるだけ自分で考えて欲しいので，以下の Work に取り組んでもらいたい。

Work

具体的な「××政策」（たとえば，労働政策や教育政策）と呼ばれるものを挙げ，その内容について検討してみよ。その際，分野，目的，取り組みの態様（政策手段）に着目して整理できるとよい。なお，「正しい」整理であることに拘る必要はなく，むしろ，不備があっても，できるだけ多く思いつくことを優先してよい。

名称（××政策）	分 野	目 的	取り組み

どうだろうか。「××政策」を５個以上挙げたうえで，その内容について憶測混じりにでも説明できれば十分である。また，「××政策」の名称についても拘る必要はない。たとえば，労働政策と雇用政策，地域振興政策と町おこし政策というように，異なる名称でありながら類似あるいは重複する政策もあるので，細かいことは気にしなくてよい。とはいえ，それでもなかなか思い浮かばないかもしれないので，「××政策」の事例をいくつか挙げておこう（**図表2-1**参照）。

まず，政策が関わる分野に着目して，財政政策，金融政策，労働政策，産業政策，情報通信政策，交通政策，住宅政策，環境政策，エネルギー政策，医療政策，社会保障政策，教育政策などが挙げられる。次に，取り組みの態様に着目して，租税政策，補助金政策，規制政策などがある。そして，政策の目的に着目して，少子化抑制政策，温暖化防止政策，貧困解消政策，イノベーション促進政策，安全保障政策などが考えられる。

なお，これらの区分も厳密なものではない。たとえば，財政政策は，財政支出をコントロールするという手段に着目した政策ということもできるし，財政赤字を解消するという目的に着目した政策ということもできる。

図表2-1　政策類型の例

名称（便宜的）	分　野	目　的	取り組み
財政政策	財　政	財政収支均衡 景気のコントロール	租税システムの改変 財政支出の調整
労働政策	雇用・労働	雇用の安定・失業抑制 労働者の生産性向上	雇用制度の規制 職業訓練の充実
補助金政策	多　様	特定の主体や組織の 直接的コントロール	補助金の給付先，給付額， 給付基準の策定
規制政策	多　様	特定の主体や組織の 直接的コントロール	特定の行動や状態の 指定，許認可
少子化抑制政策	家族・生活 労働	少子化抑制	生活・労働スタイルの改変 育児環境の整備
安全保障政策	外交・軍事	国家・社会秩序の 安定と存続	軍事力の強化 国際関係の強化

政策類型について自分なりに考えると，極めて幅広い場面で多様な政策があることを実感できるだろう。そして，一方では，社会全体，国全体や地球全体

に関わる政策もあるが，他方では，食事をする，携帯電話で通話する，電車に乗る，アルバイトするといった，ごく日常的な状況にも政策が関わることが分かる。政策というと，大きな問題，難しい問題に関わるものという印象があるかもしれない。しかし，身近にある些細な問題であっても政策に関わるし，政策の影響を受けるということを強調しておきたい。

Point

政策は，社会全体のような大きな問題だけでなく，ごく身近な問題にも関わる。

政策類型の決定

　個別的な政策の具体的なイメージを実感できると，今度は，政策類型をどのように決定するのかが気になるかもしれない。とくに学生は，「正しい」政策類型を知りたがる傾向がある。

　これに対する回答は，「正しい」政策類型などというものは存在しない，となる。じつは，総合政策学のなかでも，「正しい」政策類型を探求する試みはあった。この議論は政策類型論と呼ばれる。ところが，いまなお，決定版と呼べるような政策類型論は確立されていない。これは当然のことで，適切な政策の種類・範囲は，目的によって規定されるのであるから，普遍的に「正しい」政策類型はそもそもあり得ないのである。

　たとえば，特定地域（自分が生まれ育った地域）が衰退していることについて何とかしたいという目的を想定してみよう。このとき，考察される政策はいかなる政策類型に該当することになるのだろうか。最初の手掛かりとしては，地域振興政策が適切な政策類型となりそうである。もちろんこれが適切な場合もあるが，地域振興政策のなかで検討しても有効な対応策に辿り着かないこともある。そこで，さらに考察していくにつれて，まず地域産業の活性化に着目し，そのために，既存産業の発展，新規産業の誘致，人材育成，インフラ整備といった方向性を検討し，これらの中でとくに人材育成に焦点を当てて，そのための高校教育の改善といったアイデアにたどり着く，といったことがある。結果的に，適切な政策の範囲・種類は，「（自分が生まれ育った地域を前提とした）地域産業

の活性化に繋がる人材育成を促進するような高校教育改革政策」ということになる。ところがこれは，既存の政策類型には当てはまらない。さらにいうと，当てはめる意味がない。

　この説明で分かるように，政策類型論のもとで提示されるような「地域振興政策」「労働政策」「教育政策」といった政策類型では，実際に取り組む政策を捉えることが難しい。そこで，具体的な政策に取り組むためには，その政策の範囲・種類を（自分自身で）その都度，決定することが求められる。

┌─ Point ─────────────────────────────────

　自分が取り組む政策の範囲・種類は（最終的には）自分で決定する。

└──────────────────────────────────────

政策における公共性

　政策について検討するとき，「公共性をどこまで考慮するか？」という疑問を持つかもしれない。政策の範囲・種類を決定するときも，あるいは，手段や目的を検討するときにも，公共性というものが鍵となりそうである。ところが，本書の定義では，公共性について考慮していない。

　多くの文献では，政策とは「公共的な問題」について「公共的な対応」を図るものとして定義している。つまり，政策とは公共政策であって，公共性を伴わなければ政策ではないと想定する。そもそも一般には，「総合政策学」よりも「公共政策（学）」という名称のほうが通りがよい。また，イメージしやすい政策の多く（たとえば，金融政策，社会福祉政策，外交政策など）は，公共性を伴うように見える。

　ところが，公共性とはなにかと考えると，その具体的な意味はよく分からない。また，公共性の有無を判断する条件や根拠も確立されていない。公共性の概念は（不特定の／開かれた）多くの人々に関わるといったことを示唆しているようだが，どれほどの「多くの人々」に関わると公共性があるといえるのかも判然としない。むしろ，公共性を重要視する人たちも，その概念が曖昧・多義的であることを認めている。

　次に，公共性の有無は，政策の分析方法や実践方法に影響を与えない。公共性があってもなくても，直面する状況のもとで特定の目的を達成するように組

織的に取り組むということについては変わらない。つまり，分析方法や考察方法に関する限り，公共性を考慮する意味はない。

また，政策は公共性を伴うという先入観が，現実の政策についての理解や運営を歪めてしまうことがある。予め明言しておくが，公共性を伴わない政策は現実に存在する。従って，「政策は公共性を伴う」という先入観を排除して，「この政策は公共性を伴うのか」を検証する態度が求められる。これに対して「政策は公共性を伴う」という先入観のもとでは，「この政策は望ましい＝批判してはいけない」という意識が刷り込まれてしまい，望ましくない政策が推進されることになりかねない。

結局のところ，政策に関わる限り，公共性という概念は，①意味が曖昧である，②考慮する意義が乏しい，そして，③むしろ政策の理解や運営を歪めてしまうおそれがある。従って，政策の定義は，公共性を伴うことを前提としないことが望ましい。

Point

政策の定義において，公共性を伴うことを前提とするべきではない。

政策と政府

政策の定義におけるもうひとつの注意点として，政府をどのように位置づけるかという問題もある。政策を定義するに当たって，「政策とは政府による取り組みである」とする考えも根強く存在する。実際に，政策に関わる議論において政府は極めて重要かつ特殊な存在であるが，定義に組み込むかどうかは別の問題である。

まず，政府とはなにかを考えると，やはり，その意味は分かりにくい。たとえば，政府という用語は，ガバメント（統治機構），ステート（国家），あるいは，ネーション（国民）といった，それぞれに微妙に異なる概念を示唆する。さらに，それぞれの概念についても，定義や範囲は明確ではない。

また，いわゆる政府だけに着目すると，政策の理解や運営が歪められるおそれがある。なぜなら，多くの政策は，政府だけで完結しないし，政府に依拠しない政策もありうるからである。たとえば，政策の決定プロセスにおいて，有

力者，マスコミや利益団体といった政府ではない主体が関与することがある。また，政策の遂行において，関連機関や民間企業といった政府外の主体が関与することがある。実際に，教育政策において私立学校や塾・予備校，医療政策において民間病院が果たす役割は大きい。政府に着目すると，これらの存在や影響を見過ごすことになりかねない。

　これらの議論をまとめると，政府は，政策の検討において重要であることは間違いないが，確定的に捉えられない以上，政策の定義においては組み込むべきではない。

Point
政策の定義には，政府を組み込むべきではない。

政策の学問へ

　ここまで見てきたように，政策の対象は広く，しばしば身近な状況にも関わる。そして，自分自身を含めて，人々に大きな影響をもたらすことがある。このため，「良い政策」が遂行されることが望まれる。ところが，少し考えてみても，「良い政策」が形成・遂行されるプロセスはよく分からないし，「良い政策」とは何かもよく分からないし，さらに，そもそも「政策」とは何かもよく分からない。

　そこで，政策に焦点を当てて，正面から掘り下げて検討することが求められる。すなわち，政策について直観的・表面的に議論するのではなく，何らかの考察方法に従い，知識や情報を体系的に整理し，蓄積するような「政策の学問」が期待されることになる。

2　総合政策学の意味と意義

総合政策学の定義

　政策の学問としての名称は確立されているとはいえない。このなかで，総合政策学は，比較的広く受け容れられており，また，学問としての内容にも合致しているため，本書ではこれを採ることにする。

　では，総合政策学とはなにか。最初に定義を示しておこう。

定義▶▶総合政策学

総合政策学とは，政策の理解や実践を改善することを目的とした，総合的な学問である。

　ここで政策の定義を想起すると，総合政策学とは，特定の目的を実現するための組織的な取り組みを，より正しく，適切に理解し，実践することを企図する学問ということになる。

　この定義から明らかなように，総合政策学は目的を重要視する。そして，設定された目的に関わるのであれば，どのような状況・場面でも考慮するし，目的達成に役立つのであれば，どのような既存学問でも活用する。つまり，対象や方法を限定せず，いろいろなものを広く取り込んでいくという意味で「総合的な学問」である。

　なお，「総合的」という性質が批判的に見られることがある。つまり，「総合的＝雑多な要素の無秩序な寄せ集め」という図式から，学問的には純度が低く，実践的には役に立たないと評価されるのである。しかし，この図式は必ずしも正しくない。そもそも，ほぼ全ての学問は多かれ少なかれ総合的である。重要なのは，いかなる基軸に照らして総合的であるかという点である。そして，総合政策学は（政策として追求される）目的を基軸とし，この基軸に照らして構築されている。つまり，無秩序な寄せ集めではなく，目的を基軸とする総合的な構成体とみるべきである。

総合政策学の名称

　本書では，「政策の学問」として，「総合政策学」「政策科学」「公共政策学」「政策学」という名称を相互にほぼ同じ意味だと考えている。感覚的なニュアンスのレベルで「総合政策学」の名称を採用しているが，他の名称に置き換えても問題ない。

　一方で，これらの名称を明確に区別する見解もある。

　たとえば，見上・佐藤［2009］では，「総合政策学と政策科学の違いは，極め

て単純に言えば，独自の理論体系があると考えるか否かにある。政策科学と言う場合，政策に関する独自の理論大系がある（しかし，まだ十分には確立していないにせよ）と考える立場である。いろいろな分野を「総合して」政策が成り立つ，というだけで説明を終わらせることはできないと考えているのである」と述べている。つまり，総合政策学と政策科学は異なるものとして捉えられている。

たしかに，政策科学（policy science）という名称は，「政策の学問」が確立される際のシンボルであったし，現在でも海外で広く普及している。そして，初期の政策科学が，「独自の理論体系」を構築することで学問としてのアイデンティティを確立しようと試みたことも間違いない。しかし，その試みは，「まだ十分には確立していない」というよりも，すでに失敗が確定したというべきであろう。そして，政策科学に「独自の理論体系」が現実に存在しないのであれば，総合政策学との違いはないことになる。

また，「公共政策学」ついては，秋吉他［2015］が「政策科学と政策研究・公共政策学は「公共政策を取り扱う学問」という広い意味では同じものであり，呼び名が変わっただけである」（7頁）と述べている。とすると，「公共政策学＝政策科学＝総合政策学」ということになる。

そして，「独自の理論体系」の構築に失敗した「政策科学」および「公共政策学」は，事実として，政策について目的を基軸として総合的に考察する学問へと方向転換している。このため，相対的に見ると，「総合政策学」という名称こそが「政策の学問」の現在の姿（必ずしも「科学」を強調しないし，「公共」に限定もされない）に適合している。

学際的と総合的

総合政策学は，他の学問と不可避的に結びついていることから，学際的な学問だといわれる。しかし，その性質を考えると，学際的というよりも総合的な

---

(1)　見上崇洋・佐藤満 編著［2009］『政策科学の基礎とアプローチ』（第2版）ミネルヴァ書房（3頁）。なお，引用中の「大系」は原文のまま。

(2)　秋吉貴雄・伊藤修一郎・北山俊哉［2015］『公共政策学の基礎』（新版）有斐閣。

(3)　たとえば，岡部光明［2006］「理論的基礎・研究手法・今後の課題」，大江守之・岡部光明・梅垣理郎編『総合政策学』慶應義塾大学出版会。

学問といったほうが適切である。

　これまでは、「学際的」という用語は「複数の学問に関わる」を意味すると説明されるが、「総合的」とは明確に区別されていなかった。しかし、これら2つの用語の実際の使われ方をみると、それぞれに違う意味を持つと考えられる。

　この違いを、以下、例示的に説明する。まず、2つの学問領域AとBを考える。これら2つの学問領域が重なる部分を「学際的な学問領域」、2つの学問領域を内包する全体を「総合的な学問領域」と、それぞれに捉えることができる（図表2-2）。

図表2-2　学際的な学問領域と総合的な学問領域

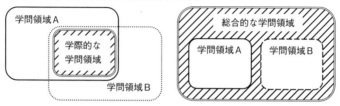

　そして、これらの学際的と総合的の意味を前提とすると、従来の説明では、総合政策学は学際的であると強調されていた。つまり、いくつかの既存学問分野から政策に関連する部分だけを寄せ集めたパッチワークのように捉えられていた。しかし、総合政策学の本質に目を向けると、他の学問領域に関係しながらも、それらに還元しきれないという性質をもつ。むしろ、他の学問を取り込んで利用するところが特徴となっている。このため、総合政策学は、学際的な学問ではなく、総合的な学問として捉えられるべきである。

┌─ Point ─────────────────────────────
│　総合政策学は、学際的な学問というよりも総合的な学問である。
└──────────────────────────────────

倫理や哲学、および、科学技術との関係

　かつての「政策の学問」は、他の学問分野における部分的な議論と見なされていた。つまり、学際的とすら見なされず、いくつかの学問分野の内部でそれぞれに独立して議論されていた。とくに、倫理や哲学、および、自然科学的な

知識や技術（科学技術）は，大昔から，それぞれの内部に「政策に関わる議論」を取り込んでいた。すなわち，政策とは，倫理や哲学の現実への応用である，あるいは，科学技術の現実への応用である，と別個に考えられていた。

　そこでまず，倫理や哲学と政策との関係について説明する。政策を考えるとき，倫理や哲学（思想や文化，感情，あるいは，意思，意識，心構え，認識，思考様式などを含む）を重視することは当然である。アリストテレスや孔子の思想は今なお示唆に富むものであるし，あるいは，ビジネスや戦争に関する政策でも倫理や哲学が重視される。しかし，倫理や哲学だけを強調するあまり，道徳論，精神論，文化論として政策を捉えるならば注意する必要がある。たとえば，「イノベーションを促進する」「交通事故を減らす」「エネルギー消費を抑制する」「貧困を解消する」といった目的は，倫理や哲学だけでは達成できない。

　次に，科学技術と政策との関係について説明する。これも言うまでもないが，科学技術が政策に大きな影響をもつことは間違いない。科学技術の発展によって「不可能だったことが可能になる」と，政策手段の可能性も広がる。たとえば，「食糧不足を解消する」ためには農業技術，「コミュニケーションを促進する」ためには情報通信技術の発展が大きな役割を果たす。しかしやはり，科学技術が全ての問題を解決するという，いわゆる「技術万能主義」あるいは「科学万能主義」が前面に出てくると注意しなければならない。なぜなら，鍵となる有益な科学技術が存在しても，それらを有効に活用しなければ目的を実現できないからである。

　実際に，科学技術的には解決可能であるが，解決されていない問題が数多く存在する。夏目漱石は，1911年の時点で，「発明や器械力」が発達したにも関わらず「生活はいよいよ困難になるような気がする」と述べたが[4]，それから100年以上経っても状況は変わっていない。また，科学技術の側でも，科学（とくに自然科学）が自己世界に閉じこもるのではなく，現実社会と関わることを目指す動きがある。世界科学会議「科学と科学的知識の利用に関する世界宣言（ブダペスト宣言）」（1999年7月1日採択）では，「科学のための科学」から「社会のための科学」へと転換することが標榜された。

---

(4)　三好行雄編［1986］『漱石文明論集』岩波文庫（21頁）。

さらに，科学技術は自然に天から降ってくるわけではない。誰かが開発し，伝達し，共有し，発展させ，普及させなければ，有益な科学技術は利用可能にならない。つまり，科学技術を開発し，利用可能にするための活動や仕組みが前提となっている。

結局のところ，倫理や哲学の中だけで完結して議論される（精神論・文化論としての）政策や，科学技術の中だけで完結して議論される（科学万能主義のもとでの）政策は，結果的に失敗してしまうことが少なくない。「道徳論，精神論，文化論」と「技術万能主義，科学万能主義」は，いずれも単独では政策の目的を達成できないのである。

図表2-3 倫理や哲学，科学技術の内包化

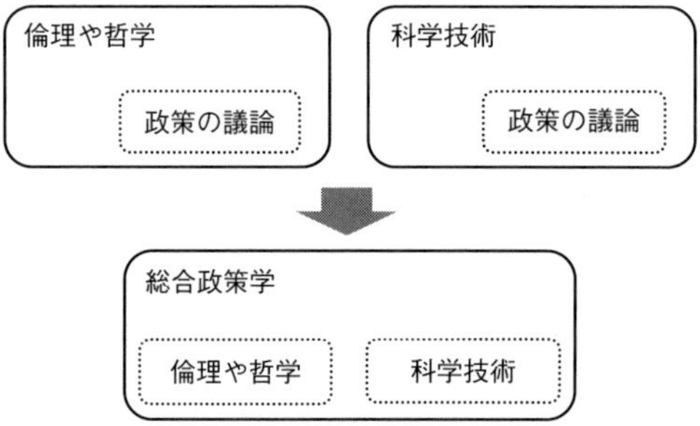

そこで，政策の議論においては，倫理や哲学と科学技術を，政策の議論のなかに包括的に取り込むような総合的な考察枠組みが求められる（図表2-3参照）。

― Point ―――――――――――
政策の議論のためには，倫理や哲学，科学技術をいずれも包括するような総合的な考察枠組みが求められる。

社会科学との関係

続いて，いわゆる社会科学との関係も確認しておこう。もちろん，総合政策学が社会科学のいくつかの学問，たとえば，政治学や経済学などの学問と密接に結びつくことはすぐに理解できるだろう。では，総合政策学は，これらの学問とどのように関連するのだろうか。また，これらの学問と比較して，どのよ

うな特徴をもつのだろうか。ここでは，考察対象，考察方法および考察目的という 3 つの視点から整理する。

　まず，考察対象に着目する学問としては，政治学，法学，行政学，経営学などが挙げられる。これらの学問は，「何について考えるのか」によって特徴づけられるので，直観的に理解しやすい。また，考察対象が部分的・断片的でも，とりあえず議論を始めることができる。一方で，固有の考察方法を持たず，多様な考察方法をアド・ホックに使い分けることになる。この結果として，学問としての知見を共有化し，蓄積し，発展させにくいという欠点がある。

　考察方法に着目する学問としては，経済学と社会学，統計学などが挙げられる。これらの学問は，「どのように考えるのか」によって特徴づけられる。そして，独自の考察方法を重視する一方で，考察対象は限定されず，幅広くなる。なお，考察方法をひととおり身につけるまでは役に立たないので，使えるようになるまでの敷居が高いと感じられることもある。しかし，ある程度まで習得すると，いろいろな事実や命題を一気に理解したり，説明したりできるようになる。

　総合政策学が確立される前までは，政策についての議論は，考察対象に着目する学問あるいは考察方法に着目する学問のもとで，別個に展開されていた。ところが，このような考え方のもとでは，現実社会における様々な問題を解決できないことも多かった。なぜなら，考察対象に着目する学問は，設定された考察対象の範囲を超えるような問題は取り扱わない。また，考察方法に着目する学問は，厳密に（そして美しく）考察することが目的化して，問題解決はそもそも視界に入らない傾向がある。

　そこで，考察目的に着目する学問が要請されることになった。そしてとくに，集団や組織，社会のなかで，政策の理解や実践を改善することを考察目的とする学問が，総合政策学となる。そして，考察目的を重視するのであるから，いかなる考察対象でも，いかなる考察方法でも，あるいは，学問とはいえないような知識や技能でも，何でも取り込んで，活用することになる。とりわけ，集団や組織，社会に関わる学問，すなわち社会科学は，総合政策学が全面的に取り込み，活用することになる。

┌─ Point ────────────────────────────────────
│ 総合政策学は，考察目的に着目して，社会科学における他の学問を取り込
│ み，活用する。
└──

　なお，目的重視の考え方は，対象重視や方法重視と比べると新しいものであ
る。たとえば，末川博は「今世紀の初めころまでは，真理の探究それ自身が善
であり価値があるとせられて，学問では「何を」「どのように――いかに」研究
するかという対象と方法だけを考えればよかったのであるけれども，今日では，
そのうえに「何のために」という目的を置いて，その目的にかなうことを期す
るときに，はじめて学問は生きてくるといわねばならない」と述べている[5]。こ
の意味でも，総合政策学は新しく，他の学問と異なるため，初めて接する人は
戸惑いやすいのかもしれない。

3　まとめ

　この章では，全体の導入部として，政策の定義，総合政策学の定義・意義・
特性，および，他の学問分野との関係について解説した。「政策とは何か」「総
合政策学とは何か」「総合政策学の意義は何か」「総合政策学はどのような特性
をもつのか」といった疑問について，見通しがついたであろうか。次の章から，
総合政策学の考え方について，より具体的に掘り下げていこう。

───────────────────

(5)　末川博［1975］「学問への道標」末川博他『社会科学への道標』雄渾社（16頁）。

補論　社会科学の全体的整理

　本文中で，倫理や哲学および科学技術と総合政策学との関係，さらには，社会科学と総合政策学との関係も説明した。しかし，社会科学に属する学問は，それぞれがどのような学問であるのかが，とかく分かりにくい。このため，総合政策学が他の学問を取り込み，活用するといっても，いまひとつイメージできないかもしれない。そこで，社会科学に属する主要な学問分野を簡単に紹介する。

考察対象に着目する学問

　まず，考察対象（何について考えるのか）に主として着目する学問分野である。これらは，学問分野の区分としては直感的に理解しやすい。

政治学　政治に関わる活動や思想，制度，現象を考察対象とする学問。とくに，権力や国家（統治機構）に焦点を当てることが多い。

法　学　法に関わる活動や思想，制度，現象を考察対象とする学問。とくに，すでに存在する法をどのように適用するかという法解釈が中心となる。ただし，政策との関連では，新たな法の創出や改廃に関わる立法も重要になる。

行政学　行政に関わる活動や思想，制度，現象を考察対象とする学問。とくに，行政機構の機能や管理に焦点を当てることが多い。政治学や法学とかなり密接に結びついている。

経営学　組織および事業に関わる活動や思想，制度，現象を考察対象とする学問。事業に向けて，人，物，金および知識や情報をうまく結びつけること（組織），そして，活用すること（管理）を考える。また，実践まで視野に入れる傾向がある。

商　学　売買や取引に関わる活動や思想，制度，現象を考察対象とする学問。具体的には，商品・製品，売り場・店舗，流通，マーケティング，宣

伝広告，会計などを含む。また，経営学以上に実践まで考える。

　上記のほかに，歴史学や心理学，人類学なども考察対象に着目するが，これらは考察方法もかなり重視する。

　考察対象に着目する学問は，当然ながら考察対象は明確である。一方で，考察方法や考察目的は曖昧で総合的になる。このため，最初は取り付きやすいのだが，突き詰めて考えていくと，学問の本質が分からなくなることもある。独自の考察方法を持たない限り，観察したこと，思いついたことが，そのまま学問としての見解や主張になってしまう。しかし，これは，考察対象に着目するかぎり自然なことである。むしろ，そのようなものだと積極的に理解すべきである。

考察方法に着目する学問

　続いて，考察方法（どのように考えるのか）に主として着目する学問がある。これらの学問は，独自の考察方法を確立していることが特徴であって，考察対象については何もありで総合的になる。

経済学　個人や組織の意思決定と相互作用について科学的に考察する学問。念のためだが，「お金に関する学問」ではない。人間が活動し，様々な活動が結びつき，その結果として様々な出来事が発生するというプロセスを解明するための考察方法を目指している。現在では，社会科学全般の考察方法としての立場を確立している。

社会学　批判的・総合的であることに基づいて考察する学問。予断を排して，固定観念を動揺させることに注力する。ただし，考察方法というよりも，「当たり前のことを疑う」「確立されているものを動揺させる」という考察態度を重視しているというべきかもしれない。

統計学　データの収集と分析のための考察方法そのもの。事実を客観的に把握するためには必須であり，社会科学全般で広く利用されている。

　なお，考察方法に着目する学問は，使えるようになるまでに努力と時間が必

要になる。考察方法は断片的・部分的な知識だけでは役に立たない。実際に使うためには，ある程度まとまった知識や技能を習得しなければならない。これは，自動車の運転方法に喩えることができる。自動車を運転するためには，ハンドル操作を部分的に習得しただけでは十分ではない。アクセル操作，安全確認，車体感覚といった運転に関わる知識や技能を，全体的にそれなりの水準まで身につけなければ，運転方法として役立てることができない。つまり，「自動車を運転する」までには時間がかかる。考察方法に着目する学問を総合政策学に取り込む際には，自ら努力と時間を投入して習得してもよいが，すでに習得した人と協力することが便利である。経済学や社会学，あるいは統計学に詳しい友人と一緒に議論することで，考察方法の水準を引き上げることができる。

第3章

総合政策学の内部構成

　ここまで，総合政策学について，どちらかというと外面的な観点から説明してきた。これに対して，この章では，総合政策学の内面的な観点から検討する。総合政策学の内部は，対象に着目する知識や技能，および，タイプに着目した知識や技能から構成されることを説明する。さらに，前者の中心概念である政策過程，および，後者の下位概念である，着眼力・発見力，知識力・情報力，分析力・考察力，提言力・実践力について概説する。

1　内部構成を整理する2つの視点

「何に関する」と「どのような」

　学問は，体系的に整理された知識や技能から構成される。総合政策学の場合，知識や技能を整理する視点が大きく2つに分けられる。ひとつは「何に関する知識や技能か」という視点で，もうひとつは「どのような知識や技能か」という視点である。まずは全体的なイメージを捉えるために概要を提示し，そのうえで，さらに詳しく説明する。

何に関する知識や技能か：対象

　「何に関する知識や技能か」という視点は，議論や実践の対象に着目する。

　たとえば，「地域における貧困家庭の子供の学習支援」という目的を設定したと考えてみよう。このとき，総合政策学を実践するためには，当該地域における貧困家庭や子供の数，子供の学力，教育機関の数や特性などについての知識，および，人員や予算の獲得についての知識や技能，学習支援の仕組み作りについての知識や技能などが求められる。

　総合政策学のうちの一定割合は，対象に着目した「～についての知識や技能」

から構成されている。

どのような知識や技能か：タイプ

　「どのような知識や技能か」という視点は，知識や技能のタイプに着目する。これは，総合政策学を実践するための能力，あるいは，総合政策学を学ぶことで獲得・向上できる能力と言い換えてもよい。

　たとえば，問題発見の知識や技能，情報獲得の知識や技能，交渉や説得の知識や技能などが求められる。これらの知識や技能は，特定の対象に限定されず，広く様々な場面で活用できる。

Point

　総合政策学は，対象に着目して整理される知識や技能と，タイプに着目して整理される知識や技能から構成される。

「体系化＝整理すること」の重要性

　対象あるいはタイプに着目して，関連する知識や技能をいくつか列挙した。では，これで十分なのだろうか。総合政策学として重要でありながら，見落としている知識や技能はないだろうか。あるいは，これらの知識や技能はどのように結びついて，総合政策学を構成するのだろうか。いくら列挙しても，これらの疑問は解消されない。

　思い付きや思い込みで政策を実践すると，どうしても見落としや不整合が発生する。そこで，関連する知識や技能を整理して体系化することで不備を発見・抑制することができる。総合政策学は，政策の理解や実践を支援することを目的とするため，関連する知識や技能の体系化には意を注いできた。以下，もう少し詳しく説明していこう。

2　対象に着目した知識や技能

政策過程についての知識と政策過程における知識

　総合政策学の確立を主導したラスウェルは，1970年前後に，総合政策学（ただ

し，ラスウェルの用語では，一貫して複数形の「政策科学（policy sciences）」）を整理しなおして再定義することを試みた。そして，対象に着目して，「政策科学は，政策過程についての知識およびその過程における知識に関連する知識として捉えられるだろう」と述べた（政策過程については後述する）。この説明は，しばしば「政策過程についての知識（of の知識）」と「政策過程における知識（in の知識）」と区分して理解される。これを料理に喩えると，調理手法や調理手順などに関する知識が「料理過程についての of の知識」，食材などに関する知識が「料理過程における in の知識」ということになる。

　ラスウェルの意図するところは考察対象の明確化と考察方法の科学化を進めることであり，とかく混乱しがちな議論を整理するための先鞭をつけた。しかし，その説明はかなり曖昧であり，彼自身の著述のなかでも微妙にニュアンスが違っている。料理の喩えにしても，特定の食材と特定の調理手法を分離できないことがある。このため，「政策過程についての知識」と「政策過程における知識」がそれぞれ何を意味するのかは人によって解釈が分かれている。そこで以下では，ラスウェルのアイデアを下敷きとしながら，総合政策学のなかで，対象に着目した知識や技能を整理する。

政策の内容と政策の決定

　まず，「政策の内容に関する知識」と「政策の決定過程に関する知識」という整理の仕方がある。取り組みの成果である政策の性質や機能についての知識や技能と，政策が実行されて効果が出るまでの取り組みの過程についての知識や技能とを区別して捉える。いわば，結果と途中経過に分けて考える。あるいは，「結果＝政策」「途中経過＝政治・手続き」と置き換えると分かりやすいかもしれない。

　これも料理に喩えて説明してみよう。できあがった料理の味，見た目，栄養素などについての知識が「料理そのものについての知識」である。一方，料理が完成するまでの調理の手法・道具・タイミングなどについての知識が「調理過程の知識」である。それぞれ，獲得する知識の性質が違うだけでなく，知識

(1)　H. D. Lasswell [1970] "The Emerging Conception of the Policy Sciences", *Policy Sciences*, Vol. 1, No. 1 (Spring), p. 3.

を獲得する方法も異なる。また，途中経過についての知識が必要とされるのは，料理が失敗した場合の原因解明というだけでなく，成功を再現するため，さらに改善するためにも役立つからである。

　内容と過程との区分は，政策に関わる知識や技能についての最も基礎的な整理の仕方である。この整理のもとで，「結果に問題はないが，途中経過に問題がある」「途中経過に問題はないが，結果には不満がある」というように，政策に関わる状況を掘り下げて理解しやすくなる。

Point

政策の内容（＝成果）に関する知識や技能と政策の決定過程（＝途中経過）に関する知識や技能を区分する。

個別的と集合的，同時的と段階的

　「政策の決定過程」は，単一主体によって個別的に実行される（と見なす）場合と，複数の主体が絡まり合って集合的に実行される場合がある。さらに，集合的に実行される場合も，同時的決定の場合と段階的決定の場合がある（図表3-1）。同時的決定では，何人かの主体による相互作用が同時に発生して政策が決定される。ここでは，各主体の能力や思惑，結びつきの性質などの知識や技能が焦点となる。一方，段階的決定では，これに付け加えて，個別的な意思決定や集合的な意思決定が発生する順番も重要な意味を持つ。

　ただし，実際には，政策の決定過程は，個別的ではなく集合的，同時的ではなく段階的に行われることが多い。このような，政策に関する段階的な決定の構造あるいは状況が「政策過程」である。そして，総合政策学では，しばしば，「政策過程」を中心に置いて議論を進める。つまり，**図表3-1**における段階的決定の図式を一般的な枠組みとして設定しながら，考察目的に応じて，特定的な部分や視点から検討する。たとえば，特定の段階だけに焦点を当てたり，単一主体の個別的意思決定であるかのように考察する。こうすることで，政策の決定に関する知識や技能を，政策過程の知識や技能として体系的に整理することができる。つまり，ある政策の決定の途中経過における，特定の政治家による断片的な関与や，官僚機構内部で発生する出来事なども，政策過程の全体の中

で位置づけることが可能となる。

図表3-1　同時的決定と段階的決定

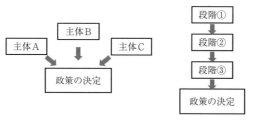

┌─ Point ─────────────────────────────────────┐
政策の決定に関する知識や技能は，政策過程の知識や技能として体系的に
整理される。
└───┘

理想と実態

　さらに，これまでの整理とは異なる観点から知識や技能を区分することもできる。すなわち，「理想的な状態や政策に関する知識や技能」と，「実態としての状態や政策に関する知識や技能」という整理の仕方がある。これは，（後述するが）規範的な議論と実証的な分析という違いに着目する。

　たとえば，海洋汚染に関する政策を考えるとき，「どうあるべきか」という理想と，「どうなっているか」という実態についての知識は異なる。

一般的・抽象的と個別的・具体的

　さらに，一般的・抽象的な知識や技能と，個別的・具体的な知識や技能とを区分することもできる。前者は「多くの政策に広く共通する事項や性質に関する知識や技能」，後者は「特定の状況における特定の政策に関わる知識や技能」を意味する。ただし，この区分は相対的であって，厳格なものではない。「多くの」「広く」といった表現は，相対的な幅を含む。

　この区分を理解するために，先ほどの海洋汚染についての政策を考えてみよう。海洋汚染の世界的な状況や，対応のための国際機関や条約，各国の取り組みといった知識は一般的である。これに対して，特定地域の特定の生態系や汚

染物質といった知識は特定的である。

対象に着目した整理のまとめ

　政策についての議論は，いまひとつかみ合わないことがある。その原因のひとつは，前提となる知識や技能をきちんと整理していないことにある。そして，知識や技能を整理していない限り，議論がなぜかみ合わないのかも分からないままになる。

図表3-2　対象に着目した知識や技能の整理

	政策の内容		政策の決定（＝政策過程）	
	理　想	実　態	理　想	実　態
一般的・抽象的				
個別的・具体的				

　そこで，政策の内容と政策の決定（政策過程），理想と実態，そして，一般的・抽象的と個別的・具体的という３つの区分，政策過程を細分化すれば５つの区分によって，対象となる知識や技能を整理する（図表3-2）。さらに細かく区分できるが，さしあたりは，これで十分であろう。なお，この整理の理解を深めるために，Work に取り組んでもらいたい。

┌─ Point ─────────────
　対象に着目した知識や技能は，政策の内容と政策の決定（政策過程），理想と実態，そして，一般的・抽象的と個別的・具体的という３つの区分によって，かなりの程度まで整理できる。
└─────────────────

Work

　自分の周囲の人々による政策に関する議論が対象としている知識を，上記の区分に基づいて整理してみよ。この際，自分自身や友人のほか，政治家，マスコミ，評論家といった人々を想定してよい。
　※　Work の成果として，たとえば，「A さんは一般的・抽象的な理想としての政策に関わる知識だけを対象としている」「B さんは個別的・具体的な実体としての政策過

程の範囲だけで議論している」「C さんは政策過程の実態に関する知識を踏まえて，個別的・具体的な理想の政策を検討している」というように把握できればよい。

3　政策過程の定義，構造，応用

政策過程の定義

　ここまで政策過程という用語を出しながら，きちんと説明してこなかった。しかし，ここまでの記述からでも明らかなように，政策過程に関わる知識や技能は総合政策学の中でも大きな位置を占める。そこで，ここで説明しておきたい。

　まず，定義を示しておく。

定義▶▶政策過程

政策過程とは，政策に関わる様々な活動を段階的に捉えた一連のプロセスである。

　なお，これらの活動は，どのようなタイミングで，誰が，どのような活動をするか，そして，その活動は誰にどのような影響を与えるのか，ということまで考える。

　また，この定義は，多くの考え方を包括できるようにかなり一般的に設定されている。個別の議論では，もう少し特定的に捉えることが多い。ただし，確定的に正しい政策過程というものはあり得ない。たとえば，考察対象が異なれば，政策過程の実態も理想も違ってくる。日本とアメリカで，あるいは，日本国内の自治体ごとでも，政策過程は異なるものとなる。また，考察目的が異なれば，政策過程の捉え方も違ってくる。自治体間の比較，あるいは，特定の自治体における問題点の把握，といった考察目的が違えば，設定される政策過程も異なる。

政策過程の一般的構造

　政策過程の一般的な構造について，大まかな共通認識は確立されている。本

書では，4つの段階に分けて，順番に，「事前的確認段階」「政策決定段階（政策形成段階）」「政策執行段階」「事後的対応段階」と呼ぶことにする（**図表3-3**）。

図表3-3　政策過程の全体構造

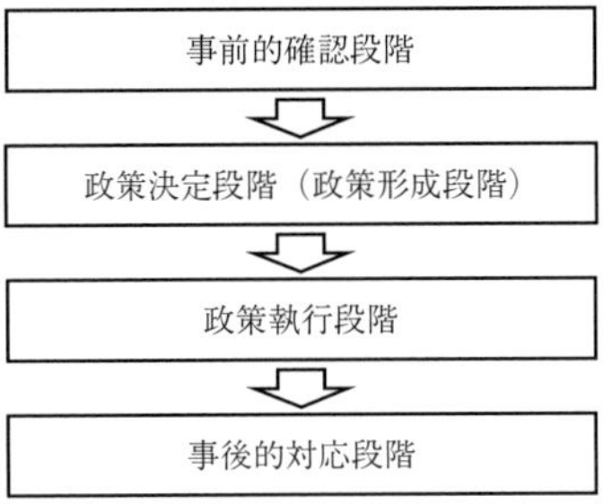

事前確認段階では，個別的な政策に取り組む前提となる状況や条件を把握する。すなわち，上位目的の確認（究極的に目指すものはなにか），利用可能資源の確認（どんな・どれほどの人員，予算，資産，技術，時間を利用できるのか），制度的条件の確認（どのような思考様式，行動様式，調整方法に従うのか）を行う。

政策決定段階（政策形成段階）は，政策過程の中心であり，これだけを政策過程ということもある。ここでは，アジェンダ設定（何について取り組むのか），調査，政策オプションの立案（どのような政策がありうるのか），政策の選択・決定を行う。

政策執行段階では，執行の周知・説得，適用，執行の管理（担当者・部署が適切に取り組むように方向付ける）を行う。

最後に，事後的対応段階は，成果の評価，政策の修正や終了を行う。

> ― Point ―
> 政策過程の一般的な構造は，「事前的確認段階」「政策決定段階（政策形成段階）」「政策執行段階」「事後的対応段階」という4つの段階から構成される。

なお，政策過程の構成は，実際に具体的に分析する際には，直面する状況や考察目的に応じてその都度検討される。このため，考察目的によって，また，直面する状況によって，政策過程の構成は異なる。たとえば，政策過程につい

て，学者・研究者は「政治的現象のひとつ」と捉えて「現象の発生から終了までのプロセス」に関心をもつ傾向がある。一方で，実務家は「（自らが関与する）活動環境のひとつ」と捉えて「活動が影響するプロセス」や「成果が実現されるプロセス」に興味があることが多い。

政策過程の特定的構造(1)：特定の機関や段階に着目した政策過程

政策過程は，特定の組織・機関や特定の段階だけに焦点を絞って記述したり，分析したりすることもある。たとえば，日本の国家レベルの政策に法的根拠づけを与える立法段階に限定すると，主流的な政策過程は以下の**図表3-4**のように整理される。

ここで分かるように，政策過程の中から特定部分だけを切り出して集中的に考察することで，個別的な活動，関連する機関や役職とその影響力などを具体的に把握することができる。ただし，予め明言しておくが，ここで描写されたような特定的な政策過程を逐一記憶する必要はない。上記の事例も，日本における，たかだか数十年の間にしばしば観察された政策過程に過ぎない。立法の政策過程として唯一絶対のものではないし，将来的に他の態様が主流となることもありうる。自分が直面する特定的な状況を自分なりに理解し，評価あるいは対応できることが重要なのである。

図表3-4　立法段階の政策過程

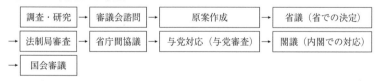

（出所）早川純貴他［2004］『政策過程論』学陽書房（138頁）。

政策過程の特定的構造(2)：特定のイシューに着目した政策過程

政策過程を，特定のイシュー（論点・課題）に着目して捉えることもある。たとえば，年金改革や教育改革に関する政策過程を調べると，国家レベルの重要なイシューについてどのように議論され，取り組まれてきたのかが分かる。あるいは，オリンピック開催に関する政策過程では，国家や自治体だけでなく，

図表3-5　原子力行政の政策過程

事故発生前	事故発生後
	内　閣 □ 原子力防災会議
内閣府 ◎ 原子力委員会 △ 原子力安全委員会	内閣府 ◎ 原子力委員会
経済産業省 ◎ 資源エネルギー庁 △ 原子力安全・保安院	経済産業省 ◎ 資源エネルギー庁
文部科学省	文部科学省
環境省	環境省 △ 原子力規制委員会 △ 原子力規制庁
国土交通省	国土交通省
	復興庁 □
その他	その他

注：記号は各機関の主たる役割を示す。◎は運営・推進, △
　　は規制・安全確保, □は防災・復興を意味する。
（出所）「令和元年度版原子力白書」（382頁）より筆者作成。

民間企業や民間団体（各種スポーツ協会など）, 国際機関（国際オリンピック委員会など）も含めた複雑な絡まり合いを見ることができる。

　さらに, 具体例のひとつとして, 東電福島第一原発事故前後での原子力政策に関する政策過程の変化をみてみよう（**図表3-5**）。かなり簡略化しているが, 事故の前後で政策過程が大きく変更されていることが分かる。事故前には, 第一に, 司令塔というべき原子力委員会が形骸化していた。第二に, ひとつの省庁の中に運営・推進する部署と規制・安全確保する部署が併存していた。第三に, 復興はともかくとして防災もほとんど無視されていた。このような政策過程のもとで, 運営・推進が優先されて規制・安全確保が蔑ろにされ, 事故に繋がったとも考えられる。事故後には, 原子力委員会の権限強化, 規制・安全確保の集約と独立化, 防災・復興の新設と強化が図られた。しかし, 政策過程は形式的な建前だけでなく実質的な機能まで検討する必要がある。福島第一原発の事

故では，福島第一原発の吉田昌郎所長（当時）が，現場において独断で（建前の政策過程から逸脱して）判断したこともあったといわれる。その判断の是非はともかくとして，建前の政策過程が実質的には破綻していたことは間違いない。

4　タイプに着目した知識や技能

　総合政策学に関わる知識や技能は，ここまで説明した対象に着目するものだけでなく，タイプに着目した知識や技能もある。具体的には，着眼力・発見力，知識力・情報力，分析力・考察力，提言力・実践力という4つである。従って，総合政策学を習得するとは，これらの4つの力を「使えるレベル」まで向上させることを意味する。また，総合政策学を活用するとは，これらの4つの力を組み合わせて成果を獲得する（目的を達成する）ことを意味する。詳しくは後述するとして，ここでは全体像を簡単に説明する。

Point

　総合政策学は，着眼力・発見力，知識力・情報力，分析力・考察力，提言力・実践力という4つのタイプの知識ないし技能に関わる。

着眼力・発見力

　これは，実践や学習のなかで「重要な何か」に注意を向けたり，発見したりする力である。政策に関わる「重要な何か」としては，解決すべき課題そのもの，課題が発生する原因や背景，解決策，キーパーソン，解決における障害などがある。従って，この力は政策の議論では決定的な鍵を握る。着眼力・発見力に乏しいと，解決すべき課題を見過ごすことになるし，解決のための効果的な切り口にたどり着くこともできない。ところが，これまでの総合政策学の教育では軽視されてきた。

　総合政策学の教育において着眼力・発見力が軽視される理由は分からなくもない。具体的な政策における「重要な何か」は状況や文脈に強く依存する。このため，着眼力・発見力をどれほど磨いても，「重要な何か」を確実に発見できる保証はない。

　また，着眼力・発見力という能力は，センスや経験に負うものであって，教育によって向上するものではないという予断がある。しかし，着眼力・発見力であっても，ある程度までは訓練によって向上させることができる。そして，重要である以上は，総合政策学のなかに体系的に取り入れるべきであろう。

Point

　着眼力・発見力の習得や活用は簡単ではないが，向上させることはできる。

知識力・情報力

　これは，政策に関連する知識や情報を収集し，整理し，蓄積する力である。あるいは，収集し，整理し，蓄積された知識や情報の質や量がもたらす力を意味することもある。望ましい政策を検討し，実践するために，「いろいろと知っている」ことが求められるのは当然である。

　なお，総合政策学に関わる知識や技能は，すでに説明したように，「政策の内容」と「政策の決定（政策過程）」，「理想」と「実態」，「一般的・抽象的」と「個別的・具体的」といった軸によって整理できる。ただし，実践を念頭に置くのであれば，整理するだけではなく，量を確保することも強く意識する必要がある。入手可能な知識や情報は全て獲得するべきだと言ってもよい。このため，知識力・情報力は，頭脳明晰であることよりも，熱意や根性といった泥臭い能力が大きなウェイトを占める。

Point

　知識力・情報力は，知識や情報の量を確保するために，熱意や根性が求められる。

分析力・考察力

　望ましい政策を検討するためには，収集・整理した知識や情報を活用して，事実の把握，将来の予測，状態の評価などを行うことになる。その際に求められる能力が，分析力・考察力である。なお，分析力・考察力は，ただ考えるのではなく，なんらかの考察方法に基づいて考える力である。考察方法を理解し，

活用できるようになることが，分析力・考察力につながる。

　なお，本書では，考察方法として経済学に依拠するところが多い。現代の経済学は，狭い意味での経済学を中核として，統計学，社会学，心理学，歴史学などの考察方法を包括的に取り込んでいる。あるいは，「取り込んでいる」というのは言い過ぎで，経済学は，多様な考察方法を結びつける結節点として機能している。このため，総合政策学の考察方法としては，経済学が最も有力だといってよい。

Point

分析力・考察力の基盤となる考察方法として経済学を活用する。

提言力・実践力

　どれほど素晴らしい政策が考案されたとしても，それが誰かの頭脳のなかに収蔵されたままならば，何の価値もない。関係する人々の間に共有され，人々の行動や態度に影響を与え，そして成果を生み出すことで，はじめて意味を持つ。そこで，自分の見解を他者に提示し，他者を巻き込んで，政策を現実に推進する能力，すなわち，提言力・実践力が求められる。これは，コミュニケーションやリーダーシップと関わる。

　ここでとくに，提言力・実践力は，自己完結する能力ではないことに注意して欲しい。自分以外の他者・相手との関りのなかで発揮される。どれほど独裁的な権力者でも，他の人間を巻き込まなければ望ましい政策を実践することはできない。

　なお，コミュニケーションやリーダーシップは誤解されやすい能力であるので，補足しておきたい。まず，コミュニケーションとは，相互理解であって，流暢にスピーチし，格好よくプレゼンテーションすることではない。また，リーダーシップとは，抜きん出た才能を持った人物や権力を握った支配者が他人を意のままに操る技法ではない。いずれも，きちんと訓練すれば獲得し，向上可能な知識や技能である。

- Point

提言力・実践力は，政策が現実に意味を持つために必要である。
ただし，これらの能力は誤解されやすいので注意が必要である。

4つの力の関係

　ここまで，総合政策学を構成する4つの力を紹介した。これらを改めて並べて書くと，以下のとおりである。

着眼力・発見力：政策に関わる「重要な何か」に注意を向けたり，発見したりする能力
知識力・情報力：政策に関連する知識や情報を収集し，整理し，蓄積する能力，あるいは，収集し，整理し，蓄積された知識や情報の質や量がもたらす力
分析力・考察力：知識や情報を活用して，事実の把握，将来の予測，状態の評価などを行い，そのうえで，望ましい政策を検討する能力
提言力・実践力：自分の見解を他者に伝え，他者を巻き込んで，政策を実現する能力

　これらの4つ力は互いに補完的な関係にある。たとえば，着眼力・発見力がなければそもそも政策についての議論を始めることすらできない。しかし，重要な何かに気づいても，知識力・情報力がなければ議論を拡充することはできない。また，関連する知識や情報を獲得しても，分析力・考察力がなければ政策の設計や評価をすることができない。そして，どれほど素晴らしい政策を考案しても，提言力・実践力がなければ現実において効果を発揮できない。設定された目的を果たすためには，4つの力を総合的に活用することが求められる（図表3-6）。

　また，総合政策学の習得過程についても，この4つの力に着目して簡単に説明しておこう。

　まず，最初のうちは，これら4つの力をバランス良く伸ばしていくべきである。4つの力が全て一定の水準に到達することを目指す。この基礎固めの段階

図表3-6　4つの力の関係

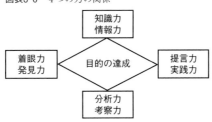

は，なかなか学習成果が出てこないこともあって，苦痛に感じるかもしれない。

　次に，ある程度まで学習が進むと，4つの力が互いに補完的な関係にあることが見えてくる。たとえば，知識力・情報力が向上すると分析力・考察力を発揮しやすくなる，提言力・実践力の向上には着眼力・発見力が鍵となる，といったことを認識できるようになる。この段階に来ると，学習の効率もあがるし，自分が成長している実感も湧いてくる。

　そして，4つの力が全て「使える」水準に到達して自分なりの政策提言や政策実践ができるようになったら，自分の訴求点を考えるとよい。つまり，4つの力のなかで，自分が武器とするものを絞り込み，磨いていく。この段階にまで到達すると，共通基盤としての総合政策学から離脱して，自分独自の総合政策学を構築できる。しかし，「独自の」総合政策学が「独善的な」総合政策学へと堕することのないように，ときに基本理念に立ち返ることが求められる。

┌─ Point ─────────────────────────
　着眼力・発見力，知識力・情報力，分析力・考察力，提言力・実践力という4つの力を習得し，総合的に活用することが求められる。
└──────────────────────────────

5　まとめ

　この章では，総合政策学の内部構成として，対象に着目した知識や技能とタイプに着目した知識と技能に大きく区分して説明した。対象の中心となるのは政策過程であり，その全体構造や，具体的な検討の態様を紹介した。また，タ

イプに着目した知識や技能は，さらに，着眼力・発見力，知識力・情報力，分析力・考察力，提言力・実践力という4つから構成される。この章では，これらを簡単に紹介し，その全体像を示した。そして，次の章からは，これらの4つの力を個別的に掘り下げて解説していく。

PART Ⅱ
タイプに着目した知識・技能

第 4 章

着眼力と発見力

　着眼力と発見力は，政策についての検討や実践のなかで「重要な何か」に気づいて注意を向けたり，発見したりする力を意味する。政策に関わる「重要な何か」としては，解決すべき課題そのもの，課題が発生する原因や背景，取り組みにおいて鍵となる人物，手段，障害などがある。これらの要素や事情に気づくことは，政策がもたらす成果を左右することになる。そこでこの章では，着眼力と発見力を理解し，向上させることを目指す。

1　知識や技能としての着眼力と発見力の向上

「なに」「なぜ」から「どのように」へ

　着眼力と発見力とはなにかというと，政策に関わる「重要な何か」に気づく，発見する能力である。また，なぜ求められるのかというと，それが政策の成果を大きく左右するからである。このように，着眼力と発見力については，「なに」と「なぜ」は分かりやすい。その一方で，どのようにして着眼力と発見力を身につけるか，どうすれば向上できるか，というとなかなか難しい。

　「気づきや発見にはセンス（直観・感性）が必要だ」と言う人もいるが，これは説明になっていない。気づくことができた人が結果的に「センスがある」と呼ばれるが，その逆ではない。実際に「どのようなセンスが必要か」と尋ねても，「重要なことに気づくセンス」といった答えしか返ってこない。また，「経験が重要だ」と言われることもあるが，これも説明としては不十分である。わずかな経験で着眼力や発見力を獲得する人もいるし，何十年も経験を積み重ねてもダメな人もいる。さらにいうと，過去の経験（成功体験や失敗体験）が気づきや発見を阻害することもある。着眼力や発見力は経験を通じて錬磨あるいは修正されていく（この意味で経験は重要である）が，経験そのものではない。

　そこで，センスや経験からいったん離れて，どのように着眼力や発見力を習得あるいは向上させるのかを説明していく。まずは，実際に，気づく・発見する前提として重要なものは何かを考えてみよう。

目的あるいは問題意識の重要性

　いきなりになるが，以下の Work に取り組んでみよう。

Work

　自分の身の回りのを状況を眺めて（あるいは思い浮かべて），重要な「何か」を見つけてみよ。

　さらに，重要な「何か」を見つけた人は，それは本当に重要か，いかなる観点から重要かをさらに考えてみよう。何も見つからなかった人は，なぜ見つけられないのかを考えてみよう。

　この Work で「何か」を発見できた人は，それを重要だと評価する自分なりの判断基準を持っている。一方，何も発見できない人は，自分なりの判断基準を持たないか，曖昧になっているのではないだろうか。

　重要な「何か」に気づく・発見できるかどうかを左右する究極の要因は，目的（問題意識と言い換えてもよい）に帰せられる。より強く，明確な目的を持っている人は，重要な何かを発見できる可能性が高くなる。「重要な何か」に気づくためには，「何かを重要だと考えている」ことが前提となる。

　たとえば，河原を散歩していて茶色っぽい大きな岩が視界に入ったとしても，多くの人は，それを重要な「何か」として気づくことはないだろう。ところが，「恐竜の化石を見つけたい」という明確な目的を持っていると「恐竜の化石かもしれないもの」として認識できる。さらに，目的を持っていれば，その岩の何をどのように調べればよいのかも特定化されて，さらに詳しく重要な「何か」を発見できる可能性が高くなる。実際に，1968年に福島県で発見された「フタバスズキリュウ」（厳密には恐竜ではないらしいが）の化石は，化石好きの少年が河原にあった「茶色いもの」を掘ってみたことで発見された。また，目的が異なれば，発見できるものも変わってくる。同じ岩が視界に入っても，芸術家であ

れば作品の素材として捉えるかもしれないし，自然災害に関心がある人であれ
ばがけ崩れや水害の予兆として気づくかもしれない。いずれにせよ，目的によっ
て，発見できるものが大きく左右されることが分かるだろう。

┌─ Point ─────────────────────────
│ 着眼力や発見力の習得・向上のためには，強く，明確な目的（問題意識）を
│ 持つことが重要である。
└──────────────────────────────

2　目的の発見あるいは顕示化

目的がない？

　着眼点や発見力を習得するうえで目的あるいは問題意識が重要であると述べ
た。ところが，学生の場合，「とくに目的や問題意識はないです」ということが
ある。目的や問題意識が本当に全くないのであれば，残念ながら総合政策学の
学習は向いていないというしかない。現状や将来について何ら不満も不安もな
いのであれば，政策そのものが不要である。しかし，実際には，漠然とモヤモ
ヤとした問題意識をもっているが，それを自覚していない，あるいは，自覚し
ても明確に表現できないということが多い。

明確な目的を自覚していない場合の対応策

　対応策は2つある。

　まず，「漠然とした問題意識」に気づいている場合は，これを少しずつ明確化
していく。「漠然とした意見はダメだ」という風潮があるが，これは誤解されて
いる。「いつまでも漠然としたままではダメだ」は正しいが，最初はどんな意見
でも漠然としているのは仕方がない。さらに，漠然とした意見（ここでは目的あ
るいは問題意識）を明確化していく過程で，いろいろなことが分かってくる。最
初から明確にしすぎると，かえって重大な何かを見落としてしまうおそれもあ
る。従って，とりあえず，漠然とした問題意識を措定して，これを明確化して
いく途中経過を重視する，という対応策がある。

　たとえば,「観光ビジネスに着目して地域振興を実現したい」という目的を持つとしよう。このとき,観光ビジネスの対象は地元住民,近隣地域住民,遠方都市住民,外国人（アジア）,外国人（欧米人）のいずれか,観光資源は歴史的建造物や風景,ショッピング,アクティビティ,リラクゼーション,食事のいずれか,地域振興とは観光業の拡大,中心市街地の整備,人通りの増大,定住人口の増大,地域の人的交流の活性化のいずれか,といったように,詳細に検討していくことで,目的が明確になってくる。

　つぎに,「漠然とした問題意識」にすら気づいていない場合には,より上位の目的（最終的には基本理念）から考えていく。すなわち,最初にこれだけは確実に持っているといえる目的あるいは問題意識を再確認する。究極の上位目的である社会改善の欲求まで遡ってもよい。そして,この目的をいくつかの観点から特定化していく。たとえば,対象とする距離や範囲（身近か遠隔か,狭いか広いか）,取り組み期間,分野といった要素から「何に着目するか」の方向性が見えてくる。また,「どのような改善を目指すか」については,利益増大（さらにより良くする）と害悪減少（問題を解消する）のいずれを重視するかを考えると分かりやすい（後述の Work 参照）。

　たとえば,身近で狭い範囲の1年以内の家族・生活に関わる目的を考えたい人は,家族や友人,日常生活に関わる範囲で,交友関係をもっと充実させるとか,トラブルを解消することを検討すると,目的が見えてくるかもしれない。あるいは,遠隔で広い範囲の10年がかりで取り組むような目的を考えたい人は,遠い外国の貧困家庭の子供の医療体制改善といった目的に興味をひかれるかもしれない。このような手順に従って検討することで,無自覚に抱いていた曖昧な問題意識が見えてくる。

Point

目的あるいは問題意識は,最初は漠然としていて構わない。

上位の目的に立ち返ることで,潜在的な目的や問題意識を見つける。

自分には目的や問題意識はないと思っている人は,以下の Work に取り組むとよいだろう。

Work

　自分が取り組みたい思う課題はどのようなものか。以下の各項目から選択したうえで，さらに詳しく特定化してみよ。

(1)　社会あるいは周囲の状況をより良くしたいか？

　　　　　Yes／No

　※No ならばここで終了だが，本当に No となるか再確認して欲しい。

(2)　自分は何に着目するか？

　　　　　距離：身近／地域（市区町村）／地域（都道府県）／国／世界

　　　　　期間：1 年以内／3 〜 5 年／10〜20年／30年以上

　　　　　分野：家族／生活／労働／企業／産業／環境／正義・公正　など

(3)　どのような改善を目指すか？

　　　　　利益増大（良いことを促進）／損害減少（悪いことを抑制）

　たとえば，学生について「身近＋1 年以内＋生活」だと，「就職活動」「アルバイト」「授業」に関連する目的が出てくるかもしれない。あるいは，「世界＋10〜20年＋正義・公平」だと，「SDGs」に関連する目的が浮かび上がってくるかもしれない。

当事者意識の獲得と強化

　目的あるいは問題意識がないわけではないが，他人ごとであって自分には関係ないと考えてしまうこともある。貧困，高齢化，働き方，教育，地方振興，国際平和といった「政策課題」が世間で話題となっていることは知っているが，自分との関わりは実感できないという人は少なくない。そして，他人ごとである限り，つまり当事者意識がないかぎり，政策として取り組む意味は乏しくなってしまう。

　しかし，自分には無関係だというのは本当だろうか。単なる思い込みではないだろうか。自分との関わりに気づいていないということもある。そこで，ここでは，社会における何らかの出来事や状態について，当事者意識を獲得・強化する方法を紹介する。これはアイデアとしては簡単で，「関係ない」という思い込みに対して，「関係ある」という事実を自分で考え，提示する。では，以下

の Work に取り組んでもらいたい。

Work

　ある出来事・状況・政策について，以下の2つの問いについて回答して記述せよ。

・自分はどのような影響を受けているか／受ける可能性があるか
・自分はどのような影響を与えているか／与える可能性があるか

　※　「出来事・状況・政策」については，新聞やニュースのトピック，あるいは，「最近の話題」というキーワードでネット検索して出てきたトピックで構わない。

　ポイントとなるのは，「影響があるか」に対して「はい／いいえ」を回答するのではなく，「どんな影響があるか」を具体的に記述することである。どんなに無理やりで，強引な屁理屈でも構わない。人間は，周囲からの影響を過小評価する傾向があるので，強引なくらいでちょうどよい。

　この Work を通じて，様々な出来事・状況・政策が自分に関わる可能性があることに気づくことができる。たとえば，「友人が喧嘩した」「ある企業が新商品を発売した」「政府が失業保険制度を改定した」「ある国で森林火災が起きた」といった出来事や状況も自分に関わる可能性がある。この中でも学生には関係なさそうな「失業保険制度の改定」ですら自分に関わるかもしれない。この改定は，すでに働いている人だけでなく，これから就職する人，現在ニートをしている人にも影響を与える。あくまで，可能性を考えればよいので，現在の自分とは異なる立場から考えてもよい。もし自分が働いていたら，結婚していたら，子供がいたら，病気になったら，経営者だったら，政治家だったら……というように，能力や視点を変えることで，関わりの可能性が見えてくることもある。

Point

自分には関係ないと考えるのは，そもそも知らないか，考えたことがないことが原因となることが多い。

3　理想－現実ギャップ

「問題」の発見

　何かをより良くしたい・改善したいという目的が固まってくると，次に検討するのは「何について」ということになる。つまり，「取り組むべき何か」（＝問題）に気づく・発見することが求められる。

　問題の発見は意外と容易ではない。「問題は分かっている」と言う前提で議論を進めていたのに，議論が進むにつれて問題が何であったのかが分からなくなるということは多い。問題に気づき，問題の本質を発見するための技能を身につける必要がある。

理想－現実ギャップ

　「問題とはなにか」というと，「理想が実現されていないこと」だということができる。従って，問題を発見するためには，理想と現実のズレ・乖離（理想－現実ギャップ）を見つければよい。つまり，実現したい理想としての状況と，すでに生起している，あるいは，これから生起するであろう現実を対比して，何が，どれほど，どのように乖離しているのかを把握する。そして，ギャップが発生する要因やメカニズムを解明できれば，対応策も詳しく考えることができる。分かりやすい例を挙げると，「英語の試験で80点以上取りたい」という理想に対して「最近の試験の点数は60点」という現実があるとする。この理想80点と現実60点との乖離に気づき，さらに，乖離の原因となる，単語力，文法，あるいは，会話表現といった弱いところを検討すれば，改善のためにすべきことが見えてくる。

> ― Point ―――――――――――――――――――――――
> 問題を発見する最も基本的な方法は，理想－現実ギャップを見つけることである。

　理想－現実ギャップ（＝問題）を見つけるためには，その前提として，理想を

（適切に）設定すること，そして，現実を（適切に）理解することが必要になる。理想は，総合政策学においては，個人にとっての理想ではなく，集団や社会にとっての理想を検討する必要がある。これは，掘り下げて検討する必要があるので，後述の「社会状態の評価」のところで改めて解説する。一方，現実を適切に理解するためには，情報力・知識力と考察力・分析力を駆使することになるが，これも後ほど改めて解説する。

　ここで強調しておきたいのは，くり返しになるが，理想の設定と現実の把握がいずれも必要だ，ということである。「理想を語っているだけ」あるいは「現実を分析しているだけ」では問題は見つからないし，問題の原因を検討することもできない。従って，政策を具体的に考案することもできない。

　とくに，一部の政治家や評論家には「現実を分析しているだけ」という人もいる。たとえば，「公的な経済支援を受ける貧困家庭は30％である」という事実があったとする。そして，この数字から「不十分である」といった評価を下すことがある。しかし，不十分かどうかは理想と対比しなければ分からない。理想は，100％なのか，先進国平均の60％なのか，世論調査で多くの有権者に支持された25％なのか，というように多様でありうる。そして，設定される理想によって問題の有無や深刻さは変わってくる。

Point

理想－現実ギャップを発見するためには，理想を適切に設定し，かつ，現実を適切に把握することが求められる。

「問題（不満）」と「問題（課題）」

　理想－現実ギャップ（＝問題）を見つけようとして，うまくいかない人もいる。その原因として，「問題」を「課題」ではなく「不満」として捉えていることがある。

　「不満」とは「嫌だ」「困った」といった評価や感情である。そして，「不満」に焦点を当てると，「理想は不満がないことであるが，現実には不満がある。従って理想－現実ギャップがある。問題だ」といった思考になる。ところが，不満という評価や感情の発生要因を検討しない限り，問題は曖昧なままで，分析や

対応策の検討ができない。要するに,「不満」は, 問題発見の端緒となるが, 取り組みの直接的な対象ではない。

　一方,「課題」とは「不満などの評価や感情を生み出す要因」であって取り組みの直接的な対象となる。たとえば,「堤防の耐震強度の理想は震度7までだが, 現実は震度6強までである」(=堤防の耐震強度が足りない),「財政赤字の理想はGDP比2%までだが, 現実は6%である」(=財政赤字が過大である)「英語の試験成績の理想は80点以上であるが, 現実の予想では60点である」(=英語学力が低い)といった理想−現実ギャップは課題に焦点を当てている。そして, これらの問題(課題)の発見は, それぞれ「耐震強度の引き上げ」「財政赤字の抑制」「英語学力の向上」という具体的な取り組みの検討に結びつく。このため, 総合政策学としては,「問題(不安)」にとどまらず,「問題(課題)」を発見することまで意識することが求められる。

┌─ **Point** ──────────────────────────────
　問題とは, 問題が引き起こす感情(不満)ではなく, 問題を引き起こす要因
(課題)として捉えるべきである。
└──────────────────────────────────────

Work

　関心のある出来事・状況・政策について, 理想−現実ギャップを見つけよ。さらに可能であれば, 発見した理想−現実ギャップを周囲の人たちと比較し,議論してみよ。

　※　「出来事・状況・政策」については, 新聞やニュースのトピック, あるいは,「最近の話題」というキーワードでネット検索して出てきたトピックで構わない。

　※　同じ理想−現実ギャップに着目しても, その評価や発生原因については人によって見解が異なりうることを実感してもらいたい。

より幅広い気づき・発見へ

　問題の発見を実践してみると, 気づきや発見の技能そのものが不足していると感じるかもしれない。また, 総合政策学においては, 問題の発見だけでなく,鍵を握る人物や政策手段など, 気づき・発見するべき事項は多岐にわたる。そ

こで，より幅広く，一般的な気づき・発見の知識や技能については，次節で改めて説明する。

4　アイデアの創出と発展

アイデアの質と量

　気づきや発見は，「重要な何か」に関するアイデアを獲得することだということができる。そして，アイデアは，明確性や具体性といった質と，数や種類といった量という2つの軸で評価される。しかし，気づきや発見においては，質よりも量を追求すべきである。そこで，以下では，できるだけ多くのアイデアを創出し，発展させる手法を紹介する。

ブレイン・ストーミング

　たくさんのアイデアを生み出す手法として，最も広く使われているのがブレイン・ストーミングである。略して「ブレスト」と呼ばれることも多い。ひとりあるいはグループのいずれでもできるが，どちらも基本は同じである。

　ひとりであれば紙かノート，グループであればホワイトボードを用意する。そして，設定された主題について，どんどんアイデアを出して書き出していく。ポストイットにアイデアを書いてボードに貼ってもよい。このとき，アイデアの質は問わないし，出てきたアイデアを決して否定しない。曖昧でも不正確でも構わない。また，単なる言い換えや重複も気にしない。むしろ，思いつくままにどんどん生み出していくことが求められる。

　アイデアが大量に出てきたところで，類似のものや関連するものをまとめたり，重要なものを指摘したりすることで，アイデアの質の向上や，アイデア間の関係を把握する。

Point

ブレイン・ストーミングは，大量のアイデアを生み出す手法として広く使われている。

マンダラート法

　ブレイン・ストーミングは，広く利用されているが，実際にやってみると意外とアイデアが出てこない。とくに，グループで取り組むと，誰かの意見を否定や上書きしてしまうことを恐れたり，他人が意見を出せば自分は黙っていてもよいという雰囲気になってしまったりする。そこで，グループでアイデア出しに取り組む場合でも，各メンバーにもう少し強制的にたくさんのアイデアを出させるような仕掛けが求められる。そのような仕掛けのひとつがマンダラート法である。

　マンダラート法は，まず3×3の9マスの枠を描いたワーク・シートを用意し，次に真ん中のマスにアイデアを出したいテーマを書く（**図表4-1**）。そして，制限時間を区切って，周りの8マスに思いついたアイデアを書き込んでいく。このとき，ブレイン・ストーミングと同じで，アイデアの質や重複などは気にしない。制限時間内で8マス全てを埋めることを優先する。

図表4-1　マンダラート法のワークシート

	テーマ	

　この手法はグループで実施するとさらに効果的になる。あるテーマについて5人のメンバーが取り組むと，8マス×5人で40個のアイデアが出てくる。そして，メンバー間でお互いのワーク・シートを交換し合って，何度も重複して出てくるもの，重要なもの，関連するものを確認する。そして，さらに検討すべきテーマを特定して，この新たなテーマについて再びマンダラート法を行うことで，さらに掘り下げたアイデアを40個出すことができる。

　実践してみると，当然ながら，制限時間内で8マス埋められないメンバーが出てくる。このときは，埋まらなかったメンバーだけ，制限時間を延長してアイデアを書き込んでもらう。それでもまだ8マス埋まらなければ，そのメンバーだけさらに制限時間を延長する。最終的に，全員が8マス埋めきるまで繰り返す。「アイデア8個を考案するのは義務」ということを周知し，義務を果たすま

で「制限時間延長というペナルティ」を課し続けることで，各メンバーが義務から逃れられないようにする。

このように，アイデア出しを各メンバーに義務化することでアイデアの数を増やし，アイデアをシートに書き込むことで見える化し，そして，アイデアの質・関係の検討を容易にすることができる。

Point

マンダラート法は，アイデアの案出数の増加と，アイデアの質・関係の検討を両立する。

連想発想法

ブレイン・ストーミングやマンダラート法は，どちらかというとアイデア数の増大だけを純粋に目指している。これに対して連想発想法は，アイデア間の関係・結びつきも考慮する。このため，アイデア案出・整理の手法として優れているが，利用するためのハードルが高くなっているともいえる。

図表4-2　連想発想法の概念図

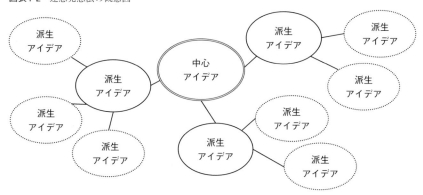

具体的には，中心アイデアから，様々なアイデアを連鎖的に派生させていくプロセスを紙上に描写する（**図表4-2**）。これによって，アイデアの凝集性（まとまり），階層性（縦の関係），横断性（横の関係）を視覚化する。要するに，アイデアの連想ゲームをチャート図として見える化することで，アイデアの案出と整

理，記憶を同時に支援する。

　類似の手法はギリシャ哲学以来の「弁証法」のように古くから広く活用され
てきた。近年では，この発想法を発展させたマインド・マップという手法も広
く利用されている。⁽¹⁾

> **Point**
>
> 連想発想法は，アイデアの連想ゲームを視覚化することで，アイデアの案
> 出と整理，記憶を同時に支援する手法である。

クリティカル・シンキング

　クリティカル・シンキングは，総合政策学において極めて重要な技能である。
これなしには，政策に関わる「重要な何か」の気づき・発見が困難になる。「何
が重要か」を判断する根拠が歪み，着眼・発見のプロセスが捻れているのであ
れば，どれほど多くのアイデアを考案し，アイデア間の関係を明示化したとこ
ろで，望ましい政策の実現に繋がらない。このような歪みや捻れを是正するの
がクリティカル・シンキングである。

　では，クリティカル・シンキングとは何かというと，テクニックというより
は心構えというべきものである。テクニックだと思って理解しようとすると戸
惑うことになる。また，この用語を直訳すると「批判的思考」となるが，「批判」
という日本語はあまり適切ではない。本質的思考あるいは根源的思考といった
ほうが，この用語が意味する内容に合致している。これらを踏まえてクリティ
カル・シンキングを定義すると，以下のようになる。

定義▶▶クリティカル・シンキング

クリティカル・シンキングとは，本質的・根源的な意味や構造に着目し，これ
らを発見するための心構えである。

　その内容は，「曖昧な事実を確認する」「曖昧な概念を明確化する」「曖昧な前

---

(1)　T.ブザン，B.ブザン（近田美季子訳）［2013］『新版　ザ・マインドマップ——脳の無限
　の可能性を引き出す技術』ダイヤモンド社。

提を再検討する」「曖昧な因果関係を検証する」という4つの心構えとしてまとめられる。これらの心構えは批判することを目的とした粗探しではない。あくまで，予断や偏向を排除し，見落としを回避して，より本質的・根源的に物事を把握できるようになることを目指すものである。

　クリティカル・シンキングを身につけるには，心構えなので，日頃から意識して慣れるしかない。たとえば，次のWorkで示すような状況では，反射的にクリティカル・シンキングを試みるようになってほしい。

Work

　以下の見解について，クリティカル・シンキングを実践してみよ。

「近年，わが国では，利益獲得を優先する大企業の横暴によって社会の貧困化が急速に進んでいる。そこで，いまこそ，大企業の横暴を許さないような政策が求められる」。

「最近の若者は，昔と較べると，主体性や積極性に乏しい。与えられた情報に流されるだけで，自分で思考し，行動するということをしなくなっている。ネットやSNSで議論している人も，じつは，他人の意見を表現を変えて転送しているに過ぎない」。

組織的な気づきと発見

　総合政策学としては，個人の着眼力・発見力だけでなく，組織としての着眼力・発見力も重要である。複数の人々や組織が関わりあう中で気づきや発見が連鎖的に積み重なっていくことで，個人ではたどり着けないような気づきや発見を実現できることがある。組織的な気づきや発見のためには，オープン・イノベーションと呼ばれる考え方が参考になる。

　まず，イノベーションとは「新たなアイデアの発見」を意味する。そして，特定の組織内で完結するイノベーションをクローズド・イノベーションと呼ぶのに対して，組織を越えて知識や人材を交流させることを通じて実行するイノベーションがオープン・イノベーションである。要するに，異なる知識・考え

---

(2)　H.チェスブロウ（大前恵一朗訳）[2004]『Open Innovation——ハーバード流イノベーション戦略のすべて』産能大出版部。

方を持つ多様な人々が，頻繁かつ密接に交流することで，「新たなアイデアの発見」を推進する。このような考え方は古来存在した。たとえば，いつ頃から流布してきた格言なのかは不明だが，新しいアイデアを生み出すためには「よそ者，若者，馬鹿者」との交流が鍵となるともいわれる。ここで，よそ者とは異なる背景を持つ人，若者とは思考が柔軟で好奇心が強い人，馬鹿者とは従来の常識や価値観から外れた人を意味する。

　総合政策学としても，オープン・イノベーションの考え方は大いに参考になる。そもそも「総合性」を重視する学問であるし，多種多様な人々の結びつきが新たなアイデアを生み出すという理念については積極的に評価できる。ただし，実践するうえでは，慎重な態度も求められる。理由は単純で，オープン・イノベーションはコストが掛かるからである。自分が実践する場面を考えれば分かるが，「よそ者，若者，馬鹿者」と円滑に交流することは容易ではない。思考の前提や方法が異なる，価値観が異なる，言語が異なる相手とのコミュニケーションは困難を伴う。むしろ，摩擦や衝突が発生する可能性のほうが高い。オープン・イノベーションをただ推進すれば新たなアイデアを苦もなく創出できるわけではない。

　さらに，オープン・イノベーションの下では，生み出したアイデアが誰に帰属するのか，という問題もある。たとえば，2001年に起きた「遺伝子スパイ事件」では，共同研究を通じて開発された試料の所有権が誰に帰属するのかが論点のひとつとなった。[(3)]

　もちろん，狭い組織や集団に閉じこもっていると気づきや発見が停滞しやすい。しかしながら，オープン・イノベーションを無闇に導入すると，労多くして成果なしということになりかねない。そこで実践的な観点からは，何をどこまでオープンにするかを意識的に検討するべきである。そして，日頃から，背景や考え方が異なる人たちとの交友関係（いわゆる人脈）を強化しておくことが，組織的な着眼力や発見力に繋がる。

---

(3)　芹沢宏明［2004］「遺伝子スパイ事件——芹沢の手記（最終回）」『日経バイオビジネス』2004年1月号。

┌─ Point ─────────────────────────────────
│　組織的な着眼力・発見力の向上のためにはオープン・イノベーションが参
│　考になる。
│　ただし，オープン・イノベーションのコストも考慮する必要がある。
└──

5　まとめ

　この章では，着眼力と発見力，すなわち，「重要な何か」に目を向けて，気づき，発見するための知識・技能について説明した。これらの力は総合政策学にとって極めて重要である。そして，きちんと学習することで，身につけ，向上させることが可能である。

　ただし，着眼力と発見力を本当に向上させるためには，この後で説明する，知識力・情報力や考察力・分析力，そして，政策に取り組む経験も必要となる。そこで，この章の内容については，全体的な学習や実践が一巡してから，繰り返して目を通してもらいたい。期間を空けてから繰り返し目にすることで，より深い気づきや発見を得られるはずである。

第5章

知識力と情報力

現代社会は「情報の時代」や「知識社会」と呼ばれる。たしかに，世の中では，日々，膨大な情報や知識が生み出され，流通している。そして，情報や知識を適切に獲得し，活用できるかどうかが人々や企業に大きな影響を与える。情報や知識の質や量が鍵となることは間違いない。とりわけ総合政策学においては，「いろいろなことを広く，深く，正しく知っている」ことが重要であることは当然である。そこでこの章では，情報や知識の定義から始めて，知識力と情報力の具体的な方法について解説する。

1　情報と知識

情報の定義と意味

「情報」という言葉は日常的に広く用いられているが，その定義や説明は非常に難しい。以下，ひとつの見方に過ぎないが，簡単に説明する。

日本語としての「情報」は，明治時代に軍事用語として造られた。このころは，軍事上の「情勢（状勢）の報せ」ということで，「状報」とも書かれていた。一方，英語の"information"の和訳は，1862年に刊行された『英和対訳袖珍辞書』において「教工，告知，手術，了解，訴ル事」と，あるいは，1873年の『附音挿図 英和 字彙』においては「消息，教諭，報告，訴訟，知識」と説明されていた。その後，辞典等の出版物に「情報」の語が載録・説明されて，だいたい大正時代には情報という用語が定着した。福沢諭吉は「聞見ヲ博クシテ事物

---

(1)　小野厚夫［2005］「情報という言葉を尋ねて(1)」『情報処理』第46巻第4号（347-349頁）。

(2)　上田修一［1990］「情報と information の語の意味の変化」『情報の科学と技術』第40巻第1号（3頁）。

ノ有様ヲ知ル」こと「即チ英語ニテ伝ヘバ「インフォルメーション」ノ義ニ解シテ可ナラン」と紹介している[3]。

　他方，英語における "information" について考えてみると，これはいうまでもなく "inform" の名詞形である。そして，"inform" は "in" と "form" から構成されており，「"form" を与える」ことを意味する。では，"form" とは何かというと，形相（けいそう）である。これは，古代ギリシャ哲学でいうエイドス（εἶδος）であって，事物の物質的な側面に対置されて，形態や様相を示すものとされる。つまり，"information" とは，「事物の形態や様相をもたらすことないしもの」を意味することになる。

定義▶▶情報

情報とは，事物の形態や様相をもたらすこと，ないし，もたらすものを意味する。

データ・情報・知識・智恵[4]

　上記の情報の用語は，受け手とは無関係に定義されたが，日常的な用法としては，受け手に何らかの便益・価値をもたらすことが含意されていることが多い。英語の "in + form" についても，「受け手の心情や認識に形をもたらす」ものとされ，その可能性を持つに過ぎないものはデータとして区別される。「生のデータは情報になりうるが，必ずしも情報ではない。そして，もしそれを伝える（inform）形にできなければ，何も本質的な価値はもたない」のである[5]。つまり，受け手にとって便益・価値を持つかどうか未確定な情報は，データということになる。一方，情報を整理・体系化して，より多くの便益や価値を生み出すものは知識と呼ばれる。さらに，知識を活用して独自の便益や価値を生み出すようになると智恵となる。

---

(3)　福沢諭吉［1879］『民情一新』（59丁）（慶應義塾大学メディアセンターデジタルコレクション）。

(4)　野中郁次郎・竹内弘高（梅本勝博訳）［1996］『知識創造企業』東洋経済新報社（特に第2章）を参照のこと。

(5)　R.ワーマン（松岡正剛訳）［1990］『情報選択の時代』日本実業出版社（41頁）。

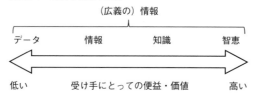

図表5-1　広義の情報の分類

　日常用語の「情報」は曖昧なものであるが，ひとつの見方としてはこのように整理できる。つまり，広義の「情報」は，受け手にとっての便益・価値が低い方から高い方へと順番に，データ（data），（狭義の）情報（information），知識（knowledge），智恵（wisdom）と区分できる（図表5-1）。この区分は厳密なものではないが，大まかに捉えるうえでは十分に役立つだろう。また，この整理の仕方は，頭文字を繋げて DIKW モデルと呼ばれる。

　そして，ここまでの説明を前提として，とくに知識に焦点を当てると，以下のように定義できる。

定義▶▶知識

知識とは，整理・体系化された情報であって，より大きく，より確定的な便益や価値を受け手にもたらすものである。

知識力・情報力

　では，知識力や情報力とは何を意味するのだろうか。

　先述の情報の区分は，単に区分として与えられるのではなく，何らかの活動によって変質していくプロセスだということができる。すなわち，収集によって「データ」を獲得し，データを選別して「（狭義の）情報」に絞り込み，情報を整理および体系化することで「知識」に転換し，知識を蓄積および活用することで「智恵」となす（図表5-2）。

図表5-2　広義の情報の分類

　このうち，知識を活用して知恵へと転換するプロセスは，考察力や分析力に関わるので第6章で説明する。残る3つの活動（情報収集，情報選別，情報整理）を適切に行うための知識や技能，あるいは，これらの活動を適切に行った成果が，知識力および情報力ということになる。従って，総合政策学における知識力・情報力は，「政策に関連する知識や情報を収集し，選別し，整理する能力，あるいは，収集し，選別し，整理された知識や情報の質や量がもたらす力」と説明される。

2　情報の収集

情報（データ）の氾濫

　かつては，情報収集が困難であったため，少しでも多くの情報を獲得することが望ましいこととされていた。しかし，現代社会では膨大な情報（データ）が発信され，流通しており，さらにますます増加している。まさに情報の氾濫と呼ばれる状況になっている。従って，そもそも全ての情報を収集することは不可能であるし，するべきでもない。

　実際に，やや古い資料であるが，総務省の資料によると，1996年から2006年までの10年間で，選択可能情報量が約532倍になったのに対して，消費情報量は約65倍にしかなっていない[6]（**図表5-3**）。利用される情報（データ）も確かに増えているが，利用可能な情報の爆発的に増加に追い付いていない。

　このため，情報収集の段階から，選別や整理，活用を念頭に置いて，効率性を意識するべきである。そのためには，収集の意図・目的（何のために），対象（何について），方法（どのように），そして，範囲・深度（どこまで）を検討しておくことが求められる。

┌─ Point ─────────────────────────────────
　情報収集は，選別や整理，活用を念頭に置いて，効率よく行うことが求められる。
└──

---

(6)　総務省情報通信政策局情報通信経済室［2008］「平成18年度情報流通センサス報告書」。

図表5-3　選択可能情報量と消費情報量の推移（1996年を100とする）

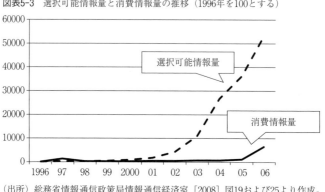

（出所）総務省情報通信政策局情報通信経済室［2008］図19および25より作成。

情報収集の意図と効率性

　意図や目的が不明確なまま情報収集を行うと，便益や価値をもたらさない情報まで無意識的に収集し続けて，非効率な状況に陥ることがある。全ての情報を完全に収集することは不可能であることを織り込んで，情報収集の意図を設定するべきである。

　情報収集の意図は，大きく３つに分けられる。すなわち，「基礎情報の拡充」「特定課題への対応」，そして「競合との差別化」である。意図が異なれば，効率性の意味も異なることに注意しよう。

　「基礎情報の拡充」という意図のもとでは，「いつか役に立つかもしれない」「何かに気づくかもしれない」という意識で，関連する可能性のある情報（データ）を幅広く収集する。たとえば，日頃からニュースを読む・見る，街中の風景や人波を観察する，多様な人たちと交流するといったことから基礎情報を拡充する。この意図に基づく情報収集では，あまりコストを掛けないで継続することが重要である。

　「特定課題への対応」という意図のもとでは，対応すべき課題に適合するように，情報収集の方法や範囲・深度を最初から限定する。これは，限られた時間やコストのもとで成果を出すことが期待される実務家向けの情報収集として紹介されることが多い。[7]具体的には，情報を最終的に活用する場面を「仮説」として設定して，その仮説の構築・補強・検証に役立つような情報（データ）に目

星を付けて情報収集を行う。網羅的な情報を完全に収集することは目指さないし、目指すべきでもない。そして、収集した情報を選別・整理・活用した結果としてうまく行かなければ、その仮説を捨てて、新たな仮説を立てて情報収集を行う。これを繰り返すことで、特定課題への対応という意図のもとでの情報収集を効率的に進めることができる。

　ただし、基礎情報の拡充が不十分であると、そもそも仮説を立てられない、仮説が的外れになる、仮説に役立つ情報収集ができない、といった事態が起きる。ところが、政治家や公務員、マスコミ、学者でも、（専門知識や情報を持っていても）基礎情報が不十分であることは少なくない。このため、安易に仮説を建てて情報収集の幅を狭めることは危険である。[8]

　「競合との差別化」という意図のもとでは、想定している競合相手に対して相対的に優位になるような情報収集が求められる。この場合、情報収集の最適な水準は、競合相手に依存する。これは、個人間、企業間、自治体間、国家間のいずれの競合であっても当てはまる。

　具体的な例として、就職活動における情報収集を考えてみよう。学生から「自己分析や企業研究はどれくらいやればよいか」という質問を受けることがある。これに対する回答は、「他の競合相手と採用先の思惑次第でいくらでも」ということになる。就職活動では、情報収集の適否は、他の志望者との相対的な優劣で判断される。つまり、情報収集の質や量が、他の志望者に対して相対的に優位にたてるかどうかが重要であって、絶対的な質や量、ましてや個人的な努力などはどうでもよい。どれほど頑張っても、競合相手に劣るならば意味はない。あくまで、情報収集の意図を意識する必要がある。

> **Point**
>
> 情報収集の意図（「基礎情報の拡充」「特定課題への対応」「競合との差別化」）に照らして効率性の意味を確認する必要がある。

---

(7)　安宅和人［2010］『イシューからはじめよ』英治出版, G.マキューン（高橋璃子訳）［2014］『エッセンシャル思考』かんき出版。

(8)　馬田隆明［2022］『解像度を上げる』英治出版。

情報収集の対象

　どのような情報を収集するかという情報収集の対象については，すでに数多くの議論がある。たとえば，収集の対象となる情報について，定性的・定量的，断片的・包括的，一般的・特定的，暗黙的・明示的といった区分がある。あるいは，文字・音声・画像・映像情報とか，個人・企業・地域・社会情報とか，一次情報・二次情報といった区分もある。これらの区分のもとで，情報収集の対象について検討することの意義は小さくない。

　しかしここでは，やや異なる観点から，情報収集の対象について考えてみよう。まず，情報収集の対象を「収集の容易性」と「活用の可能性」という2つの軸に着目して区分する。そして，2つの軸について，それぞれ「高い」と「低い」に区分する。すると，2×2の4つのカテゴリーができる（図表5-4）。

　この中で，「活用の可能性」と「収集の容易性」がいずれも高いカテゴリーは，情報収集の対象とすべきであるし，実際に対象とされるであろう。また，2つの軸についていずれも低いカテゴリーは，情報収集の対象として後回しにすべきであるし，実際に後回しにされるであろう。この2つのカテゴリーについては追究する必要はない。

図表5-4　情報収集の対象

		活用の可能性	
		高い	低い
収集の容易性	高い		
	低い		

　問題となるのは，「活用の可能性」と「収集の容易性」が整合しないカテゴリーである。すなわち，「活用の可能性」が高い情報は収集の対象とされるべきであるが「収集の容易さ」が低いために消極的に取り扱われ，一方で，「活用の可能性」が低い情報は収集の対象としての優先度は低いが「収集の容易性」が高いために積極的に推進されてしまうことがある。

　ところが，「収集の容易性」によって情報収集の対象が決定されることは，無駄な情報が収集されるという非効率性だけでなく，その情報が活用されることで政策が歪められるというより大きな害悪までもたらす可能性がある。

とくに学生は，「容易に収集できる情報」に飛びついて，「最終的に役に立つ情報」を軽視する傾向がある。情報収集の対象を検討する際に，「活用の可能性」を十分に意識するべきである。

┌─ Point ──────────────────────────
│ 情報収集の対象は，「収集の容易性」だけでなく，「活用の可能性」を併せ
│ て検討したうえで，決定すべきである。
└──────────────────────────────────

情報収集の方法(1)：一次情報の収集と二次情報の収集

情報収集の方法によって，獲得できる情報の特性は大きく異なりうる。もちろん，情報の便益や価値は，活用するまで確定しない。しかし，獲得できる情報の特性や，獲得する手順やコストについて，ある程度の傾向がある。

さらに，この傾向は，しばしばトレード・オフを伴う。トレード・オフとは，メリットを追求すると，同時にデメリットが発生することを意味する。

たとえば，情報収集の方法として，一次情報の収集と二次情報の収集という異なる方向がある。一次情報は，情報源に直接アクセスして得られる生のデータである。一方，二次情報は，他者が収集し，選別し，整理し，加工したデータである。二次情報は，すでに整理されておりすぐに活用しやすいというメリットがあるが，重要なデータの捨象や歪曲の可能性というデメリットがある。また，そもそも自分が求める二次情報が存在しないということもある。そこで，この2つの方向を組み合わせて活用する必要がある。

図表5-5　情報収集の進展と対応

情報収集度	状　況	対　応
低い	何も知らない	信頼可能・中立的な二次情報
やや低い	基礎データが集まりだした，全体像が朧げに見えてきた	特徴的・選別的な二次情報
やや高い	基礎情報は充実してきた，全体像もほぼ理解できている，差別化できるほどではない	二次情報の拡充と一次情報
高い	基礎情報はほぼ完ぺき，専門情報もかなり充実している	二次情報の更新と一次情報の拡大

　具体的には，情報収集の進展状況（便宜的に「情報収集度」と呼ぶ）に応じて使い分ける（図表5-5）。まず，何も知らない状況（情報収集度「低い」）では，二次情報のなかでも，政府や公共機関がまとめた資料や，教科書，概説書といった信頼性と中立性が高い（と思われる）ものを最初の手がかりとする。そして，ある程度まで基礎データを収集し，選別や整理を通じて全体像が見えてきた状況（情報収集度「やや低い」）では，民間調査機関がまとめた資料や専門雑誌記事といった特徴的・選別的な二次情報の収集も意識し始める。さらに，基礎情報の収集は充実し，全体像もほぼ理解できる状況（情報収集度「やや高い」）になると，二次情報をさらに収集しつつも，独自調査やインタヴューなどの一次情報の収集のウェイトを高めていく。さらに，情報収集が極めて充実した状況（情報収集度「高い」）になると，既に収集している二次情報を更新しながら，一次情報の収集を拡大することになる。

Point

情報収集の進展に応じて，一次情報と二次情報のいずれを重視するかを調整する。

情報収集の方法(2)：情報収集の経路と媒体

　情報収集は，情報が流れる経路（チャネル）と情報が乗っている媒体（メディア）に照らして設計され，実行される。

　経路とは川，媒体とは船をイメージすると分かりやすい。世の中には様々な川があって，長さ，流速，流量，アクセスしやすさなど，それぞれに特徴がある。そして，情報は船に乗って川面を移動するが，情報を獲得するためには船ごと捉えるしかない。とすると，情報収集の方法とは，アクセスする川を選択して，情報が載っている船を発見し，捉えるための手段や手順ということになる。

　たとえば，ネットという経路を，文字，音声，画像，動画といった情報（データ）が，電子信号という媒体によって流れている。あるいは，出版社や書店からなる経路を，雑誌や書籍といった紙媒体として流れることもある。それぞれに，経路を特定化し，その特徴を捉え，獲得したい情報が乗っている（であろう）媒

体を発見し，獲得するというプロセスを通じて情報収集が行われる。

> ― Point ―
> 情報収集は，情報の経路と媒体に対応するように設計し，実行されるべきである。

その他の注意点

　情報収集に関連する注意点のいくつかはここでまとめて解説しておこう。

　まず，情報収集においては，出所・出典・ソースを意識する必要がある。出所によって，獲得できる情報の特性が異なるので選別や整理の参考になるし，自分自身のさらなる情報収集のためにも出所を明確に意識するべきである。また，自らの見解を説明・主張するときに，根拠となる資料や関連情報を提供するときにも，出所を明記することが求められる。出所を示せないことは，根拠がないことと同じ意味になると覚えておこう。

　次に，情報収集においては「裏をとる」こと，つまり，別の情報によって信頼性を確認することを可能なかぎり行うべきである。政策に関わる場面において絶対的に確実なことなどほぼ存在しないが，それでもできるだけ確度をあげることが望ましい。大間違いを回避するだけでも効果は大きい。

　最後に，情報源の多様化を強く推奨する。これは，情報の確度を向上するということもあるが，視点や思考の柔軟性を高めるためにも求められる。たとえば，自動車は「移動・輸送手段である」ということは事実である。しかし，視点を変えると，「運転を楽しむ趣味」「プライベート空間」「家族や恋人とのコミュニケーション・ツール」であるかもしれない。情報収集は，これまでに獲得した情報に依存して偏向することがある。これに気づき，是正するために，情報源の多様化が重要になる。

> ― Point ―
> 情報収集では，出所の把握，複数情報による信頼性の担保，情報源の多様化を意識する。

3　情報の選別

情報選別の方法

　収集した情報（データ）は，整理や活用に向けて選別される必要がある。情報選別の方法の適否は，直面する状況や追求する目的，個人の性格や能力にも依存する。このため，普遍的に望ましい方法はそもそも存在しない。

　ここでは筆者の個人的（というほどオリジナリティもないが）な方法を開陳するが，あくまで，自分なりの情報選別の方法を確立するための参考として捉えてもらいたい。

情報の特性傾向に基づく選別

　収集された情報（データ）の選別は，目的に照らして判断するのが基本となる。目的に合致しないことが直観的に明白であるならば簡単に排除できる。ところが，整理し，分析し，活用してみるまでは目的に合致するかどうか分からない情報（データ）も多い。この場合，目的そのものに照らしても情報を選別できない。そこで，目的を達成するうえで求められる情報（データ）の特性傾向を抽出して選別を行う。

　たとえば，ある目的を達成するための情報として，「とにかく信頼性が高い」という傾向を求めるのか，あるいは，「信頼性が低くても速報性が高い」という傾向を求めるのかという特性傾向を抽出する。そして，この特性傾向に照らして選別することで，目的に合致して便益や利益を生み出す可能性を向上させる。喩えるならば，魚を買いたければ魚屋に行き，野菜を買いたければ八百屋に行くことで，望むものを入手する可能性を高める。

　情報の特性傾向としては，「分野・領域・業界」「国・地域・場所」「時期・時代」といった基本的なものから，「信頼性」「迅速性・速報性」あるいは「長期的・短期的」「客観的・主観的」「中立的・偏向的」「一般的・専門的」「全体的・個別的」といった抽象的なものまである。

　これらの特性傾向は，情報収集の段階で考慮することもできる。つまり，情報収集の方法を選別することで，収集される情報（データ）の特性を絞り込む。

このように，情報収集と情報選別を一体化することは，現実にも多い。

> ┌ Point ─────────────────────────────
> 　情報の特性傾向に着目して，目的に合致する可能性が高い情報を選別する。
> └──────────────────────────────────

情報選別の過誤

　情報（データ）の便益・価値が未確定の時点で判断するため，情報を適切に選別できないこと（過誤）がありうる。

　まず大きく2つの過誤があって，便益・価値をもたらさない情報（データ）を残してしまうこと（第一種過誤），および，便益・価値をもたらす情報（データ）を排除してしまうこと（第二種過誤）がある。第一種過誤の場合は，整理，分析，活用を通じて「じつは無益だった」ことが結果的に判明する。一方，第二種過誤の場合は，活用される機会がないため，「じつは有益だった」ことは永遠に分からない。しかし，第二種過誤を避けるために情報（データ）を排除・絞り込みをしないのであれば，情報選別の意味がなくなるし，整理，分析，活用のコストが膨張してしまう。取り組んでいる政策の重要性などを勘案して，第二種過誤をどこまで受け容れるのかを検討する必要がある。

　第二種過誤については，現実に深刻な損害をもたらした事例もある。2011年の東日本大震災に伴う津波によって，東京電力福島第一原発は甚大な被害を被り，電源喪失そして炉心溶融という極めて深刻な事故が発生した。ところが，この事故は全くの想定外というわけではなく，2009年あるいはそれ以前の段階で大規模な津波の危険性が指摘されていた[9]。この未曾有の事故を回避する可能性はあったのである。しかし現実には，第二種過誤に陥り，この情報を十分に活かすことができなかった。

　さらに，じつは第三種過誤と呼ばれるものもある。これは，情報収集や情報選別の目的や基準となる特性傾向の設定自体が不適切な状況である。この場合，どれほど適切に低コストで情報選別を行っても，さらには活用までされても，

望ましい帰結にたどり着けない。ただし，「適切に情報収集・情報選別を行って
も望ましい帰結にならない」ことをきっかけとして，設定された目的や特性傾
向そのものが間違っていることに気づくこともある。

> ┌─ Point ─────────────────────────
> 　情報選別における過誤について理解する必要がある。
> └────────────────────────────────

外部者による情報選別

　収集・選別したい情報について，基礎知識や技能がない，経路や媒体にアク
セスできないときには，これらの活動を自分以外の外部者に委ねることもでき
る。これも昔から存在していた方法で，情報経路の結節点を抑える人物（仲介者
やゲートキーパー）から収集・選別された情報を獲得する。また，現代社会では，
とくにネット上で，「検索サイト」「まとめサイト」「ニュースサイト」のほか，
「情報収集・選別ロボット」によって，自分の意向に合致するように収集・選別
された情報を低コストで受け取ることは一般的になっている。

　ここで注意すべきことに，情報収集・選別を委ねる外部者を適切に選別する
必要がある。というのも，これらの外部者が適切に情報収集・選別を行う保証
はないからである。これは，情報選別として不可避の場合もあるが，外部者が
意図的に（自らの利益のために）情報選別を歪めていることもある。たとえば，ネッ
ト上の検索エンジンですら，意図的な偏向や検閲が組み込まれている。実際に，
Google，Bing，DuckDuckGo といった検索エンジンを利用するとき，同じワー
ドを入れても検索結果が大きく異なることがある。「世界シェア１位の検索エン
ジンなら大丈夫」と信じる根拠はない。検索エンジンも含めて，情報収集・選
別において外部者を活用するのであれば，複数の多様な外部者を突き合わせて
特性さらには歪みを確認するべきである。

　さらに，複数の外部者を突き合わせても安心できない。「曾参，人を殺す」の
故事が誨えるように，人間は，複数の異なる情報経路から得た情報を真実だと
思い込む傾向がある。また，９割の真実と１割の虚偽を混ぜると，全てを真実
だと信じる傾向もある。このような手法は，ビジネスにおいて利用されている
だけでなく，政策に関わる状況では，より大規模に，より緻密に実践されてい

るかもしれない。情報選別において外部者を利用する場合は、「一定程度の偏向や虚偽は混じっている」という前提で考えるべきである。

> ― Point
> 情報収集および選別における外部者の活用は、便利であるが、その問題点も十分に認識する必要がある。

4　情報の整理

基本的な考え方

　情報整理は、収集し、選別された情報（データ）の全体像や構造を把握することで、理解や操作を容易にする。この結果として、情報の欠落や偏向を発見して情報の収集や選別にフィードバックしたり、より厳密な分析や活用へと進めることが期待される。ここでは、実践しやすい手法をいくつか紹介する。

MECE

　最初に行うべき整理は、MECE（呼び方は「ミッシー」「ミーシー」「メッシー」など）を確認することである。MECE とは、Mutually Exclusive and Collectively Exhaustive の頭文字をとったもので、「相互に欠落なく、全体で重複なし」を意味する。「欠落がある」とは「収集していない情報がある」ことを意味し、「重複がある」とは「多重的に捉えている情報がある」ことを意味する。いずれも、情報の収集と選別を通じて利用可能となった情報がきちんと整理されておらず、分析や活用の歪みをもたらすおそれがあることを示唆する。

　たとえば、ある政策 X に関する地元住民の意見（という情報）を把握して、今後の方向性を検討している状況を想定する。そして、「インターネットアンケートで集計した意見」が1,500件、「町内会・自治会を通じて集めた意見」が500件、合計2,000件の意見（情報）を収集したところ、このうち、政策 X について「推進すべき」が200件（10%）、「撤廃すべき」が300件（15%）、「どちらでもよい」が1,500件（75%）となったとしよう。では、この調査結果を踏まえて、政策の

方向性は「推進」と「撤廃」のいずれが望ましいと判断できるのだろうか。

図表5-6　情報の重複と欠落

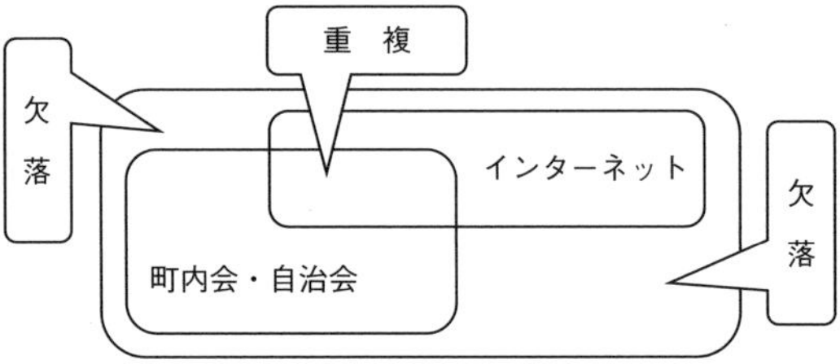

　じつは，MECE に照らして考えると，「そもそも判断できない」ことになる。その理由として，まず，インターネットと町内会・自治会の両方で回答した人がいるかもしれない（重複の可能性）。重複があると，ひとりの意見が何回もカウントされてしまう。一方で，いずれにも回答していない人たちがいるかもしれない（欠落の可能性）。欠落があると，意見が全く考慮されない人が存在することになる（**図表5-6**）。とすると，ここまでに収集・選別した情報は，ひとつひとつに虚偽はなく正確な意見表明だとしても，全体としてみると判断を歪めるものとなる。

　そこで，MECE を確認する必要がある。具体的には共通部分と補集合を考えることになる。共通部分は文字どおり「重複する要素」，補集合とは「含まれない要素」である。補集合は，「その他」と考えると分かりやすい。「インターネットで集めた意見」に対して補集合は「インターネットで集めなかった意見」あるいは「その他の意見」ということになる。

　MECE を意識して先ほどの情報を整理することで，重複と欠落を確認することができる（**図表5-7**）。なお，MECE を満たすことは望ましいが，絶対に実現しなければならない，とまではいえない。重要なことは，MECE を完璧に実現することでも，あるいは，MECE を満たしていないと切り捨てることでもない。MECE を満たしていないと認識したうえで，どのような歪みが生じるのか予測することである。

図表5-7　MECE の確認

		インターネットでの調査	
		回　答	未回答
町内会・自治体経由	回　答	重　複	
	未回答		欠　落

┌─ Point ────────────────────────────────
収集した情報の重複と欠落を確認するために，重複と欠落を意識する。
MECE が満たされていないことを前提として，ありうべき歪みを予測する。
└──────────────────────────────────────

分類とマトリクス

　MECE の確認は情報整理の基本であるが，これだけで情報を整理したとはいえない。情報の理解や操作を可能とするためには，情報を分類して整理する必要がある。分類の基本は，項目や種類ごとにまとめてラベルを付けることである。たとえば，衣類を整理するときに，「春夏物／秋冬物」「普段着／おしゃれ着」のようにまとめて整理することは普段からやっているだろう。

　整理したい情報が単純であれば「まとめてラベル」だけでもそれほど困らないが，状況が複雑になってくると，さらなる視覚化や厳密化された整理が求められる。そのための方法のひとつがマトリクスの利用である。

　マトリクスとは「行列」を意味するが，要するに「複数の要素を基軸として掛け合わせた図表」として表記・把握する方法である。じつは，先ほどの**図表5-7**をはじめとして，すでにいくつか利用している。単純で分かりやすいのは，2つの基軸を 2 〜 3 つの項目に分割したマトリクスで，**図表5-7**もこれになる。ただし，基軸を 3 以上にすることもできるし，基軸を連続的に捉えることもできる。

　マトリクスにすることで，利用可能な情報の理解や操作が大きく向上する。さらに強調しておきたいのが，マトリクスに落とし込む途中経過の重要性である。マトリクスを作成するうえで，基軸の設定，基軸の分割，利用可能な情報の配置の過程を可視化する途中経過で，情報収集の偏向や不備を発見したり，情報の共有化が促進されたり，考察や分析の方向性の見通しがつくといった効

果も期待される。

─ Point ─

マトリクスを利用した情報の整理は，情報の理解や操作の可能性を向上させる。

マトリクスは，その作成の途中経過も重要である。

Work

大学の授業を評価するためのマトリクスを作成したい。

ここでは，「有益性（役に立つかどうか）」と「娯楽性（楽しいかどうか）」という2つの軸を設定する。

① 「有益性」「娯楽性」のそれぞれの意味を自分なりに定義せよ。

② 具体的な授業をマトリクス内に配置してみよ。

③ 大学の授業を適切に評価するために，「有益性」「娯楽性」以外の軸を検討してみよ。

（Work 成果の例）

		有益性		
		役に立たない	役に立つ	
			すぐに	将来的に
娯楽性	楽しい	授業 A	授業 B	
	楽しくない			授業 C

構造と階層化

　情報を分類できたならば，続いて，情報間の関係すなわち構造について整理する。情報間の関係としては，時系列，論理関係，因果関係，包含関係などがある。そして，時系列とは出来事や行動の発生順・経過順に並べられた構造，論理関係は根拠と結論という構造，因果関係は原因と結果という構造，そして，包含関係は一方が他方の部分となるような構造を意味する。ただし，これらの構造は，既知となっているとは限らず，分析や考察の結果として把握されることもある。

　そして，これらの関係は，階層構造として可視化されることが多い（**図表5-8**）。なお，分岐や場合分けがない場合は，階層構造というよりも，一本道の単線過程のような構造をとることもあるが，これは階層構造の特殊ケースとみなされる。

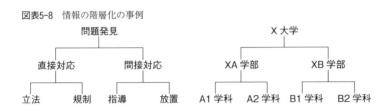

図表5-8　情報の階層化の事例

　注意点として，情報の構造を整理するには，MECE を確認し，分類を把握することが前提となる。MECE や分類を無視して階層構造を構築することは可能であるが，重複や欠落が発生するおそれが大きい。一見すると，きれいに整理され，説得的であっても，じつは信頼できない。たとえば，**図表5-8**の右側の事例において「XA 学部」が欠落しているならば，X 大学の現状把握や将来展望を大きく歪めてしまうことになる。

> ┌─ Point ─────────────────────────
> 情報間の関係を整理するために階層構造として可視化することが多い。
> ただし，MECE を確認し，分類を把握しておくことが前提となる。

ファクトフルネス

　ファクトフルネスとは，ハンス・ロスリングによる著作のタイトルとして広く知られている。その主張は，人々は情報や知識に関する事実を正しく認識しない傾向があるが，それは知識不足や知能不足のためではなく，脳の機能あるいは本能に起因するものである，というものである。従って，この脳の機能あるいは本能を理解したうえで意識的に対処しなければ，十分に頭が良い人でも，

⑽　H.ロスリング他［2019］『FACTFULNESS（ファクトフルネス）』日経 BP 社。

図表5-9　ファクトフルネスが指摘する人間の本能

分断本能	「世界は分断されている」という思い込み
ネガティブ本能	「世界はどんどん悪くなっている」という思い込み
直線本能	「特定の傾向が永遠に継続する」という思い込み[11]
恐怖本能	危険でないことを，恐ろしいと考えてしまう思い込み
過大視本能	「目の前の数字がいちばん重要だ」という思い込み
パターン化本能	「ひとつの例が全てに当てはまる」という思い込み
宿命本能	「全てはあらかじめ決まっている」という思い込み
単純化本能	「世界はひとつの切り口で理解できる」という思い込み
犯人捜し本能	「誰かを責めれば物事は解決する」という思い込み
焦り本能	「いますぐ手を打たないと大変なことになる」という思い込み

（出所）ロスリング他［2019］『FACTFULNESS（ファクトフルネス）』日経BP社。

情報や知識を正しく認識できないことになる。

　具体的には，「分断本能」「ネガティブ本能」「直線本能」「恐怖本能」「過大視本能」「パターン化本能」「宿命本能」「単純化本能」「犯人捜し本能」「焦り本能」という10個の本能を挙げている（図表5-9）。つまり（やや誇張していうと），世の中で自分や仲間は孤立しており，あらゆる状況が極めて悪い方向へと突き進んでいる，そして，この運命は誰か悪どい人のせいで引き起こされており，逃れるためには思い切った行動が必要である，と思い込む傾向がある。

　同書には具体的な事例だけでなく，対応策も書かれている。詳しいことは実際に読んでもらうしかないが，「このような本能（思い込み）があるかもしれない」「このような本能のもとでは情報・知識を正しく認識できないかもしれない」と意識するだけでも大きな前進だといえるだろう。

┌─ Point ─────────────────────
│　情報や知識の正しい認識は，本能によって阻害されているかもしれない。
└──────────────────────────

────────────

[11]　同書第3章では「「世界の人口はひたすら増え続ける」という思い込み」とされているが，実際に書かれている内容に照らして，ここだけ修正した。

Work

　自分自身，周囲の人々，あるいは，マスコミやネット上の意見などをみて，ファクトフルネスが指摘する10個の本能に合致する事例を発見せよ。

　※　結果的に正しく事実を認識できている事例がどれほどあるか確認することが重要。

　※　事実かどうかを確認できない意見はここでは放置してよい。

5　まとめ

　情報力・知識力は，着眼力・発見力ほどセンスや経験を要求されないし，分析力・考察力ほど難しくもない。注意点や手法をきちんと理解し，注意深く活用すれば，誰でもある程度まで成果を挙げることができる。一方で，知識力・情報力は，総合政策学に限らず，あらゆる知的な活動の基盤となる。やはり，優秀な政策立案者・運営者は，幅広く，分厚く，緻密な情報力・知識力を備えている，ということを意識すべきである。

第6章

分析力と考察力

「人間は考える葦である」というパスカルの言葉にもあるように，「考える」ことは人間の根源的な特徴であり，武器である。政策はもちろん，日常的なビジネスでも「思考力」が求められるし，近年では小学校教育から「考える力」が重視されるようになっている[(1)]。では，「考える」とは何だろうか，どうすれば「考える力」を身につけられるのだろうか。改めて考えてみると，「考える」ことの基本的な意味からよく分からない。そこで，この章では，考察と分析の定義，考察力と分析力の定義，その実践のための方法を説明していく。

1　分析力と考察力

分析力と考察力の必要性

　望ましい政策を実現するためには，きちんと考えることが求められる。そして，きちんと考えるためには，ただ闇雲に「頑張る」のではなく，考えるための方法・枠組み（考察方法）を理解し，これを運用しなければならない。このことは，「小学校学習指導要領」にも書かれている[(2)]。ここで，考察方法を理解し，考察方法を適切に運用する知識や技能を，分析力あるいは考察力と呼ぶことにしよう。

　考察方法とは，考えるための道具として，人類が長い年月を掛けて発展させてきたものである。この道具を使いこなすことで，考えることの深度，精度，速度が劇的に向上する。どれほどの天才でも，道具を使いこなす凡人に勝てない。たとえば，東京から大阪へと移動するには，人類史上最速で走れる人が自

---

(1)　1998年に改訂，2002年に実施された「小学校学習指導要領」によって導入された。

(2)　文部科学省［2017］「小学校学習指導要領（平成29年告示）総合的な学習の時間編」
　　（とくに82頁以降）。ただし，同要領では考察方法を「考えるための技法」と呼んでいる。

力で走るよりも，自動車や飛行機を利用した凡人のほうが早く到着できる。道具を活用できる凡人は，天才よりも容易に成果をあげることが可能となる。

　分析力あるいは考察力についても同じことがいえる。考えるための道具である考察方法を活用できることが重要なのであり，だからこそ，考察方法を活用する能力である分析力・考察力を身につける必要がある。

> ─ Point ───────────────────
> きちんと考えるとは，考察方法を理解し，適切に運用することである。
> 考える力とは，考察方法を活用する能力としての分析力・考察力を意味する。

広義の考察

　分析力および考察力という用語の前提として，分析と考察という用語について説明する。まず，広い意味での考察とは「じっくり・きちんと考えること」であるが，これをもう少し明確に定義すると以下のようになる。

定義▶▶考察

考察とは，利用可能な情報から特定の結論ないし主張を導き出す活動ないし過程である。

　情報の収集・整理によって利用可能な情報が与えられ，利用可能な情報が考察を通じて，何らかの結論や主張へと転換される。たとえば，「環境は大切である」「プラスチックゴミは環境負荷が大きい」「レジ袋はプラスチックゴミになる」といった情報から，「レジ袋の利用を減らすべきだ」という主張が導き出される。

分析と考察

　「分析」は広義の「考察」に含まれる。やや誇張して説明すると，定型的な考察方法に基づいて，厳密かつ詳細に行う客観的な「考察」が「分析」である。一方，「分析」に対置される狭義の「考察」とは，「分析」よりも包括的で主観

的な「考察」である。実際に，自然科学においては，「分析」と狭義の「考察」は明確に区別されることが多い（**図表6-1**）。たとえば，統計学の考察方法を厳密に適用する場合は「分析」であり，その結果に基づいて現実的な意味を解釈したり，さらなる検討の可能性を示すのは「考察」になる。

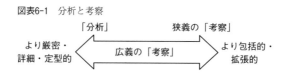

図表6-1　分析と考察

ところが，自然科学以外の学問や日常言語では，「分析」と「考察」という概念にはそれほど明確な区分がない。そして，狭義の「考察」に近い場合でも「分析」と呼ぶことがある。たとえば，就職活動における「自己分析」「企業分析」「業界分析」は，「分析」といいながらそれほど厳密なものではない。そこで，本書でも，「分析」と狭義の「考察」は連続的な概念であって本質的な違いはないと想定する。そして，特に指摘しない限り，ひとまとめにして広義の「考察」として取り扱う。

> ── Point ─────
> 分析は考察よりも厳密で定型的に「考える」ことを意味するが，日常的には明確に区分されないことも多い。

考察の適切性と考察方法

　考察の定義が明確になったとして，その適切性や妥当性をどのように判断するのだろうか，さらに，どうすれば適切あるいは妥当に考察できるのだろうか。

　じつは，考察の適切性や妥当性を判断する絶対的・客観的な基準は存在しない。これは，自然科学においても当てはまる。一定範囲の人々の間で適切性や妥当性を相互認定しているに過ぎない。このため，その一定範囲に含まれない人々が同様に判断する保証はないし，一定範囲の人々の間でも相互認定が動揺し，破綻することもある。

　そうはいっても，より広い範囲の人々に，より長期間にわたって受容されて

きた基準は存在する。それは，ひとつひとつの考察の適切性や妥当性を判断するのではなく，広く受容されている考察方法に則っているかどうかという基準である。すなわち，「正しい」考察方法を「適切に」活用した考察は，その限りにおいて，適切性や妥当性が担保されると考える。そこで，これ以降は，「適切に考察する」あるいは単に「考察する」とは，「広く受容されている考察方法を運用する」「広く受容されている考察方法に則って思考する」ことだと想定する。

定義▶▶（適切な）考察

「（適切な）考察」とは，「広く受容されている考察方法を運用する」「広く受容されている考察方法に則って思考する」ことを意味する。

　くり返しになるが，唯一絶対の考察方法が確立されているわけではない。広く受容されている考察方法が複数存在する場合には，考察方法の間で摩擦や衝突が発生するし，従って，考察方法の選択・使い分けという問題も発生する。それでも，考察方法を無視して考えるよりもはるかに「きちんと考える」ことができるので，考察方法が重視される。

考察の精度

　総合政策学において，考察の精度をどこまで追求すべきだろうか。言い換えると，どれほど高度な考察方法を，どこまで厳密に運用すべきなのだろうか。

　この問いに対する回答は「目的に照らして判断される」ということになる。このため，考察の精度が高ければ良いというものではない。考察の精度を上げるためにはより多くの労力・コストが必要になるから，精度を過度に引き上げることは目的に照らして望ましくないこともある。

　一方で，当然ながら，考察の精度が低すぎることも望ましくない。利用する考察方法が疑わしいものであったり，考察方法は洗練されているがその運用が不適切であったりすると，きちんと考えることができない。従って，そのような考察に依拠する政策は目的に反する可能性が高い。

　また，考察の精度を検討するとしても，考察方法によって目指す方向性が異なることに注意すべきである。大まかにいうと，自然科学の考察方法は提示さ

れた命題の真偽を解明することを目指す。つまり，より正確に真偽を判定できるようになることが精度の向上だと考える。一方，倫理や哲学の考察方法は真理あるいは善悪を判断できるようになることを精度の向上だと考える。つまり，自然科学における「正しい／間違っている」と倫理や哲学における「正しい／間違っている」は意味が異なる。たとえば，「人間に致死量の毒を飲ませれば死ぬ」という命題は，自然科学のもとでは「正しい（真実である）」けれども，倫理や哲学のもとでは「正しくない（望ましくない）」と判断される。

　一方で，総合政策学は，設定される目的の実現に貢献できるかどうかによって考察の精度が評価される。設定される目的は，真偽，真理や善悪のいずれかでもよいし，全てを組み込んでもよいし，全てを無視してもよい。このため，真偽や善悪に照らして間違っていても，総合政策学においては正しいこともある。

Point

　総合政策学における考察の精度は，設定された目的に照らして評価される。このため，真偽，真理や善悪に反することもある。

2　考察対象へのアプローチ

4つのアプローチ

　考察方法として最初に紹介するのは，考察対象の捉え方・視点とでもいうべきものである。決まった名称はないが，以下では「考察対象へのアプローチ」と呼ぶことにする。具体的には，全体主義，還元主義，システム思考，複雑系という4つを紹介する。

　考察対象へのアプローチは，もともとは，全体主義と還元主義の2つだけであった。ところが，アプローチが深化するにつれて，還元主義からシステム思考が分離し，さらにシステム思考から複雑系が分離した。

　以下，この4つのアプローチを順次解説していく。

全体主義（方法論的全体主義，ホーリズム）

　全体主義は，考察対象の全体を分割不可能なひとまとまりとして捉える。そして，ひとまとまりの全体としての存在や，全体として発揮される機能や役割を解明しようとする。たとえば，「日本人とは〜である」「最近の若者は〜である」といった考察や議論は，全体主義ということになる。現実には，いろいろな日本人がいるし，若者も多種多様であるはずだが，ひとまとまりとして捉えている。

　このアプローチの長所は，とりあえず考察をはじめることができるということである。どれほど賢い人でも，初めて接する考察対象については十分な情報を持っていないし，適切な考察方法も分からない。考察の端緒は全体主義とならざるをえない。

　一方，短所は，考察の深化や精緻化は困難であるし，他者と議論することはさらに難しいことである。全体主義のもとでの考察は，主観的・直観的な印象論に過ぎず，具体的に検討することも，根拠を探ることもできない。さらには，単なる予断や憶測に過ぎないことすらある。従って，考察対象へのアプローチとして，全体主義はあまり望ましいものとはいえない。

> ― Point ―――――
> 　全体主義は，考察の端緒としてはよいが，考察の深化や精緻化には役に立たない。

還元主義（方法論的個別主義，要素還元主義）

　還元主義とは，考察対象をバラバラの部分的な要素に細分化して，そのそれぞれについて詳しく検討していくアプローチである。たとえば，自動車を考察対象とすると，「自動車→エンジン→ピストン」と細分化して調査し，考察することで，自動車の全体的な特性（性能や不調原因など）を把握しようとする。

　この考察アプローチの長所は，考察対象を限定・特定化することで，詳細な考察が可能となることである。短所は，考察対象の特定部分だけに焦点を当てるので，考察対象の全体的な特性や機能の把握は難しいということである。個別の要素に還元しきれない何かが存在するならば，考察対象を正しく捉えるこ

とはできない。先ほどの例で説明すると，「自動車→エンジン→ピストン」と細分化してピストンの材質や形状について詳細に分析しても，エンジンさらには自動車の性能を正しく理解できるとは限らないのである。

Point

還元主義は，詳細な考察が可能となるが，考察対象を正しく捉えられないことがある。

　還元主義に関する注意点は２つある。

　ひとつは，高度で厳密な考察をしているように見えることである。このため，考察対象について必ずしも正しく捉えられないにも関わらず，特定の部分だけを見て高度な考察をしていると思い込んでしまうことがある。

　もうひとつは，還元主義では全体的な特性や機能を把握できないからといって，全体主義に立ち戻る人がいることである。還元主義では「部分しか分からない」のは事実であるが，それでも全体主義よりはマシである。全体主義のもとでは，「全体について分かる」のではなく，「何にも分からない」のである。

システム思考（システム・アプローチ）

　このアプローチは，システム理論，システム・シンキングやシステムズ・アプローチなどと呼ばれることもある。システムとは，互いに関係する複数要素の集まりというような意味を持つ。個別要素だけでなく要素間の関係まで調べることで，考察対象の全体的な性質や機能まで捉えるように還元主義を発展させたものである。

　具体的な手順としては，考察対象をバラバラに細分化して個別要素について調査・解明したあと，さらに，要素間の関係も考察する。たとえば，「自動車→エンジン→ピストン／シリンダ」と細分化し，個々の部分的要素について理解したうえで，さらに，「ピストンとシリンダとの関係」，「ピストンとシリンダとの関係とエンジンとの関係」，「エンジンと自動車との関係」なども検討することで，その自動車の性能や問題点を解明しようとする。

　この考察アプローチは，比較的に取り扱いやすいにも関わらず，有益な考察

に繋がることが多い。このため，様々な学問分野やビジネスでも広く利用されている。政策の議論においても，まずはシステム思考を着実に利用できるようになることを強く推奨する。

Point

システム思考は，考察対象の個別要素を調べ，さらに要素間の関係も調べることで，全体的な性質や機能も把握する。

複雑系アプローチ

システム思考は，使い勝手がよく，有益な考察アプローチであるが，それでもうまく取り扱えない状況がある。それは要素間の結びつきに双方向性あるいは，循環構造が内包されている場合である。このような状況を捉えるためには複雑系アプローチが必要となる。

たとえば，AさんとBさんが喧嘩している場面を想像しよう。また，両者は一発殴られたら二発殴り返すものと仮定する。つまり，Aさんの行動がBさんの行動に影響を与え，Bさんの行動がAさんの行動に影響を与え……という双方向性ないし循環構造が組み込まれている。では，この場面では，AさんとBさんはどのような行動を選択し，どのような帰結が発生するだろうか。ひとつは，無限に殴り合いが増幅していって両者に深刻なダメージをもたらすというものである。もうひとつは，殴り合いの無限連鎖を恐れて，どちらも相手を一発も殴らないというものである。全く異なる帰結がいずれも妥当しうる。

ここで例示したような要素間関係の双方向性や循環構造は，現実社会においてひろく見られるし，政策あるいは総合政策学にも深く関わる。

複雑系アプローチのもとで具体的に考察するためにはゲーム理論と呼ばれる考え方を利用することになる。やや難しくなるが，総合政策学にとっても重要かつ有益な考え方であるので，後で改めて解説する。

Point

複雑系アプローチは，要素間関係に双方向性や循環構造を内包する場合に利用される。

還元主義，システム思考および複雑系の整理

　還元主義とシステム思考，複雑系は，区別がつきにくいので，図を用いてもう一度説明しておく（図表6-2）。

図表6-2　還元主義，システム思考および複雑系

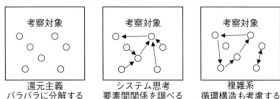

　還元主義は，考察対象をバラバラに分解して，個別要素について詳しく検討する。次に，システム思考は，要素間の関係に着目するが，（複雑系と区別するときは）入れ子状——あるいはところてん式——のような関係を想定する。つまり，影響を与える側と受ける側が峻別されている。一方，複雑系は，要素間の関係に組み込まれた双方向性や循環構造まで考慮する。この場合，複数の要素の間で，影響を与えるし，一方で，影響を受けるという関係になっている。

Work

　①　日本（他国でもよい）を構成する地域について，還元主義に基づいて細分化せよ。

　　　例：関東地方→東京都→千代田区→霞が関

　②　生物や植物について，還元主義に基づいて細分化せよ。

　　　例：虫→昆虫網→甲虫目→コガネムシ科→カブトムシ

　　　　　日本にいる虫→夏に捕獲できる虫→森で捕獲できる虫→カブトムシ

3　論理的思考

論理的思考：推論・論証のための考察方法

　近年では，「証拠（エビデンス）に基づいて考えろ」「正当化のために証拠を示せ」といわれることが多い。ところが，ただ証拠を並べただけでは，考察した

ことにはならないし，主張を正当化することもできない。「ある証拠から結論や主張を導き出す」あるいは「ある結論や主張を正当化するために証拠を利用する」ための考察方法が求められる。これが論理的思考である。

　ここでは，論理的思考のなかでも基本となる，帰納法，演繹法および類推法について解説する。

帰納法

　まず，帰納法から紹介する。これは，広く利用されている強力な考察方法のひとつである。帰納法は次のように定義できる。

定義▶▶帰納法

帰納法とは，個別的事実から普遍的な命題（法則）を導き出す考察方法である。

　日常的にも，個人的に体験あるいは見聞した事実に基づいて推論や論証を行うことがあるだろう。たとえば，パティスリー A 店で何回かスイーツを購入して食べたところどれも美味しかったという事実に基づいて，まだ食べたことがない商品まで「全て美味しい」と推論する。あるいは，「パティスリー A 店の商品は全て美味しい」という命題を論証するために，実際に幾つかの商品を食べてみて，どれも美味しかったという事実を根拠とする（図表6-3）。

　注意点として，根拠となる個別的事実が少ないと，間違った推論や論証をしてしまうリスク（安易な一般化）がある。図表6-3の例では，3個の個別的事実を根拠として普遍的な命題を導出している。しかし，A 店の商品の中でこの3つだけが美味しいのであって，他の商品は残念な味であるかもしれない。確認する個別的事実の数を5個，10個と増やしても，全ての商品を確認しないかぎり，推論や論証が間違うリスクを伴う。

　さらに，導出される命題における「全て」の意味がすり替えられること（命題のすり替え）もある。たとえば，上記の事例において，導出される普遍的な命題を，①「パティスリー A 店の商品は**全て**美味しい」から②「パティスリー A 店の商品は**ほとんど**が美味しい」に置き換えるとどうなるだろうか。①よりも②のほうが命題としては曖昧さが残るが，その分だけ「正しい」ことを確認す

図表6-3　帰納法の事例

るSupSuiは容易になる。ところが，「②は正しい」と確認した後で「ほとんどが」
が「全て」にすり替えられることがある。このとき，「正しい」ことが確認され
ていない命題①が，広く受け容れられてしまう。

　ここで説明したような，安易な一般化や，命題のすり替えは，少し考えれば
当然に気がつくように思える。しかし，実際に帰納法を利用する場面で，ここ
で指摘した状況がしばしば発生する。たとえば，「みんな〜している」「外国で
は〜である」「〜といった成功事例がある」といった個別的事実に基づく論証は，
安易な一般化や命題のすり替えが行われている可能性がある。帰納法は便利で
あるが，何をどこまで推論・論証しているのかについて，十分に注意すべきな
のである。

演繹法

　演繹法も，帰納法と並んで広く利用されている考察方法である。その定義は
次のようになる。

定義▶▶演繹法

演繹法とは，普遍的な命題（法則）から特定的な命題を導き出す考察方法である。

図表6-4　演繹法の事例

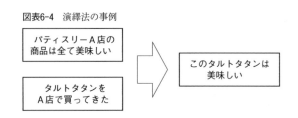

　たとえば，**図表6-4**のように，「パティスリー A 店の商品は全て美味しい」という普遍的な命題を出発点として「タルトタタンを A 店で買ってきた」という事実に基づいて，「このタルトタタンは美味しい」という特定的な命題を推論する。あるいは，「このタルトタタンは美味しい」という特定的な命題を論証するために，「パティスリー A 店の商品は全て美味しい」という普遍的な命題を出発点として「タルトタタンを A 店で買ってきた」という事実を根拠とする。

　演繹法は，前提となる普遍的な命題を明確に設定し，また，それが正しければ，導出される結論も明確で正しいものとなる。このため，演繹法によって導出された結論を前提としてさらに演繹法を適用することも可能である。しかし，逆にいうと，前提となる普遍的な命題が曖昧あるいは正しくない場合は，推論や論証も不明確あるいは間違ったものとなる。

類推法

　類推法も広く利用されているが，論理的思考としての信頼度は，帰納法や演繹法よりも劣る。その定義は次のようになる。

定義▶▶類推法

類推法とは，ある命題（法則・ルール）に類似する要素を持つ命題は同様の性質を持つと判断する考え方である。

　たとえば，「パティスリー A 店の商品は全て美味しい」という命題が正しいとき，「パティスリー B 店の雰囲気が A 店と似ている」という事実から，「パティスリー B 店の商品は全て美味しい」という結論を導出する（**図表6-5**）。もちろん，この結論が正しい保証はない。それでも，多くの人は類推法によって根拠づけられたと考える。

　さらに，現実の議論では，類推法を使わざるを得ないともいえる。先述の「パティスリー A 店の商品は全て美味しい」という命題でも，じつは類推法が入り込んでいる。たとえば，この A 店のショートケーキにしても，10個販売されていれば，その10個は厳密にいえばそれぞれに異なる。しかし，材料や作成プロセス，見た目が類似していることから同様であると見なして「ショートケーキ」

図表6-5　類推法の事例

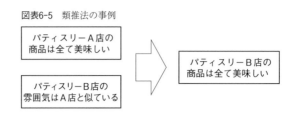

とひとまとめにしている。

　総合政策学の実践では，同一の人間，同一の行動，同一の状況は厳密にはありえない。このため，帰納法や演繹法を用いるとしても，前提として，何らかの類似性や共通性に着目しないと，考察できない。論理的思考は，目的に合致する範囲内でできるだけ厳密であることが望ましいが，厳密性には限界があることを十分に理解しておくべきである。

4　ロジック・ツリー

ツリー構造とロジック・ツリー

　ツリー構造とは，ひとつの要素を複数の要素に分割することを繰り返すことで，全体として「樹木」のように枝分かれしている構造である。組織図や作業手順図などにも利用されているし，本書の中でもすでに何回か登場している（とくに第5章4節）。また，複数の要素の関係を構造として表現できることから，システム思考と相性がよい。

　そして，ロジック・ツリーとは，要素間の論理的な関係をツリー構造にしたものである。数多くの派生型もあるが，ここでは基本的な考え方だけを紹介する。ロジック・ツリーの作成に当たっては，重大な見落としを避けるためにMECEを意識する必要がある。また，細分化の候補は多いほど望ましいので，発見力も求められる。

What ツリー

　これは，「それは何か」を繰り返し考え，細分化していくことで，本質的内容や具体的内容を捉えようとするものである。

　たとえば，「地域振興とは何か」を考えてみよう（**図表6-6**）。政策に関わるテーマとして，地域振興や町おこしは人気が高い。ところが，肝心の「地域振興」の意味は不明確であることが多い。政府や自治体の報告書でも，「地域振興とは地域が元気になることだ」といった説明がまかり通っている。このような場面でWhatツリーが役に立つ。

図表6-6　Whatツリーの事例

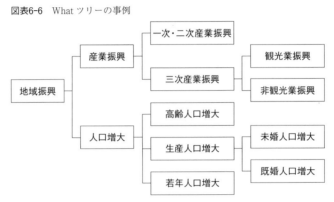

　まず，地域振興とは何かというと，多くの場合，地域での産業振興か人口増大のいずれかを想定している。では，産業とは何かというと，一次・二次産業と三次産業に分割される。さらに，三次産業とは何かというと，観光業と非観光業に細分化される。一方，人口は，たとえば，高齢人口，生産（年齢）人口，若年人口に細分化される。続いて，生産人口は，既婚人口と未婚人口に分割される。ここでは，たかだか3段階の細分化に過ぎない（実践では5段階くらい細分化すべき）が，「地域振興」という用語の本質的な意味，無自覚に想定していた性質，焦点となる要素や要素間の関係などが具体的に見えてくるだろう。また，人口の細分化にあたって，年齢以外の基準も利用できる。「定住人口」「関係人口」「交流人口」といった異なる基準に照らして整理することで，「地域振興」の意味や内容について捉えなおすことができるかもしれない。

┌─ Point ──────────────────────────
│　Whatツリーは，「それは何か」を繰り返し考え，細分化していくことで，

本質的意味や具体的内容を捉えようとする。

Why ツリー

　次に，Why ツリーは，「それはなぜか」を繰り返し考え，細分化していくことで，本質的原因や具体的要因を捉えようとするものである。

　例として，少子化を題材として考えてみよう（**図表6-7**）。なぜ少子化が進むのかというと，晩婚化と少産化が理由となる。次に，なぜ晩婚化が進むのかというと，晩婚化による女性のデメリットの減少と，メリットの増大が理由となる（ここでは男性側の理由は省略した）。なぜ晩婚化によるメリットが増大したのかというと，仕事や生活を充実させて自己実現を拡大できる，仕事に就くことで所得を獲得できる，より多くの出会いを経験してじっくりとパートナーを選べるといった理由がある，というように原因の原因の原因……を細分化しつつ掘り下げて検討する。

図表6-7　Why ツリーの事例

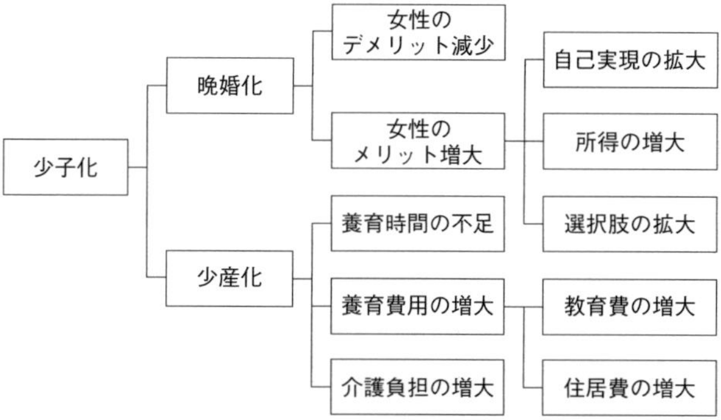

　そして，ただ Why ツリーを作成するだけでなく，ツリー内で提示された原因は「本当なのか」を検証する。また，本当だとしても，原因として「重要なのか」を確認する。さらに，重要だとしても，「政策として操作可能か」も把握する。このような作業を通じて，政策として取り組むべき方向性が見えてくる。

Point

Why ツリーは，「それはなぜか」を繰り返し考え，細分化していくことで，本質的原因や具体的原因を捉えようとする。

さらに，提示された原因が「本当か」「重要か」「操作可能か」を確認することで，政策として取り組む方向性が明らかになる。

How ツリー

　最後に，How ツリーは，「どのように行うか」を繰り返し考え，細分化していくことで，本質的手段や具体的方法を捉えようとするものである。

　How ツリーは，利用する順番としては What ツリーや Why ツリーよりも後になることが多い。なぜなら，そもそも「何をなぜ行うか」が確定しなければ，手段や方法について掘り下げて考える意義はないからである。このため，まずは What ツリーと Why ツリーによって「何」と「なぜ」を掘り下げて検討し，その後から How ツリーを利用することになる。しかし，How ツリーの重要性が低いわけではない。政策が上滑りした空理・空論に陥るのを避けるためには，「どのように行うか」を実践レベルにまで落とし込む必要がある。このため，実務に近い議論では，How ツリーが非常に重視される。

　例として，感染症を収束させるための方法・手段を考えてみよう（**図表6-8**）。感染症を収束させるためには，原因となる細菌やウイルスの国内侵入の抑制，市中感染の抑制，ワクチンによる抑制といった手段がある。この中で，市中感染を抑制するためには，人間同士の接触数の減少，感染率の低下といった手段がある。感染率を低下させるためには，マスクの着用やこまめな消毒といった方法がある。マスクの着用のためには，マスクの供給量の確保，流通体制の確立，公的配付といった方法がある。公的配付のためには……というように，具体的な行動を確定するところまで細分化する。

　そして，細分化したそれぞれの手段・方法について，費用や効果，優先順位などを検討することで，「どのように行うか」を実践的に考察することができる。

Point

How ツリーは，「どのように行うか」を繰り返し考え，細分化していくこと

で，本質的手段や具体的方法を捉えようとする。

利用手順としては What ツリー，Why ツリーよりも後になるが，実践における重要性はむしろ上回る。

図表6-8　How ツリーの事例

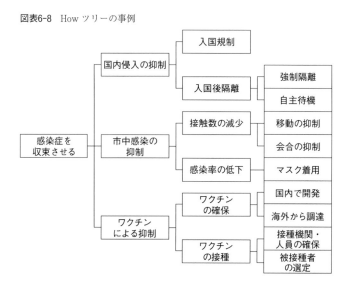

5　科学的考察方法

「科学」とは何か？

　科学的な考察方法は，文字どおり，「科学として考えるための方法・手続き」を意味する。そして，「科学として考える」ことによって近代社会が大いに発展したことは歴史的な事実である。

　では「科学」とは何だろうか。世間では，「完全に確定した客観的な知識が科学である」と捉えているかもしれない。しかし，そのような確定された客観的知識は，科学が目指すべき理想であっても，現実ではない。ノーベル物理学賞を受賞したファインマンは，「現在科学的知識と呼ばれているものは，じつは様々な度合いの確かさをもった概念の集大成なのです。なかにはたいへん不確かなものもあり，ほとんど確かなものもあるが，絶対に確かなものは一つもあ

りません」と述べている。科学とは，確率あるいは傾向として捉えられた命題
の集合体なのである。

考察方法としての「科学」

　では，ある知識の集合体が科学であることは，どのように保証されるのだろ
うか。それはやはり，特定の考察方法に従って獲得されたかどうかによって判
断される。つまり，「ものごとを突きとめるための，特殊な方法」（前掲・ファイ
ンマン［2007］5頁）こそが科学なのである。この方法を「科学的考察方法」と呼
ぶことにしよう。

　科学的な考察方法は，以下の手順を繰り返すものである。
① 　既存知見の確認
② 　現実の観察
③ 　仮説の構築
④ 　仮説の検証
⑤ 　仮説の存続ないし棄却

　まず，既存知見の確認として，すでに確認されている知識や法則を確認する。
この作業のなかで，うまく説明できないこと，矛盾すること，不明確なことな
どが洗い出される。

　次に，現実を観察する。観察の方法や基準については，学問分野によって異
なる。現実の観察は定型的な作業だけではなく，柔軟な創造性も要求される。
観察を通じて，既存知見の改善や拡張に繋がるアイデアを導き出す。

　続いて，既存知見の改善や拡張に繋がるアイデアを発展・精緻化することで
仮説を構築する。仮説は，何らかの法則あるいは予測として構築されることが
多い。たとえば，「データxが1％上昇するとデータyは10％低下する」「条件
Cのもとでは政策Zは効果を発揮しない」といった仮説が考えられる。

　そして，仮説が構築されれば，その仮説が妥当かどうかを検証する。この検
証は，現実に照らして，客観的で信頼できる方法・基準によって行われる。定
量的でなくてもよいが，仮説の妥当性を判断できることは必要となる。

---

(3)　R.P.ファインマン（大貫昌子訳）［2007］『科学は不確かだ！』岩波書店（39頁）。

　検証によって妥当性がないと評価された仮説は棄却される。一方，妥当性があると評価された仮説は，「正しい」というよりも，「まだ棄却されずに存続した」と評価される。そして，検証結果に基づいて，仮説を修正したり，あるいは，検証の方法や基準を変更したりすることで，より具体的で，精確で，詳細な知識や法則の獲得を目指す。

Point

　ある知識は，科学的考察方法に従って確立されることで，科学だと認められる。

　科学的考察方法は，仮説を構築し，検証することの繰り返しを根幹とする。

6　相関関係と因果関係

データとデータの関係

　総合政策学における有益な仮説は，「データとデータの関係」についての知識や法則であることが多い。なぜなら，政策とは「手段となるデータと目的となるデータの関係」についての知識や法則を前提として，手段を操作することで目的の実現を企図することが多いからである。たとえば，「世界平和」という目的のデータと「軍事費支出」という手段のデータとの関係を把握することで，「世界平和のための政策」（のひとつ）を検討できることになる。

　さらに，「データとデータの関係」の考察に，科学的考察方法と統計学の手法を組み合わせて導入することで，総合政策学は長足の発展を遂げた。これまで，感覚的に捉えられていた問題，問題の背景や構造，政策手段の効果などが，より客観的に，より精緻に捉えることができるようになった。総合政策学にとって統計学の手法は，非常に強力なパートナーだといってよい。

　しかし，統計学の手法を導入するよりも前に，「データとデータの関係」とはなにか，何を解明しようとしているのかについて理解しておく必要がある。

因果関係，相関関係，見せかけの相関関係

　「データとデータの関係」というと，因果関係（原因と結果という関係）だと思い込む人がいる。しかし，因果関係ではない場合もあるし，さらに，因果関係を確認することが困難であることも多い。そこでまず，因果関係，相関関係，見せかけの相関関係という用語について説明しよう。

　まず，各用語の定義を示しておく。なお，以下の定義において，やや不正確であるが，「要素」は「データ」に置き換えて理解してよい。

定義▶▶因果関係・相関関係・見せかけの相関関係

因果関係とは，ある要素の存在・変化によって他の要素の存在・変化が与えられる（傾向を持つ）ような関係である。

相関関係とは，ある要素の存在・変化が他の要素の存在・変化と連動する（傾向を持つ）ような関係である。

見せかけの相関関係とは，ある要素の存在・変化が他の要素の存在・変化と連動する（傾向を持つ）ように見えるが，実際には連動をもたらす理由・構造が存在しないような関係である。

　因果関係の例として，「食事による摂取カロリーの増大」と「体重」との関係が挙げられる。つまり，摂取カロリーの増大によって体重が増大するという因果関係である。この因果関係は分かりやすいだろう。ところが，注意すべきことに，直観的あるいは予断的に想定される因果関係が正しくないことがある。とくに，因果関係の原因と結果との取り違えはしばしば発生する。たとえば，「ナマズが暴れると地震が起こる」という言い伝えがある。しかしこれは，ナマズ（の行動）によって地震が引き起こされているのではなく，むしろ，地震（の前兆としての電気や磁気）によってナマズの異常行動が引き起こされると考えられる。言い伝えとは因果関係が逆になっている。

　相関関係を持つデータとデータとの関係としては，「人類の平均寿命とパソコンの普及率」，「プロ野球の人気と日本の経済成長率」，「ペットの飼育数と晩婚化率」といった例が挙げられる。いろいろなデータを集めてきて，コンピュータに放り込むと，データとデータとの間に様々な相関関係を確認できる。しか

し，相関関係を確認できても，それだけでは「なぜ相関するのか」という理由・構造は分からない。また，相関関係があっても，因果関係があるとは限らないし，見せかけの相関関係ということもある。

　見せかけの相関関係は，考察の外にある要素によって複数の要素が影響をうけるとき，影響を受ける要素間に連動性をもたらす構造がなくても連動性があるように見えるような状況である（**図表6-9**）。要素 z の増大が要素 x を増大させ，同時に，要素 z の増大が要素 y を減少させるような構造があるとき，要素 x と要素 y だけを見ると，互いに逆方向へ連動して変化するように見える。しかし，じつは要素 x と要素 y の間には連動性をもたらす構造はない。これは，要素 z が不変のまま要素 x が変動したときに，要素 y が連動しないことで確認できる。

図表6-9　見せかけの相関

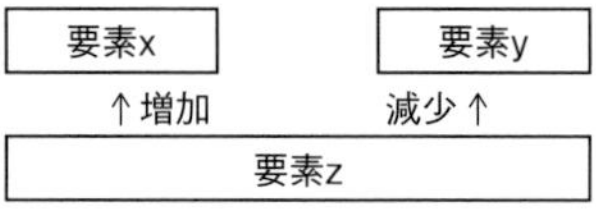

要素x		要素y
↑増加		減少↑
要素z		

　現実には，見せかけの相関関係はしばしば存在する。上記の相関関係の例にも，見せかけの相関関係が混じっている。たとえば，「人類の平均寿命とパソコンの普及率」の連動性の背後には，考察されていない要素として「科学技術の発展」がある。科学技術が発展することで医療水準や安全技術が向上して「人類の平均寿命」が長くなり，同時に，パソコンの性能向上と低価格が進展して「パソコンの普及率」が上昇する。とすると，「人類の平均寿命の長期化が，パソコン活用スキルの上昇をもたらすことでパソコンの普及率が上昇する」とか，「パソコンの普及率が上昇することで，脳の老化防止を促し，平均寿命を引き上げる」といった因果関係を想定しても，現実からかけ離れることになるかもしれない。

Work

　テレビや雑誌で，「頭が良い子供に共通の習慣」「高所得者に共通の習慣」が紹介されることがある。その論調は，紹介される「習慣」を実践すれば「子供

の頭が良くなる」「高所得者になる」という因果関係を想定したものである。では，これらの習慣は実際に効果を発揮すだろうか。理由まで説明せよ。

例）「頭が良い子供に共通の習慣」　読書，計画的な行動，本物を体験する

「高所得者に共通の習慣」　適度な運動，趣味に没頭，頻繁な海外旅行

因果関係の分析

政策の議論では，できるだけ確実で詳細な因果関係を把握したい。これまでは因果関係を統計的に把握することは難しいとされていたが，近年になって使いやすい手法が急速に開発されてきた。これらの手法は重要であるが，難しくなるのでここでは割愛する。その代わりに，因果関係の分析そのものについて，もう少し解説しておく。

図表6-10　因果関係の分析

まず，因果関係の分析とは，大きく２つに分けられる（**図表6-10**）。ひとつは，ある要素（たとえばx）が原因となってどのような結果を引き起こすか，すなわち，どのような要素（たとえばy1～y3）にどの程度の影響を与えるのか。もうひとつは，ある結果（たとえばy）はどのような原因によって引き起こされるのか，すなわち，どのような要素（たとえばx1～x3）によってどの程度の影響を受けるのか。要するに，因果関係のうちで，結果に焦点を当てる分析と，原因に焦点を当てる分析がある。これはいずれが重要ということはないが，考察にあたっては，混乱しないように区別するべきである。

> **Point**
>
> 因果関係の分析では，原因あるいは結果のいずれに焦点を当てるのかを明確に区別するべきである。

因果関係の循環構造

　因果関係の「分析」だけであれば，原因となる要素と結果となる要素，および，その影響の大きさを把握できれば上出来であるかもしれない。しかし，因果関係を踏まえて政策に関する実践を考える際には，さらに複雑な状況を考慮にいれなければならないこともある。とくに，因果関係の循環構造は，広く存在し，また，政策にも強く関わることがあるので，注意する必要がある。まず，因果関係の循環構造を以下のように定義する。

定義▶▶因果関係の循環構造

因果関係の循環構造とは，ある要素が別の要素に与える影響が，もとの「ある要素」に影響を与えることを意味する。

　循環構造は，2つの要素間で直接的な相互作用として発生することもあるし，3つ以上の要素が次々と影響を与える結果として間接的に生じることもある（図表6-11）。

図表6-11　因果関係の循環構造

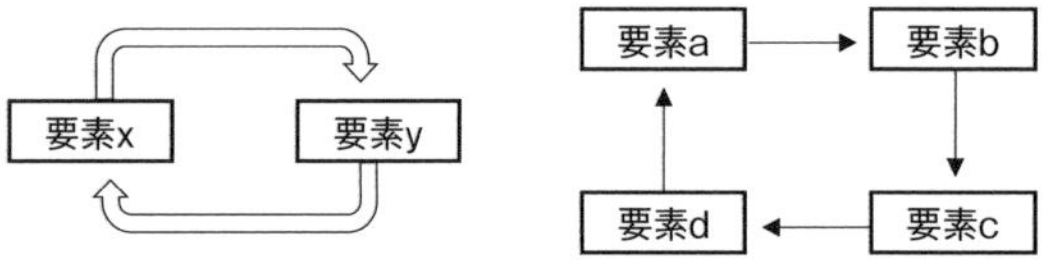

　因果関係の循環構造を含む状況を考察するアプローチは「複雑系」となる。また，因果関係の循環性は，フィードバック，累積的因果関係（cumulative causation）あるいは再帰性（reflexivity）と呼ばれることもある。とくに，要素の変動を増幅するような場合はポジティブ・フィードバック，要素の変動を縮減するような場合はネガティブ・フィードバックと呼ぶ。

　たとえば，流行についても因果関係の循環構造がある。人気のアイドル，楽曲，ファッションなどは，「人気があるから多くの人々が話題にする」と同時に，「人々が話題にするから人気が上がる」。このため，人気が上がり始めるとどんどん上がり，下がり始めるとあっという間に凋落する。

　最初に述べたように，因果関係の循環構造は，広く存在し，また，政策にも強く関わる。設定された目的の背後にこの循環構造が存在するときもあるし，政策の手段や効果について循環構造が作用することもある。因果関係の循環構造があるとき，その影響・効果を予測することは困難であるが，だからこそ，「因果関係の循環構造があるかどうか」は十分に意識する必要がある。

Point

因果関係の循環構造は，政策の目的や効果に関する考察を極めて複雑にする。このため，その有無については十分に意識する必要がある。

Work

以下の2つの要素について，どのような因果関係があるか検討せよ。
・日本経済の停滞と少子化
・読書時間と学力
※　最初に思いついた因果関係からについて，原因と結果を入れ替えてもう一度考えてみるとよい。

7　まとめ

　この章では，適切に考察するとは，考察方法を適切に理解し運用することであると説明した。そして，考察方法を適切に理解し運用する知識や技能こそが分析力・考察力であると述べた。そのうえで，総合政策学に関わる分析力・考察力について駆け足で紹介した。全体像を示すことを優先したために説明不足なところがあるが，別途，必要な知識や技能を補充してもらいたい。また，システム思考ないし複雑系アプローチのもとでの科学的な考察方法については，第8章以降で実際に利用する。その過程で，分析力・考察力についての理解をさらに深めることができるだろう。

第7章

提言力と実践力

　現実社会において政策が最終的に効果を発揮するためには，提言力・実践力が求められる。そこでこのセクションでは，これらの力について説明する。ただし，提言力と実践力は，実践のなかで試行錯誤を繰り返すことで少しずつ伸びていくものである。さらに，これらの力に関連する論点は多岐にわたるため，それらの全てを詳細に解説する余裕はない。そこでこの章では，提言力と実践力について，重要事項に絞り込んで説明する。

1　提言力

定義

　提言力は一般用語であって特定的な意味はないが，ここでは次のように定義する。

定義▶▶提言力

提言力とは，自らの主張・意見を相手が理解できるようにまとめる力と，相手が理解できるように伝える力から構成される。

　この定義は，じつは経済産業省が2006年に発表した「社会人基礎力」のうちの「発信力」とほとんど同じである(1)。しかし，発信力という用語には，受け手不在で一方的にいいたいことをいうというニュアンスが含まれているという印象がある。相手の立場や能力を踏まえて，「相手が理解できるように」という部分が重要であるため，本書では「提言力」という用語を選んだ。

---

(1)　経済産業省［2006］「社会人基礎力に関する研究会「中間取りまとめ」報告書」。

まとめる力

　ここでいう「まとめる力」は，自分が理解するために整理する力ではなく，伝えたい相手が理解できるように相手のために整理する力である。ただし，理解させる対象が自分か相手かで異なるだけで，基本的な手法は同じである。

　すなわち，理解してもらいたい相手を設定して，その相手が気づき，発見するように，その相手が情報を収集，選別，整理するように，そして，その相手が考察できるように，状況を調える。これができれば，理屈のうえでは，その相手も自分と同じように理解できるはずである。

　ところが，一般に，相手がそこまで時間や手間を掛けて，自分と同じ作業をなぞってくれることは期待できない。さらに，自分と同じ作業をなぞっても適切に理解してくれないかもしれない。理解力が高い人は冗長な説明だと思うし，理解力が低い人は説明不足だと感じる。

　そこで，適切な提言力としては，「要約（要するに）」と「比喩（たとえば）」を使って，ある意味で敢えて不正確に整理することも求められる。すなわち，自分の意見・主張を抽象化・単純化あるいは個別化・具体化することで，相手が直感的に理解できるようにする。この作業によって，自分とは異なる理解力や思考様式を備えた人たちにも理解してもらいやすくなる。ただし，要約や比喩を使うときでも，求められれば正確に説明できる準備は必要である。あくまで，理解してもらうために不正確に説明するということを忘れてはならない。

Point

「要約」と「比喩」を使うことで，幅広い人たちに理解してもらいやすくなる。

　なお，「要約」の重要性は広く認知されているのに対して，「比喩」の意義については看過される傾向がある。「比喩」についても改めて意識すべきである。[2]

---

(2)　関連して，小林秀雄［1965］『考へるヒント』文藝春秋新社（21頁）。

伝える力

　伝える力は状況に大きく依存する。たとえば，対面あるいは非対面，伝える側・伝えられる側の人数，コミュニケーションの媒体や作法，場の雰囲気といった要因によって，何をどこまで伝えられるかは影響を受ける。

　ただし，いずれにせよ重要であるのは，形式的な格好良さに意味はないということである。立て板に水を流すようなトーク，多彩な演出効果を盛り込んだプレゼンファイル，多様な専門用語・業界用語・カタカナ語，高度な数学的手法や統計分析手法などは，これらが相手の理解を改善するいう実質的な効果があるならば有用である。しかし，形式的なものに過ぎないならば無用であるし，相手の理解を阻害したり，歪めたりするならば，はっきりと有害である。

　また，注意すべきことに，特定の業界や集団内では，意見や主張を伝える（理解する）ための共通の用語や方法を確立していることもある。この場合は，この共通様式に従わないと自分の意見や主張を伝えることができない。たとえば，キーボード入力しか受け付けないコンピュータに対して，音声で話しかけても何も伝えることができないし，理解してもらえない。

```
┌─ Point ──────────────────────────────────────
│ 伝える力は状況に依存する。
│ 伝えるための共通形式が確立されている場合は従う必要がある。
└──────────────────────────────────────────────
```

論文形式（IMRAD）

　ここでは，伝えるための共通形式として IMRAD を紹介しよう。これは，Introduction, Materials and Methods, Results and Discussion の頭文字をとったもので，学術的な論文を作成する際の基本的な構成として広く受け容れられている。しかし，論文だけでなく，まとまった考察をきちんと伝えるための形式として非常に役立つ。

　まず，Introduction とは導入部という意味で，意見・主張の要約，意義や特徴，背景などを簡潔に説明する。考察全体の設計図あるいは見取り図となる。

　次に，Materials and Methods とは，直訳すると「材料と方法」となるが，政策の議論においては，題材（考察対象）と考察方法を意味する。仮に，女性の働

き方の改善を目的とする場合を考えると，女性の働き方の現状や問題点，その重要性ないし深刻さ，歴史的経緯，これまでの政策の成果と限界などを整理し，考察対象を整理してテーマを特定化する。また，考察方法としては，アンケート調査かヒアリング調査か，利用するデータの特性，利用する統計手法などを詳しく説明する。考察方法が曖昧であると考察結果を信頼できないので，ここはとくに詳しく，明確に説明する必要がある。

　続いて，Results and Discussion は，考察の直接的な結果を提示し，その結果の解釈や現実への適用について検討する。具体的な，意見や主張はここで述べることになる。

　最後に，IMRAD に含まれていないが，通常は Conclusion をつける。これは，文字通りに，結論を意味する。最終的な意見や主張を述べるとともに，自らの主張の限界や，さらなる検討が求められる事項も説明する。

　以上から分かるように，IMRAD は当然のことしか要求していない。このため，その有用性は広く，学術論文だけでなく，総合政策学の実践でも役に立つ。一方で，これらの当然のことすらできないと，政策に関わる複雑な意見や主張をきちんと伝えることは難しくなる。そこで，伝える力の基礎として，IMRADを理解し，使えるようになることが望ましい。

> **Point**
> IMRAD は，総合政策学の実践においても伝える力の基礎として位置づけられる。

2　実践力

実践力とリーダーシップ

　実践力という用語も定義が確定しているわけではないが，本書では，既に述べたように「他者を巻き込んで，政策を現実に推進する能力」と説明する。さらに，この力は，積極的・主体的に行動する能力と，他者を巻き込んで目的を達成する能力に分けられる。

　学生は，実践力というと，他を顧みることなく強引に状況を動かして突き進む突破力のようなものというイメージを抱くかもしれない。もちろん，実践力には突破力のような一面もある。しかし，このような能力は，訓練によって身につけることが困難であるし，身につけたところで効果を発揮する可能性が低いし，弊害も大きい。身につけてもよいし，利用しても構わないが，本書では解説しない。

　また，「積極的・主体的に行動する能力」は，本書では前提と位置づけて，これも取り上げないこととする。実際には，積極性や主体性に乏しい人はいるし，積極性や主体性を改善するための議論や手法も存在する。しかしそれは，実践的な総合政策学として説明するものではない。喩えていうと，料理の実践的なテクニックを解説する本のなかで，「料理に積極的になる手法」を詳しく説明する必要はないだろう。

　従って，本書では，実践力として「他者を巻き込んで目的を達成する能力」に焦点を当てる。そしてこれは，リーダーシップと言い換えることができる。

リーダーシップとは何か？

　社会におけるリーダーシップの重要性は，大昔から現代にいたるまで，広く，強く認識されてきた。その定義は曖昧で流動的であるが，ここでは次のように定義する。

定義▶▶リーダーシップ

リーダーシップとは，ある人物が，特定の集団に成果をもたらすような役割を果たすことを裏付ける「何か」である。

　リーダーシップは，個人では完結せず，他者の「集団」に関わる。そして，その「集団」に働きかけ，影響を与え，人々の行動や態度を変更させて，成果を実現させる役割（これをリーダーと呼ぶ）に関わる。このリーダーとしての役割を担い，遂行することを促進する「何か」がリーダーシップである。この「何か」は確定的・絶対的なものではなく，人によって，あるいは，状況によって異なる。とはいえ，全くのバラバラというわけではなく，一定のパターンが存

在する。以下では，リーダーシップのパターンをいくつか紹介していく。

才能（特性）

　リーダーとしての役割を支える「何か」として，最初に思い浮かぶのは，生まれついての才能（特性）であろう。優れたリーダーは，容姿，声質，頭脳，体力，話術，洞察力，血統などの優れた才能によって裏付けられるように見える。歴史を振り返っても，物語を読んでも，現代社会を見回しても，リーダーとは，生まれついての才能を備えた偉大な人物として捉えられることが多い。

　ところが，才能（特性）に着目したリーダーシップには大きな欠点がある。

　第一の欠点は，優れたリーダーに固有かつ共通の才能が存在しないことである。たとえば，優れたリーダーとされる人物 5 人を挙げて，その人たちの才能をリストアップしてみると，優れたリーダーに固有の才能や共通の才能を見つけることは難しいことが分かる。たとえば，「優れたリーダーは共通して運が良い」としても，「運は良いが優れたリーダーとはいえない人物もいる」のである。「じゃんけん大会で100人勝ち抜いた優勝者」は運が良いかもしれないが，だからといって優れたリーダーだとはいえない。

　第二の欠点は，生まれついての才能であるから，訓練や育成が困難なことである。才能がないのであれば，リーダーになれないし，向上の可能性もないことになる。そして，困難な状況ではリーダーに求められる才能も高度化するため，困難な状況ほどリーダーが不足することになる。「いまの時代は優れたリーダーが少ない」のは，才能に着目するリーダーシップのもとでは，当たり前の現象である。

　結果的に，才能に着目するリーダーシップは，興味深いものであるが，実践的に役立てるのは非常に難しいといわざるをえない。

パワー

　特定の集団に成果をもたらすような役割を果たすことを裏付ける「何か」として，生まれつきの才能ではなく，後天的に獲得・変更可能なパワーに着目することもある。ここで，パワーとは，「他者の行動や態度を意図的にコントロールしうる手段や源泉」を意味する。

　パワーの具体的内容についてはいろいろな見解があるが，分かりやすいのは「報酬を与えるパワー」と「処罰を課すパワー」である。昔から「飴と鞭」といわれるように，報酬と処罰は他者をコントロールする手段ないし源泉となる。[3]さらに，報酬を与えるパワーの源泉として経済力や権限，処罰を課すパワーの源泉として暴力や権限などを位置づけることもできる。

　パワーは「実際に他者をコントロールできる手段」であるから，リーダーシップとして直接的な効果を発揮しやすい。一方で，深刻な副作用を伴う傾向があること，および，より強いパワーに対して脆弱であることが，限界として指摘される。要するに，お金や暴力で他者をコントロールすると，相手の反発や無気力化が進んだり，より大きなお金やより強い暴力によって容易に覆されたりしてしまう。また，パワーは，確かに後天的に獲得・変更可能であるが，現時点でパワーを所持していない人には何もできないことになる。

　従って，パワーに着目するリーダーシップは，誰でも利用できるわけではないし，いつでも利用してよいものでもない。

行　動

　誰でも実践できるリーダーシップとして，行動に着目する考え方もある。特定の集団に成果をもたらすような役割を果たすことを裏付けるような行動に着目する。行動は，知識や技能として身につければ，誰でも実践できる。また，知識や技能としての行動は，訓練や育成によって誰でも改善できる。つまり，誰でもリーダーになれる。

　そして，リーダーシップとしての行動は，さらに組織維持行動と成果実現行動の2つに分けることができる。

　組織維持行動は，集団としてのまとまりを作り上げるような行動である。分かりやすくいうと，集団を構成するメンバー同士が仲間意識を持ち，お互いの意向や特性を把握し，全体として共通の目的を実現する雰囲気を獲得することを促すような行動である。一方，成果実現行動とは，集団として目指す成果を実現するための知識や技能を提供したり，指導したりするような行動である。

---

(3)　たとえば，『韓非子』（第七編）「二柄」。

具体的には，個々のメンバーに役割分担を与え，具体的な行動を指示や援助し，メンバー間の行動の調整を図る。

　組織維持行動と成果実現行動は，方向性から異なるし，矛盾することもある。そこで，状況に合わせて，これらの行動の適切なバランスも考慮して，実践することになる。

　ここまで説明したように，行動に着目したリーダーシップは，誰でも習得・向上可能であるし，広く応用できる。そこで，少しずつでよいので，行動に着目したリーダーシップを理解し，実際に試しながら身につけていくことが望ましい。

その他のリーダーシップ

　その他のリーダーシップのなかでも，近年とくに注目されているのは「サーバント型」と呼ばれるものである[4]。サーバントとは「召使い」とか「奉仕者」を意味する。リーダーというと，率先してチームを引っ張るというイメージがあるが，サーバント型リーダーシップは下から支える，後ろから支援することを重視する。ただし，誤解されやすいが，ここでいうサーバントというのは，チーム全体の目的・成果に対する奉仕者であって，チーム内の特定個人に対する奉仕者ではない。怠慢や我儘の尻ぬぐいとは全く意味が異なる。

　もうひとつ，重要なものとして，「変革型」と呼ばれるリーダーシップがある[5]。このリーダーシップは，「集団の成果」の捉え方に特徴がある。つまり，他のリーダーシップが現状の思考様式・行動様式のもとでの「成果」を想定しているのに対して，変革型リーダーシップは現状の思考様式・行動様式を変革することを「成果」として設定し，その実現のためのリーダーシップを考えている。現代社会では「変革」や「改革」がしばしば声高に叫ばれるが，単なるパフォーマンスで掛け声倒れになるか，リーダーが暴走して組織が混乱・崩壊するだけで終わることも少なくない。だからこそ，適切な組織変革を実現できる変革型リーダーシップが求められている。ここでは詳しく説明する余裕はないが，こ

---

(4)　R.K.グリーンリーフ（金井壽宏監修, 金井真弓訳）[2008]『サーバントリーダーシップ』英治出版。

(5)　J.P.コッター（梅津祐良訳）[2002]『企業変革力』日経BP社。

のようなリーダーシップがあることは覚えておくとよい。

リーダーシップの使い分け

　リーダーシップは，確定的・絶対的なものではない。従って，普遍的に正しいリーダーシップというものはない。そこで，状況に合わせて，使い分ける必要がある。

　まず，大前提として，達成すべき目的は何かを再確認する。そして，その目的を達成するために，利用できるリーダーシップをどのように使い分けるか，あるいは，組み合わせるかを検討することになる。

　具体的には，誰でも習得でき広く活用できることから，行動に着目するリーダーシップを基本とする。しかし，行動に着目したリーダーシップは，直接的な即効性という観点では弱い。そこで，難しい状況に直面したときは，才能やパワーなども使えるものは使うべきである。ただし，このときも，組織維持行動や成果実現行動と整合的であることを意識して，副作用を抑制する。

　政策に関与したいが，自分の性格として目立ちたくないとか，集団内での自分のポジションがそれほど高くないと自覚しているときは，サーバント型リーダーシップを活用する。サーバント型リーダーシップでは自分の意向を強引に達成することは難しいが，集団が目指す目的に自分自身をも適合させて，その実現に貢献することはできる。

　最後に，集団が危機に陥っている，あるいは，危機に向かっているならば，変革型リーダーシップを活用して，抜本的な対応を目指すことになるかもしれない。ただし，変革型リーダーシップを実践するのはかなり難しいので，ここでは将来的な課題として考えておけばよいだろう。

3　まとめ

　提言力と実践力は，政策が最終的に効果を発揮するために利用される。まず，提言力とは，自分の主張・意見を「まとめる力」と「伝える力」から構成される。また，実践力とは「他者を巻き込んで，政策を現実に推進する力」であるが，とくにリーダーシップに着目して解説した。これらの知識・技能は，実践

の中で伸ばしていくことが重要であるため，とにかく「実際にやってみる」こ
とを勧める。また，関連して，ビジネス向けの書籍やセミナーなどが大量に存
在しており，定番として確立されたものから，独自の視点やアイデアに基づい
て解説するものもある。これらも大いに利用して，提言力・実践力を向上させ
てもらいたい。

PART Ⅲ
対象に着目した知識・技能

第8章

社会の全体像

　総合政策学を実践するためには，タイプに着目した知識や技能だけでなく，対象に着目した知識や技能も必要となる。ここからは，とくに，対象として社会に焦点を当てる。社会とは，政策の目的や課題が発生する現場であり，政策が考案され，実行され，そして，効力を発揮する現場でもある。そこでこの章では，社会について理解するための手始めとして，その全体像を捉えることを目指す。

1　社会とはなにか？

社会の定義

　ここでいう社会は，総合政策学が関わる状況全般という広い意味で捉えている。つまり，政策の目的や課題が発生し，そして，政策が考案され，実行され，効力を発揮する全ての状況を包括している。社会を広く捉えるのは，政策に関わる「何か」は，どこで，どのように発生するのか予測できないからである。もし検討の対象となる状況を最初から限定すると，重要な何かを見落としてしまうかもしれない。

　これを踏まえて，社会を次のように定義する。

定義▶▶社会

社会は，主体と環境，および，これらの要素間の関係から構成される状況である。

　さらに，上記の定義において鍵となる主体，環境および要素間関係を次のように定義する。

定義 ▶ ▶ 主体・環境・要素間関係

主体とは，社会において，能動的な基点ないし中心となる要素である。

環境とは，（焦点を当てる）主体の存在や活動に影響を与える要素である。

要素間関係とは，主体と主体，主体と環境，あるいは，環境と環境との結びつきである。

　つまり，社会とは，能動的な存在である主体，主体に影響を与える環境，および，これらの主体や環境の結びつきによって構成される状況を意味する。そして，政策に関わる「何か」は，主体や環境，あるいは，主体や環境の関係として捉えられる。

　より具体的に考えると，たとえば，貧困とは，個人や世帯といった主体の特性（所得や生活水準が低い）として捉えられる。また，貧困の発生は教育や自然資源といった環境，企業との関係（雇用-就業関係）や国家との関係（支援や収奪）によって影響を受ける。他の例として，環境破壊は，個人や企業といった主体と，大気や海洋といった自然環境との関係において発生し，個人や企業に対する国家の規制といった関係を通じて，環境の保護や回復が図られる。このように，この定義に従って社会を描写することで，総合政策学が関わる状況全般について捉えることができる。さらには，第 3 章で説明した政策過程も，社会の状況のひとつとして位置づけられる。

社会の類型

　ここでは政策に関わる状況をできるだけ広く捉えるために，社会の概念を抽象的に定義した。しかし，もう少し具体的な「〇〇社会」といった類型を目にすることもある。そこで，社会についての，これらの類型と本書の定義との関係を簡単に述べておこう。

　最初に結論を述べておくと，「〇〇社会」といった類型は自由に創出できるので覚える必要はない。「国際社会」「地域社会」「現代社会」「情報社会」といった類型を目にすることがあるが，いずれも本書が定義する「社会」に内包される。逆にいうと，本書の定義を前提とすれば，具体的な類型をいくらでも考案できる。従って，社会についての具体的な類型を予め設定する必要はない。

2　主　体

主体の定義と分類

　先に述べたように，主体とは，能動的な基点ないし中心となる要素である。本書では，主体としてとくに人間に着目する。さらに，個人と組織に分ける。

定義▶▶個人・組織

個人とは，（基本的には）単体の人間を意味する。

組織とは，複数の主体が有機的に結びついた集団である。

　個人とは，それぞれの人間だと考えればよい。自分自身，家族，友人，あるいは，経営者，従業員，政治家，行政職員（公務員）などは，単体の人間として捉える場合は個人となる。なお，個人の定義は明確であるように見えるが，「基本的には」という限定を付けている。というのも，厳密には人間の集団となりうる「家族」「家計」や「世帯」を，慣習的に個人として捉えることもあるからである。

　一方，組織は，主体の集まりであって，何らかの秩序や構造を備えて全体として機能するものを意味する。基礎となるのは「人間の集まり」としての組織であるが，「組織の集まり」としての組織もある。そして，組織が，自ら判断し，行動する存在であるとき，主体と見なされる。

組織の分類

　組織は，さらに大きく4つ，家族，企業，政府，および，その他に分類される。以下，暫定的な定義を示す。より詳しい説明は，後の章で行う。

定義▶▶組織の4分類（家族・企業・政府・その他）

家族：近い血縁で結びついた人間の組織

企業：事業に取り組む組織

政府：公権力を背景として統治を行う組織

その他：上記に分類しきれない組織

　最初に強調しておくと，この分類はかなり便宜的なものであって区分する基準は不明確である。また，重複や抜けがあるため MECE を満たしていない。

　区分する基準について，厳密な基準を設定することは可能である。ただし，その場合は「その他」が大きくなる。たとえば，家族について，「2等親以内の自然血族関係」「同居」「家計の同一」といった基準を付け加えれば，より明確で厳密な定義になる。しかしこの場合は，法定血族（養子など），内縁関係（事実婚など），単身赴任による別居，家計を分離したダブル・インカムや二世帯家族などは，家族ではない「その他」になる。

　次に，MECE を満たさないことは，容易に確認できる。家族経営の企業，国営企業，王家・王室などは，家族，企業，国家のうちの複数の区分に同時に合致することになる。さらに，「個人」で説明したように，家族を個人と見なすこともある。

　以上の説明から分かるように，主体の区分は，個人と組織の区分も，組織内の区分も，それほど厳密ではなく流動的であるし，さらに重複している。従って，総合政策学として具体的な実践に取り組む際には，主体の定義を改めて確認する必要がある。

Point

主体の区分は曖昧かつ流動的なものであるため，適宜，定義を確認するべきである。

活動主体と受益主体

　主体の捉え方として，その構造ではなく，社会における機能や役割に着目することもある。すなわち，社会において何らかの効果・影響を与える側と受ける側とに着目した，活動主体と受益主体という分け方がある。

定義▶▶活動主体・受益主体
活動主体とは，何らかの活動を企画し，実行し，何らかの効果を発生させる主

体である。

受益主体とは，何らかの効果・影響を受けて，その影響・効果を評価し，利害や幸・不幸を感得する主体である。

　活動主体は，行動主体，アクター，プレイヤー，意思決定主体と呼ばれることもある。また，主体的に仕掛ける・働きかける側であって，政策や戦略を検討する際に自分自身を投影する立場となる。

　一方，受益主体は，直面する環境や，他主体あるいは自分自身の存在や活動から影響を受けて，主観的な満足や不満足を獲得する立場である。なお，良い影響だけを受けるとは限らず，悪い影響（損失・損害）を受けることもある。また，能動的というよりも受動的にみられることから，主体としてイメージしにくいかもしれない。

　政策の議論では，受益主体は決定的に重要である。なぜなら，追求すべき目的を定め，また，実現された成果を評価するのは受益主体である。たとえば，国家が災害対策を進める場面，あるいは，企業が新商品を開発する場面でも，活動そのものからは望ましいかどうかは分からない。活動主体による行動の善悪・良否は，受益主体による評価に依存する。

Point

受益主体による評価は，活動主体の存在，行動や成果に意味を与える。

　従って，実践的な政策のためには，受益主体について，予断を排して，できるだけ明確かつ厳密に把握するべきである。誰が受益主体であり，どのような目的や意図のもとで，何をどのように評価するのかは，常に再確認することが望ましい。

3　環　境

環境の定義

　これも先に述べたが，環境とは，（焦点を当てる）主体の存在や活動に影響を与

える要素として定義される。分かりやすい例としては，自然環境が挙げられる。ある地域の気候や水質，土壌や地下資源，地形，植生や生態系などの自然環境によって，その地域における住民の特性，人口，生活形態，産業構造などが影響を受ける。

　注意すべきこととして，総合政策学としては，主体と環境という区分が事前に確定されているとは考えない。むしろ，特定の主体に着目したときに，その主体の存在や活動に影響を与える要素（個人や企業，政府でも）をまとめて環境として取り扱う。何が環境となるのかは状況に依存するのである。このため，環境の定義では，「焦点を当てる主体」という限定を付けている。

― Point ―――――――――――――――――――――――

　特定の主体に着目するとき，その主体に影響を与える個人や企業，政府などを環境と見なすことがある。

環境の分類

　環境は，大まかにではあるが，内部環境と外部環境に区分される。それぞれ，以下の様に定義される。

定義▶▶内部環境・外部環境

内部環境とは，焦点を当てる主体（当事者）の内面に関わる環境である。
外部環境とは，焦点を当てる主体（当事者）の外部に存在する環境である。

　たとえば，ある企業について考えてみると，経営者の能力，従業員の数や能力，利用可能な資金や技術，顧客リストなどは，その企業の内面に関わる要素であって，その企業の存在や活動に影響を与える。つまり，これらは内部環境ということになる。一方，同じその企業にとって，顧客，取引先企業や競合企業，規制や立法を行う政府，気候や地形などの自然環境などは，外部に存在するので外部環境ということになる。

　内部環境と外部環境の区分は便利であり，広く使われている。企業の戦略策定や行政の政策形成において検討されるし，学生であれば就職活動において活

用することになる。ただし，実践においては，内部環境と外部環境の区分や範囲を固定的に捉えるべきではない。両者の区分は相対的であるし，流動的である。詳しいことは，第9章で改めて説明する。

― Point ―

内部環境と外部環境の区分や範囲は相対的，流動的であって固定的に捉えられない。

外部環境の分類

外部環境は，さらに，マクロ環境とタスク環境に分けることがある。これらは，それぞれ以下のように定義される。

定義▶▶マクロ環境・タスク環境

マクロ環境：長期的・大局的・間接的に作用する外部環境
タスク環境：短期的・局所的・直接的に作用する外部環境

たとえば，自分自身という主体の大学受験という状況を考えよう。

まず，社会全体の人口動態，経済成長率，国際化の進展といった要素は，大学進学の意義や可能性に影響をあたえる。ただし，大学教育の質や内容，大学進学することの将来的な効果などを左右するものであって，個別の大学の評価や，受験に合格するかどうかについて直接的に決定するわけではない。つまり，これらはマクロ環境ということになる。

一方，志望する大学や競合する大学の受験日程，他の志願者の人数や学力，受験制度の変更といった要素は，志望する大学への合格可能性，望ましい受験対策などを直接的に大きく左右する。従って，これらはタスク環境である。

マクロ環境とタスク環境の違いも厳密ではないし，相対的なものである。しかし，それぞれを大まかにでも捉えることで，政策に関わる状況を理解しやすくなる。

4　要素間関係

社会の構成と要素間関係

　ここまで説明したように，社会は大きく主体と環境に分かれ，さらに，主体は個人と組織，組織は家族，企業，政府およびその他に細分化され，環境は外部環境と内部環境，外部環境はマクロ環境とタスク環境に区分される（図表8-1）。そして，要素間関係とは，これらの細分化された要素まで考慮に入れたうえでの，主体と主体，主体と環境，あるいは，環境と環境との結びつきである。

　政策に関わる「何か」は，これらの要素あるいは要素間関係において発生し，作用する。そこで，要素間関係についてもう少し説明していこう。

図表8-1　社会の構成

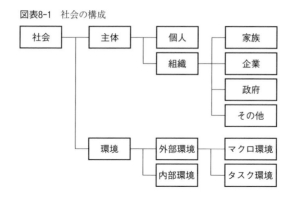

要素間関係の構造

　要素間関係の構造は，ある要素が他のいかなる要素にどのような影響を与えるのかという「要素間の影響」と，どのような要素が結びついているのかという「要素間関係の範囲」という2つの視点から整理できる。

　要素間の影響は，独立，増加，減少という3つに区分される。これらは以下の様に定義される。

定義▶▶要素間関係における独立・増加・減少

要素間関係において

独立とは，要素が相互に影響を与えないこと（無関係）を意味する。

増加とは，ある要素の増大が別のある要素を増加させることを意味する。

減少とは，ある要素の増大が別のある要素を減少させることを意味する。

　たとえば，「暴力シーンのあるアニメの数」と「小中学校での暴力行為件数」という要素間関係は独立，増加あるいは減少のいずれになるのだろうか。もし増加であれば何らかの規制が検討されるべきかもしれないが，現実には減少であるかもしれない。要素間関係を把握することが，政策の議論に繋がってくる。

　さらに，要素間の影響をきちんと分析するために，着目する要素を定量化したうえで，要素間関係を関数として捉えることも多い。たとえば，ある要素 x と別の要素 y との関係を y=f（x）といった関数で表記する。関数といっても記号で表記する必要はなくて，表やグラフで描写することもある。

　次に，要素間関係の範囲とは，焦点を当てる要素間関係に含まれる要素と結びつきを意味する。これは，二要素間関係（片務的ないし双務的関係），三要素間関係（トライアド），および，多要素間関係（ネットワーク）という 3 つに区分される。

要素間関係の構造の分類

　要素間の影響と要素間関係の範囲との組み合わせから，要素間関係の構造を分類できる。

　まず，二要素間関係は，文字通り 2 つの要素を含む構造をもつ関係である。さらに，要素間の影響が，一方的であるときは片務的（unilateral），双方向的である場合は双務的（bilateral）と分ける。たとえば，要素 x と要素 y との関係を考えよう。ここで，要素 x が要素 y に対して増加ないし減少といった影響を発揮するのに対して，要素 y は要素 x に対して独立であるならば片務的関係であり，増加ないし減少という影響をもつならば双務的関係となる（**図表8-2**）。

図表8-2　二要素間関係

次に，三要素間関係は，これも文字通り3つの要素を含む構造をもつ関係である。しかし，単に要素の数が増えたということではなく，ある要素間関係が別の要素間関係に影響を与えるところが，二者間関係と決定的に異なる。

たとえば，要素 x, y, z が含まれる関係を考えよう。ここで，要素 y と要素 z の関係が，要素 x と要素 y との関係に影響を与えることがある。企業間や国家間の関係を想定するとイメージしやすいが，要素 y と要素 z との関係が敵対的あるいは友好的のいずれかによって，要素 x と要素 y の関係も敵対的あるいは友好的に変わることがある（図表8-3）。

図表8-3　三要素間関係

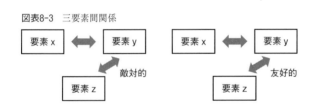

続いて，多要素間関係（ネットワーク）は，多数の要素と結びつきを含むが，その全体的な特性や，全体に対する特定要素の性質に関心が向けられる。たとえば，ネットワーク全体の大きさや活発さ，特定の要素の影響力や交渉力，特定の要素間関係の強さなどは，多要素間関係として捉えなければ検討できない。図表8-4は，ある多要素間関係を描図したものであるが，要素 x と要素 y では全体のなかでの位置づけが大きく違うだろうと予想できる。あるいは，要素 z1 と要素 z2 の間に結びつきが生まれると，要素 x の位置づけや，ネットワーク全体の性質も変化することに気づくだろう。詳細な議論は入門レベルを大きく超えるため割愛するが，総合政策学にも大きく関わることは間違いない。

図表8-4　多要素間関係

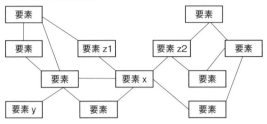

5　調整メカニズム

個別主体の意思決定

　主体とは，能動的な基点ないし中心となる要素である。そして，能動的に活動を計画し，実行することを意思決定と呼ぶ。

定義▶▶意思決定

主体が，自らの行動や態度を決定することを意思決定と呼ぶ。

　意思決定は，直面する環境や，他の主体との結びつきを前提としながら，自らの目的を実現するように，実行可能な行動や態度を選択する。このとき，環境や他の主体について正しい情報を持っていなかったり，自分の能力や目的について勘違いしていたりするため，本当に最善の行動を選択できるとは限らない。とはいえ，何も考えずに無秩序に意思決定しているわけでもない。

　詳しくは，主体についての章において解説するが，人々は，不完全ながらもできるだけ自らの目的を達成するように意思決定する。とすると，互いに独立である限りにおいては，人々がより良い意思決定をできるように支援すれば，人々が目的を達成しやすくなり，社会にとっても望ましい状態へと近づくことができると予想される。

┌─ Point ─────────────────
│（各主体が独立であるならば）個別主体の意思決定を改善すると，各主体が自

らの目的をより適切に達成することで，社会の状態も改善する。

主体間の相互作用

　個別主体の意思決定を改善することは社会状態の改善にもつながる傾向がある。ただし，この傾向は，各主体の意思決定が相互作用を持つときには保証されない。それぞれの主体がより良い意思決定をしたとしても，複数の主体が併存する社会では，利害が衝突したり，あるいは，利害が一致していても協力関係の構築に失敗したりすることもある。

　たとえば，ある国がたくさんの食料を集めると，他の国が獲得できる食料が制限される。つまり利害が対立する。あるいは，共同作業を行うメンバーが適切に役割分担すれば大きな成果を獲得できる場合でも，適切な役割分担を行う前提として，各メンバーの特性や意向を把握し，作業内容を分割し，割り当てることは容易ではない。このため，協調に失敗するかもしれない。

　複数の主体が関わる状況では，主体間の相互作用を調整し，利害対立と協調失敗を抑制しないと，社会の状態が改善しない。

Point

　複数の主体が共存するとき，主体間の相互作用を適切に調整しなければ，
　社会の状態は改善しない。

調整メカニズム

　主体の意思決定を改善したり，主体間の相互作用を調整したりする仕組みを調整メカニズムと呼ぶことにしよう。以下に定義を示す。

定義▶▶調整メカニズム

調整メカニズムとは，各主体の意思決定を改善し，主体間の相互作用における利害対立を抑制し，協調を促進するような仕組みである。

　そして，適切な調整メカニズムが存在し，うまく機能するのであれば，各主体の意思決定が改善され，主体間の相互作用も円滑化されて社会の状態も改善

される。しかし，適切な調整メカニズムが存在しなかったり，機能不全に陥ったりするときは，社会の状態が悪化することになる。

総合政策学の実践へ

　総合政策学の実践においては，調整メカニズムを理解し，調整メカニズムを操作することが鍵となる。なぜなら，通常の総合政策学が想定するのは，不完全ながらも自らの目的を追求して意思決定する主体が複数存在し，相互作用が発生するような状況であるからである。このような状況で，適切な調整メカニズムを構築したり，機能不全に陥った調整メカニズムを修正したりすることで，個別主体の目的達成や，社会状態の改善を促進する。

　たとえば，「高齢者による自動車運転事故の抑止」という目的に取り組む政策を考えよう。このとき，高齢者本人の意思決定に任せておくと，「生活が不便になる」「自分の運転技術や判断力を過信する」「どうせ法的責任は果たせない」といった理由から，免許の自主返納や安全運転の徹底は実行されないかもしれない。そこで，高齢者本人が免許返納や安全運転を意思決定するような調整メカニズムを検討する。具体的には，「生活が不便になる」ことがないように，公共交通機関を拡充する，「運転技術や判断力」を客観的に把握するような検査態勢を構築する，「本人の法的責任」を補完するように家族の法的責任の周知と強化といった具体的な対応を考えることができるかもしれない。ともあれ，本人の意思決定に任せておいて，事故が起こってから慨嘆するだけでは，事故の抑止という目的を達成できない。目的の達成に繋がるような調整メカニズムに焦点を当てて検討することで，実効的な総合政策学を推進するべきである。

> ─ Point ─────────
> 　調整メカニズムに焦点を当てることで，総合政策学を実践する。

6　まとめ

　この章では，対象に着目した知識や技能として，政策に関わる検討や活動の

対象となる社会そのものについて説明した。社会を主体と環境に分け，続いて，主体は個人と組織，環境は内部環境と外部環境というように，構成要素を細分化していった。さらに，細分化された要素間の関係についても，いくつかの基本パターンを提示した。この全体像に基づいて，次章以降，より詳しい解説を展開していく。

第9章

環　境

　この章では，環境に関わる知識や技能を説明する。まず，環境の意味や捉え方を改めて確認する。そのうえで，環境を理解するための知識や技能を解説する。具体的には，内部環境の分析，そして，外部環境のマクロ環境とタスク環境を分析する手法を紹介する。環境分析の手法は，すでに，かなりの程度まで確立されているため，一見すると理解しやすい。しかし，だからこそ，表面的な理解に陥らないように注意してもらいたい。

1　総合政策学と環境

環境を「適切に考察すること」の重要性

　環境は主体の存在や活動に影響を与える要素（の集合）である。とくに，主体の存在や活動は，環境によって制約される（このために理想をそのまま実現できない）ことがある。たとえば，企業の存在や活動は，その企業の経営者の能力や健康状態，従業員の数や能力，保有する物的資産や知的財産などによって制約される。企業ではなく個人や政府であったとしても，環境によって様々な影響を受ける。従って，環境について理解し，考慮しなければ，主体の存在や活動を把握することも，操作することもできず，政策を適切に実践することはできない。総合政策学において，環境は重要である。

　ところが，現実には環境を軽視した議論も少なくない。たとえば，模倣主義では「同じ行動をとれば結果も同じになる」ことが暗黙に前提とされて，模倣対象と自らとが直面する環境の違いを考慮しないことが多い。しかし，いうまでもなく，環境の違いを無視した模倣は，大失敗に繋がるおそれが高い。

　また，全体主義の立場から環境を捉えることで，実質的に環境を無視する議論もある。たとえば，「背景となる環境が異なるので，アメリカで発展した経済

学が日本で役立つはずがない」といった主張がある。しかし，少し考えてみると，漢字，ラーメン，自動車，パソコンなど，外国で発生・発展したにも関わらず日本で役立てられているものはいくらでもある。じつは上記の主張は「日本の環境」と「アメリカの環境」とを全体主義的に捉えているだけで，その具体的内容や機能は考慮していない。環境に着目しているようでいて，実際には環境について何も考えていない。

　環境が重要であることは当然であるが，だからこそ，環境を適切に考察することが重要である。そこで，環境の意味や捉え方を再確認することから始めていく。

環境の可変性と理想－現実ギャップ

　環境は与件であって変更できないものというイメージがあるかもしれない。しかし，多くの環境は，主体がある程度までは改変できる。では，環境はどの程度の可変性あるいは固定性をもつものと想定するべきだろうか。

　たとえば，ある企業の事業活動は，その企業の従業員の数や能力によって影響を受ける。しかし，従業員の新規雇用や教育強化によって，この環境を変更できる。とはいえ，全ての環境を根本的に改変することは容易でない。たとえば，従業員の数をいきなり百倍にすることはほぼ不可能である。

　そして，環境の可変性は，理想－現実ギャップの検討に深く関わってくる。なぜなら，環境の可変性が高いならば，環境そのものを随意に変更することで，より幅広い理想を実現可能として設定することができるからである。究極的には，現実に拘束されずに，いわゆるゼロベースでの理想を検討することができる。一方，環境の固定性が高いならば，障害となる環境を排除することも，望ましい環境を強化することもできないので，実現可能な理想は厳しく限定される。極端な場合，現在の行動・状態だけが実現可能になる。

　つまり，環境の可変性が高いと，現実から独立した理想を設定できるので理想－現実ギャップは広くなり，環境の固定性が高いと，現実に拘束された理想しか設定できないので，理想－現実ギャップは狭くなる。

> ┌ Point ─────────────────────
> │ 理想－現実ギャップは，環境の可変性が高いと広く，環境の固定性が高い
> │ と狭くなる。

主体と環境との関係

　環境は主体の存在や活動に影響を与えると同時に，環境は主体によって改変
されうる。しかし，主体と環境との間での影響の与え方をどのように捉えるの
かは，古来形をかえて議論されてきた。その議論を大まかに整理すると，「近代
以前」「近代」「脱近代」「現代」と４つに分けられる（**図表9-1**）。なお，これらの
捉え方について優劣はつけられない。時期が新しいものが良い，正しいとは必
ずしもいえない。また，現代時点においても，たとえば巨大な自然災害のよう
に，主体が一方的に環境からの影響を受ける「近代以前」的な関係になること
もある。

> ┌ Point ─────────────────────
> │ 主体と環境との関係についての捉え方は,「近代以前」「近代」「脱近代」「現
> │ 代」という４つに大きく分けられる。

図表9-1　主体と環境との関係についての捉え方

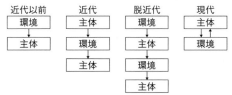

　「近代以前」という捉え方では，環境によって主体（とくに人間）が一方的に制
約されると考える。たとえば，自然環境であれば気候や災害によって，社会環
境であれば血統や因襲によって主体の存在や活動が決定される。そして，主体
による環境への働きかけは，祈りや呪いといった実効性の乏しいものに限定さ
れる[(1)]。

　これと対照的に，「近代」的な捉え方では，主体（とくに人間）が環境に一方的

に影響を与えて主体にとって都合よく環境を改変するような関係が想定される。ベーコンは「知は力なり」という言葉で人間の知性が自然環境を克服・支配できることを唱え，メインは「身分から契約へ」という言葉で社会環境からの人間の解放を示した。

ところが，主体（とくに人間）による環境の改変がさらに高度化・拡大すると，環境による主体への制約が却って認識されるようになった。これが「脱近代」という捉え方である。たとえば，自然環境については，大規模な人為的関与が環境問題を引き起こすという事実，あるいは，近代科学の高度化にも関わらず理解も操作もできない自然環境が依然として存在するという事実によって，主体が環境によって制約されていることが浮き彫りになった。また，社会環境についても，主体（個人，企業，政府のいずれであっても）の存在や活動は，無意識のうちに，根深く，広く，文化や慣習，あるいは，歴史によって影響を受けていることが認識されるようになった。[2]

そして「現代」的な捉え方では，主体と環境との間の相互的あるいは循環的な関係を明示的に考慮に入れる。つまり，主体と環境は，お互いに影響を与えるし，影響を受けると想定する。じつは大昔から「現代」的な主体と環境との関係は認識されていたが，適切な考察方法が開発されていなかったために，正面から議論できなかった。ところが，近年になって複雑系アプローチが発展したことによって，具体的な考察ができるようになった。この意味で「現代」ということができる。

主体と環境の関係についての捉え方は，総合政策学にとって重要である。なぜなら，環境による主体への影響を理解し，そのうえで主体による環境への対応を検討することは，政策に関する実践的な議論の基本となるからである。だからこそ，政策に関する議論では，環境分析が組み込まれる。

環境の二重性

環境による主体への影響を検討するとき，その影響は二重の意味あるいは位

(1) M.ウェーバー（尾高邦雄訳）[1980]『職業としての学問』岩波文庫（33頁）。
(2) K.ポランニー（玉野井芳郎・平野健一郎編訳）[1975]）『経済の文明史』日本経済新聞社（261頁）。

置づけがあることに注意する必要がある。すなわち，総合政策学において環境とは，「政策対象となる主体に影響を与える要素」あるいは「政策を立案・遂行する主体に影響を与える要素」という二重性をもつ（**図表9-2**）。

　環境の二重性について，カブトムシの飼育を例として説明しよう。カブトムシが成長するかどうかはカブトムシに与えられた環境（飼育者の生育活動，ケージの大きさ，土や止まり木，餌，温度，湿度など）に依存する。ところが，カブトムシにとって与えられる環境のひとつである飼育者の生育活動は，飼育者に与えられた環境（知識，能力，財力，時間）によって影響を受ける。従って，カブトムシの成長を目的とする政策を検討する際には，政策対象の主体であるカブトムシに影響を与える環境と，政策実践の主体であるに影響を与える環境の双方を考慮する必要がある。

図表9-2　環境の二重性

```
┌──────────────┐        ┌────────┐
│ 政策実践の主体 │ ⇐══ │  環境  │
└──────────────┘        └────────┘
        ⇓
┌──────────────┐        ┌────────┐
│ 政策対象の主体 │ ⇐══ │  環境  │
└──────────────┘        └────────┘
```

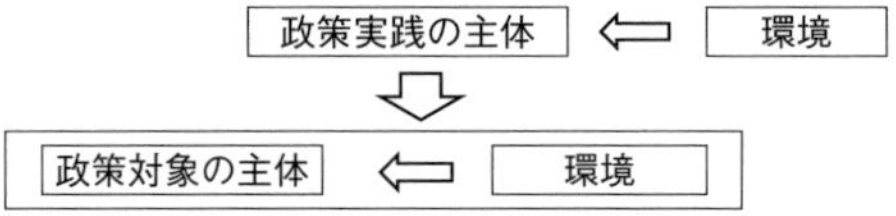

┌─ Point ─────────────────────────────────────┐
　環境には，「政策対象となる主体に影響を与える要素」あるいは「政策を立案・遂行する主体に影響を与える要素」という二重の意味あるいは位置づけ（二重性）がある。
└───┘

　これは当たり前のことのように思うかもしれないが，総合政策学の実践においてしばしば見落とされる。とくに，二重性をもつ環境の一方だけを考慮して，もう一方への考慮が欠落してしまうことがある。

　政策対象の主体に関わる環境についての考慮が欠けている事例はいくらでもある。たとえば，ある刑事ドラマにおける「事件は現場で起きている」というセリフ[3]は，現場の刑事たちが直面している環境を，指揮を執る幹部たちが理解

---

[3]　1998年にヒットした映画「踊る大捜査線 THE MOVIE 湾岸署史上最悪の３日間」における青島俊作刑事（織田裕二）のセリフ。正確には，「事件は会議室で起きてるんじゃない！ 現場で起きてるんだ！！」。

していないことを揶揄している。

　また，政策実践の主体に関わる環境を軽視した事例としては，2009〜2012年の民主党政権を挙げることができる。同政権における政策の立案・遂行においては，「自らが意思決定すれば予定した成果を（環境の影響を受けずに）実現できる」という感覚（「近代」的な捉え方）が濃厚であった。しかし現実には，どれほど強力な政権でも環境によって制約を受けるため，主要な政策が次々と行き詰まってしまった。「政治主導」「CO$_2$削減」「財政再建」「米軍基地移転」などの政策は，理念的には見るべきものがあったかもしれないが，官僚機構，産業構造，財政構造，国際関係といった，自らを取り巻く環境についての認識があまりにも貧弱であった。

　これらの事例からも分かるように，環境の二重性を考慮に入れて，そのいずれについても検討することが求められる。

環境についての具体的考察へ

　最初に述べたように，環境を考察するのは，政策をより適切に実践するためである。だからこそ，どのような環境が存在し，政策主体や政策対象主体にどのような影響を与えるのか，さらに，政策主体はどこまで環境を改変できるのか，といった環境の意味や捉え方を整理する必要がある。そして，これらの意味や捉え方を踏まえて，環境についての具体的考察（しばしば環境分析と呼ばれる）を進める。

　実践的な環境分析は，とくに経営戦略論と結びついて開発されてきた。そこで以下では，経営戦略論における環境分析の手法を参考にして，環境分析のための知識や技能を簡単に紹介していく。

　ただし，予め注記しておくが，環境分析の定型的な手法に囚われるべきではない。定型的な手法に当てはめるだけでは，分析した気分になるだけで，じつはもともと知っていたことを再確認しているに過ぎない。見えなかったものが見えるようになる，曖昧だったことが明確になる，そのための環境分析を心がけてもらいたい。

2　内部環境の分析

基本的な考え方

　環境分析は，内部環境と外部環境に区分して行われることが多い。先に述べたように内部環境と外部環境の区分は相対的かつ流動的であるが，最初はこの区分に従うことはやはり便利である。

　そして，内部環境とは，焦点を当てる主体（当事者）の内面に関わる環境である。つまり，焦点を当てる主体の内面においてその主体の存在や活動に影響を与える要素が内部環境である。このような要素の性質，影響の内容や構造などを解明することが内部環境の分析ということになる。

内部環境の構成要素の把握

　主体の存在や活動に影響を与える内部環境の要素としては，いわゆる「経営の三要素」を基本とすることが多い。すなわち，人，物，金を中心として，その他の要素を付け加えて考える（図表9-3）。

図表9-3　内部環境の構成要素

	内　容	良い影響	悪い影響
人	人数 能力 意欲		
物	土地・立地 設備 機材		
金	所有資金 資金獲得能力		
情報・知識	データ 情報・知識 技術		
組織・制度	活動過程 意思決定過程 主体間関係		

　ここで，人とは，人間に関わる要素で，人的資本とかマンパワーと呼ばれることもある。焦点を当てる主体が個人であれば，ひとりの人間としての身体的能力や精神的・心理的特性などになる。組織としての主体に焦点を当てる場合は，その組織を構成する人間の数，能力，意欲・やる気などを考える。

　次に，物とは，存在や活動に影響を与える物的資本・資産を意味する。焦点を当てる主体が個人や企業の場合は，利用可能な土地，設備や建築物のほか，居住地・活動地・所在地なども含まれる。地域や国家の場合は，公共的なインフラストラクチャー，交通施設や商業施設，歴史的あるいは文化的遺物や施設，自然環境までも想定することができる。なお，地域や国家全体で利用可能な物的資本を社会的共通資本と呼ぶこともある。

　続いて，金とは，利用可能な資金という意味であるが，現時点で保有していない資金，将来的に獲得可能な資金も含まれる。個人や企業の場合は将来的なキャッシュフロー（現金の収入と支出）や資金調達能力，自治体や国家の場合は税金や公債まで含めた財政構造まで考えることになる。

　その他に，内部環境の構成要素として，情報・知識が重要視される。利用可能な情報・知識・技術・技能によって，主体の存在や活動が大きく影響を受けると認識されている。

　もうひとつ，比較的最近になってから再評価されているものとして，組織・制度が挙げられる。とくに，組織としての主体に焦点を当てるときには，その性質そのものを左右する。かつては，明示的な職務と権限を構造化した公式組織についての議論が活発であったが，現在では曖昧で無意識的に機能するような非公式組織や文化や慣習といった制度についての研究も進んでいる。これらは，社会的関係資本と呼ばれることもある。

　これらの要素のそれぞれを具体的に捉え，さらに，良い影響と悪い影響を併せて把握することで，内部環境について，できるだけ広く，客観的に整理することができる。

内部環境の構成要素の評価

　内部環境だけでなく外部環境についての議論でも同様であるが，主体の存在や活動に影響を与える要素を把握するとき，その影響の良し悪しを予断的に決

めつけるべきではない。なぜなら，環境の構成要素は，しばしば，良い影響と悪い影響を同時にもたらすからである。良い影響と悪い影響のいずれかのみに着目して，他方を見落としていると，環境について正しく評価することができなくなる。

たとえば，ある企業や地域において「能力の高い人材が豊富にいる」ことは，より高度な活動をより適切に実行することを可能にするだろう。しかし同時に，そのような人材はその養成あるいは処遇に大きなコストが掛かるし，自立性が高いので容易に他企業や他地域に流出してしまうかもしれない。あるいは，「濃密な人的ネットワークと助け合いの文化」があることは日常的な活動を円滑化したり，構成員の帰属意識を向上させるといった良い影響をもつかもしれないが，相互監視による息苦しさや，革新的なイノベーションを抑制するという悪い影響ももつかもしれない。

そこで，環境の構成要素を把握するときには，良い影響と悪い影響を別個に明示的に捉えることを意識すべきである。**図表9-3**のように，表として枠を作り，良い影響と悪い影響の両方共を必ず，無理やりにでも埋めるようにすると，見落としを抑制することができる。

⌐ Point ─────────────────────
内部環境の構成要素としては，人，物，金，情報・知識，組織・制度に着目し，それらの良い影響と悪い影響を整理することが基本となる。

内部環境の構成要素を発見する方法

人，物，金などをどれほど詳しく調べても，内部環境の構成要素の把握としては不十分かもしれないし，あるいは逆に過剰かもしれない。これらの要素とは，内部環境を考えるための基本ではあるが，基本に過ぎない。あくまで，主体の存在や活動に影響を与える要素を把握することが目的であることを忘れてはいけない。

そこで，発想を逆転する。「影響を与える可能性のある要素」を先に設定して，その影響を把握するのではなく，「影響を受ける可能性のある対象」を先に設定して，これらに影響を与える要素を検討する。具体的には，検討対象の「過去」

「現在」「未来」について，「存在・活動・成果」と「影響を与えた要素」を掛け
合わせて整理する（**図表9-4**）。

　検討対象が個人の場合は，その個人が，いつ，どこで，どのように存在し，
活動し，どのような成果を実現したのか，そのとき，何が，どのように影響を
与えるのかを考える。このとき，「もしこの要素が異なれば可能になる／不可能
になる」「もしこの要素が異なれば違う方向に向かう」ということまで考慮する
と，環境からの影響に気づきやすい。たとえば，自分自身が過去にサッカーを
やっていたのも，現在，東京で暮らしているのも，将来の就職先についても，
環境によって影響を受けている。また，検討対象が企業や自治体であったとし
ても，検討対象の存在や活動，成果を先に設定し，それらに影響をもたらす要
素を逆算することで，具体的な要素を発見できる。

　この方法は，内部環境だけでなく，外部環境の構成要素の把握のためにも役
立つ。しかし，とくに内部環境は無意識的に見過ごしてしまうことが多いため，
検討対象を先に明示して，それらに影響を与える要素を探るという方法は，有
効であることが多い。

Point

内部環境の構成要素を発見するためには，過去・現在・未来における検討
対象の存在・活動・成果を明示し，それぞれに結びつく要素を逆算するこ
ともできる。

図表9-4　過去・現在・将来の存在・活動・成果からの考察

	存在・活動・成果	影響を与えた要素
過　去	××という活動を行った	□□という影響を△△という要素がもたらした
現　在		
未　来		

VRIO 分析

　内部環境による良い影響あるいは悪い影響は，絶対的に決まっていることも

あるが，他者と比較して意味を持つこともある。つまり，他者と比較して強みとなるならば良い影響，弱みとなるならば悪い影響をもたらす。たとえば，「TOEIC600点とれる能力」というものも，他者が400点しか取れなければ強みとなるが，周りが皆700点以上取るのであれば弱みとなる。このような，他者との相対評価を加味して内部環境を分析する手法として，VRIO分析と呼ばれるものがある。[4]

VRIOとは，価値（Value），希少性（Rarity），模倣可能性（Imitability），組織（Organization）という4つの評価軸の頭文字をとったものである。これを総合政策学の文脈に合うように修正すると，それぞれ以下のように説明できる。

価値（Value）：実現したい目的に合致・貢献する

希少性（Rarity）：他者が（あまり）持っていない

模倣可能性（Imitability）：他者が獲得・模倣するのが困難である

組織（Organization）：活用するための仕組み・体制ができている

「価値」とは，そもそも政策によって実現したい目的に貢献するかどうかで判断される。目的と無関係であるならば，政策として考慮する意味はない。まずは，「価値」があることが大前提となる。

次に，もし「価値」があるとしても，誰でも持っていて，どこにでもあるようなものだと有意義な政策に繋がらない。「希少性」があることが，政策に取り込むうえで求められる。

続いて，「希少性」があるとしても，「模倣可能性」が高い，すなわち簡単に同じことができるならば，政策の長期的な効果を減じてしまう。たとえば，地域開発の起爆剤として，大規模商業施設の建設や，大学の誘致が推進された時期があった。たしかに，これらはその地域に「良い影響」をもたらす要素であるかもしれない。しかし，他地域でも同じことができるので，その効果は一時的なものに留まる。このため，政策が長期的に効果をもつためには，他者による「模倣可能性」が低いことが求められる。

---

(4)　J.B.バーニー（岡田正大訳）[2003]『企業戦略論（上）基本編──競争優位の構築と持続』ダイヤモンド社。

　最後に，やや違う観点からの内部環境が鍵を握る。「価値」があり，「希少性」が高く，他者による「模倣可能性」が低いような要素を内部環境として保有しているとしても，このような要素を活用するための内部環境が併せて必要となる。たとえば，ある地域に，世界遺産に登録されるような素晴らしい自然環境や歴史的遺物が存在したとしても，これらを適切に管理し，維持し，そのうえで，実現すべき目的に合致するよう仕組み・体制（「組織」）を構築し，運営できなければ，これらの自然環境や歴史的遺物が破壊されたり，十分に活用できないままにされてしまう。

　最終的にまとめると，他者との競合に打ち勝つための政策を検討するとき，内部環境の構成要素の強み・弱みを考察するためには，VRIO 分析を活用することができる。もちろん，VRIO 分析はひとつのフレームワークに過ぎないが，政策を実践的に検討する際には，やはり便利な考え方だといってよいだろう。

> **Point**
> 内部環境が強み・弱みに繋がるかどうかは，VRIO 分析によって判断できる。

3　外部環境（マクロ環境）の分析

PEST 分析

　外部環境とは，焦点を当てる主体（当事者）の外部に存在する環境である。さらに，外部環境は，長期的・大局的・間接的に作用するマクロ環境と，短期的・局所的・直接的に作用するタスク環境に分けられる。ここでは，まず，マクロ環境の分析から紹介する。

　マクロ環境については，PEST と呼ばれる 4 つのカテゴリーに着目して，具体的な環境要素を案出・整理することが多い。また，ここでも，各要素がもたらす良い影響と悪い影響を併せて検討する。

　PEST とは，政治（Politic），経済（Economy），社会（Society），技術（Technology）という 4 つのカテゴリーの頭文字をとって繋げたものである。これらは，

それぞれ以下のような意味と内容をもつ。

> 政治（Politic）：政治体制，政策動向，政局動向，国際関係など
> 経済（Economy）：景気，物価，金利，財政，産業構造，国際収支など
> 社会（Society）：人口，社会階層・区分，文化，社会的関心など
> 技術（Technology）：技術の水準や動向など

Point

外部環境（マクロ環境）の分析のためには，PEST でまとめられる，政治，経済，社会，技術という大きく４つのカテゴリーに着目して整理すると便利である。

マクロ環境の分析の意義

　マクロ環境は，長期的・間接的な影響をもたらすものであるから，差し迫って重要な意味をもつことは少ない。このため，マクロ環境分析は，基本的な考え方に沿って，形式的・表面的な考察に留まることも多い。また，大局的・間接的であるから，とりとめもなくどこまでも検討することもできてしまう。このため，マクロ環境分析は，大まかな動きや影響を捉えたところで，それ以上掘り下げないこともありうる。

　それでもやはり，マクロ環境について，ある程度まで，広く，浅くでも調べておくことが求められる。実際に，人類の歴史における革新的な政策や社会的イノベーションは，マクロ環境の動きと結びついていたことが多い。[5]たとえば，鎌倉幕府は東国の武士階級の興隆，明治維新は欧米諸国の植民地拡大という国際情勢と幕藩体制の弱体化という国内情勢，セブンイレブンは都市化や核家族化に伴う消費行動の変化，といったマクロ環境に合致したことで大きな成功を収めた。

---

(5)　J.R.ヒックス（新保博・渡辺文夫訳）［1995］『経済史の理論』講談社学術文庫，および，D.C.ノース（中島正人訳）［1989］『文明史の経済学』春秋社。

4　外部環境（タスク環境）の分析

タスク環境の位置づけ

タスク環境は，焦点を当てる主体の外部にあって，短期的・局所的・直接的に作用するものである。従って，タスク環境を的確に把握して適切に対応できるかどうかは，主体の存在や活動に直接的に大きな影響をもたらす。このことは多くの人々に認識されており，「激変する環境」「環境への対応」「地域を取り巻く環境」というように，漠然と環境というときはタスク環境を意味することが多い。

また，とくに企業にとって，その存在や活動を大きく規定することから，経営戦略論のなかで様々な議論が展開され，いくつもの分析手法が考案されてきた。そして，これらの分析手法は，総合政策学にとっても大いに参考になる。ここでは，経営戦略論のなかで開発された分析手法のなかでも広く利用されている，ファイブ・フォース分析を紹介する。

ファイブ・フォース分析

ファイブ・フォース分析は，アメリカの経営学者であるポーターが開発した[6]。主体の存在や活動に直接的な影響を与える要素を 5 つのカテゴリーとして整理し，体系化したことで，タスク環境を分かりやすく包括的に捉えることができる。また，競争戦略のための分析手法であるが，直接的な競争相手だけでなく，間接的・潜在的な競争相手や，協力関係あるいは支配関係も取り込んでいる。このため，企業以外の主体について，そして，競争以外の状況についても応用できる。

そして，ファイブ・フォース（5つの力）とは，焦点を当てる主体を中心において，その主体から見て，「直接的競合」「新規参入」「代替技術」「川上」「川下」というカテゴリーを意味する（**図表9-5**）。

ここで，「直接的競合」とは，同一顧客に対して同様の価値を同様の方法で提

---

(6)　M.E.ポーター（土岐坤他訳）［1980］『競争の戦略』ダイヤモンド社。

供するライバル関係にある現存の主体についてのカテゴリーである。直接的競合の数，能力，態度，および，競合の態様として価格，品質，宣伝広告のいずれが重視されるかなどが，タスク環境の具体的な要素となる。

図表9-5　ファイブ・フォース分析

次に，「新規参入」とは，同一顧客に対して同様の価値を同様の方法で提供するライバル関係にある将来的な主体についてのカテゴリーである。これは，潜在的な競争相手を意味する。現時点では強力なライバルが存在しなくても，将来的に新たなライバルが登場する可能性があるならば，それは，焦点を当てる主体の存在や活動に大きな影響を与える。

これに対して，「代替技術」は，同一顧客に対して同様の価値を異なる方法（技術）で提供するライバルである。すなわち，間接的な競争相手を意味する。これは間接的であるために気づかれていないこともある。たとえば，大学のライバルは他の大学ではなく，資格試験かもしれない。大学が「就職を促進する」という価値を提供する機関だとすると，「就職を促進する」資格試験は間接的に競合することになる。実際に，就職に直結する資格を取得した学生は，大学を中退したり，そもそも進学しないこともある。

続いて，「川下」は，焦点を当てる主体にとって価値の提供先となる主体についてのカテゴリーである。分かりやすくいうと，顧客・販売先である。その数，規模，嗜好，態度，能力，そして，取引の性質として取引の規模，頻度，取引慣行，法制度などが，タスク環境の具体的な要素となる。

一方，「川上」は，焦点を当てる主体が資源を調達する主体についてのカテゴリーである。分かりやすくいうと，仕入先・仕入元である。重要な資源が十分に提供されなかったり，その対価が高いと，焦点を当てる主体の存在や活動が脅かされる。さらには，資源提供の見返りとして意思決定への介入や支配の受

け入れを要求されることもある。あるいは，資源に関する取引の拡大や発展の
ために協力関係を構築することもある。

　そして，これらの5つのカテゴリーに着目して様々な要素を検討することで，
タスク環境を包括的に理解しようとする。これがファイブ・フォース分析の概
要となる。

Point

　ファイブ・フォース分析では，焦点を当てる主体を中心において，「直接的
競合」「新規参入」「代替技術」「川上」「川下」という5つのカテゴリーに
着目してタスク環境を整理する。

ファイブ・フォース分析の実践例

　さらに理解を深めるために，例題的にファイブ・フォース分析を利用してみ
よう。ここでは，多くの人がイメージできるように，焦点を当てる主体として，
コンビニエンス・ストアの特定店舗を想定する。

　最初に，自分が知っている実在のコンビニ（仮にX店とする）を思い浮かべて
みよう。実際に利用経験があり，周辺の状況も理解しているようなコンビニ店
であることが望ましい。このX店を中心としたタスク環境を整理する（図表9-6）。

図表9-6　ファイブ・フォース分析の利用例

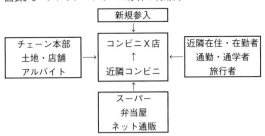

　このX店の「直接的競合」は，このX店に近接する他店舗ということになる。
ここでは，店舗単位で見ているので，同じチェーンに加盟する店舗も「直接的
競合」となる。

　続いて,「川上」とは,この X 店にブランド利用権やノウハウ,情報システム,会計システムなどを提供するチェーン本部や,商品の仕入先となる卸売業者,土地や店舗などの提供者,アルバイトなどの労働力の提供者といった要素が該当する。

　一方,「川下」としては,この X 店を利用する可能性のある人々として,近隣の居住者・生活者・就業者, X 店の周辺を通過する通勤・通学者などが考えられる。X 店が観光地に立地している場合は旅行者も重要になることもある。

　また,「新規参入」については,文字通り,同様のコンビニの新規出店を意味する。

　最後に,「代替技術」としては,より大型の店舗でより低価格を志向するスーパー,日用品・雑貨の品揃えが充実していて低価格な100円均一ショップ,弁当や総菜に特化して味や種類で訴求する弁当屋・飲食店などが挙げられる。さらに,コンビニ業界全体についての「代替技術」として,インターネットとスマートフォンの組み合わせを指摘することもできる。たとえば,かつてはコンビニにとって重要視されていた雑誌販売は,インターネットとスマートフォンの組み合わせによって大きく浸食されている。「代替技術」は見落とされやすいが,だからこそタスク環境の分析に差をもたらす。

　そして,これら5つのカテゴリーに着目してタスク環境を整理することで,焦点を当てる主体への影響を把握したり,予想したりすることができる。たとえば,近隣コンビニが販促キャンペーンを実施する,チェーン本部が情報システムを更新する,近隣住民の人口が減る,といった要素から,焦点を当てる主体が受ける影響の内容や大きさを詳しく検討することが可能となる。

自治体や政府・国家についてのファイブ・フォース分析

　ファイブ・フォース分析は,営利企業の競争戦略のために開発された。しかし,これまでの説明を確認すると分かるように,自治体や政府・国家の存在や活動についてのタスク環境の分析にも適用できる。

　たとえば,自治体や政府・国家を構成する主体として,ある警察署 Y に焦点を当てて考えてみよう (図表9-7)。とくに,この警察署 Y が提供する治安維持についてファイブ・フォースを検討する。

まず，この警察署Yにとっての「直接的競合」として近隣警察署が挙げられる。実際に，警察署・部署間での縄張り争いや，面倒な案件の押し付け合いがある。

次に，「川上」としては，装備品や人員の供給元だけでなく，法的権限や組織内での職務・権限などを提供する立法機関や上位組織も重要な要素となる。また，「川下」としては，警察署Yが提供する治安状況を享受する地域住民や国民のほか，警察署Yが提供する捜査や救済の対象となる被害者あるいは加害者を考えることもできる。地域住民の人口や特性，犯罪者の数や能力などは，この警察署Yの存在や活動に大きな影響を与える。

図表9-7　自治体や政府・国家についてのファイブ・フォース分析の利用例

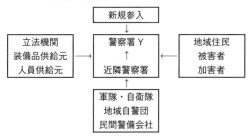

最後に，治安維持という価値を異なる方法で提供する「代替技術」としては，警察機構とは異なる政府組織である軍隊や海上保安庁など，民間組織である自警団や民間警備会社などを想定することができる。

ここで挙げられた要素を見ると，その内容，性質や数が，治安維持に関わる警察署Yの存在や活動に直接的な影響を与えることが分かるだろう。そして，5つのカテゴリーに着目して警察署Yを取り巻く様々な要素を検討することで，重要な要素を発見しやすく，情報や知識を整理しやすく，要素間の関係を考察しやすくしてくれることも分かるだろう。このように，治安維持という自治体や政府・国家にとって根源的な機能を果たす主体に焦点を当てる場合でも，ファイブ・フォース分析は有効に利用できる。

> ┌─ Point ─────────────────────────────────┐
> ファイブ・フォース分析は，自治体や政府・国家のタスク環境を分析する
> 場合にも利用できる。
> └──┘

5　内部環境と外部環境との結びつき

環境分析についてのシステム思考

　ここまで，環境を内部環境と外部環境に分割し，さらに，外部環境をマクロ
環境とタスク環境に分割し，それぞれを構成する要素について意味や分析手法
を要素還元主義的に紹介してきた。では，これらの関係はどうなっているのだ
ろうか。ここでは，システム思考に基づく環境分析を考えてみよう。

SWOT 分析

　システム思考に基づく環境分析として最も広く利用されているものは
SWOT 分析である。

　これは，焦点を当てる主体の内部環境を分析して「強み（Strength）」と「弱み
（Weekness）」，また，外部環境を分析することで「機会（Opportunity）」と「脅威
（Threat）」を把握する。そして，内部環境と外部環境の結びつきに着目して，行
動の実行可能性や優先度を検討する。これらの４つのカテゴリーの頭文字から
SWOT 分析と呼ばれる（**図表9-8**）。

　具体的な活用においては，たとえば，焦点を当てる主体にとって，その存在
を喪失させ，活動を制限するような外部環境（脅威）に対して，その主体の存在
や活動を強化するような内部環境（強み）を手掛かりとして克服することを企図
する。あるいは，その主体の存在や活動にとって追い風となる状況（機会）であ
るにも関わらず望ましい成果を出せないとき，その要因となる弱みを探る。

　このように，SWOT 分析は，内部環境と外部環境のポジティブな要素とネガ
ティブな要素を掛け合わせることで，環境を包括的に把握し，より適切な対応
への指針を得ることができる。この手法は非常に広く利用されており，安直に
「とりあえずやっておけ」という雰囲気すらある。しかし，適切な政策を決定す

るためは，この手法だけでは不十分であり，より詳細な考察や調整が求められる。一方で，SWOT分析は，対応の指針あるいは方向性を見える化したり，発想の転換や見落としを防止したりするうえでは，やはり便利であることは間違いない。環境分析の手法のひとつとして，是非とも身につけてもらいたい。

Point

SWOT分析は，内部環境から「強みS」と「弱みW」，外部環境から「機会O」と「脅威T」を把握し，それぞれを掛け合わせることで，環境の包括的な理解と，適応行動の改善を図る。

図表9-8　SWOT分析

	機会 Opportunity	脅威 Threat
強み Strength		
弱み Weekness		

内部環境と外部環境のいずれが重要か

　SWOT分析は，内部環境と外部環境を同等に重視している。しかし，いずれか一方を重視する考え方も根強い。

　外部環境を重視する立場は，分かりやすくいうと，主体の存在や活動に対して，才能や努力よりも外在的な状況のほうが決定的な影響を与えると考える。このため，「脅威」から遠ざかり，「機会」を見出し，活用することが求められる。実践において内部環境を分析したところ，特段の「強み」を発見できず，「弱み」だけしかないと評価する場合がある。この意味での弱者からすると，「脅威」となる外部環境を避けて，「機会」となる外部環境を目指すことが望ましい。たしかに，**図表9-8**において下段（弱み）しかないのであれば，「脅威」よりも「機会」を選択するべきである。実際に，自己の能力に自信がない主体ほど，外部的な権威や肩書に依拠したがる傾向がある。いわゆる，ニッチ戦略やブルーオーシャン戦略もこの系統にのる。

　ところが，現実に様々な主体について調査すると，外部環境が同一であって

も主体によって，その存在や活動・成果に大きな違いがある。これは，**図表9-8**において，下段（弱み）だけでなく，上段（強み）もあるのであれば当然のことである。そこで，主体に優位性をもたらすために，内部環境に着目して，強みを発見したり，構築・強化することを重視する立場が生まれた。この立場を分かりやすくいうと，本当の実力を身につければ，どのような状況でも存在し，活躍できるという考え方である。実際に，自己の能力に自信がある主体は，外在的な環境は考慮するが，制約とは考えない傾向がある。

　もちろん現実には，内部環境と外部環境のいずれもが，主体の存在や活動について何らかの影響を与える。しかし，相対的にみると，内部環境による影響のほうが大きい状況，あるいは，外部環境による影響のほうが決定的である状況があるのも現実である。そこで，実践的な環境分析においては，内部環境と外部環境を安易に同等視するのではなく，相対的な重要性についても考慮するべきである。

6　環境に関わる政策課題

検討課題の背景

　ここでいう「環境に関わる政策課題」とは，自然環境や生活環境に関わる政策課題ということではない。ここでは，主体の存在や活動に影響を与える要素について，分析し，改変することがどこまで可能か，そして，そのためにどれほどの費用を要するのか，さらに，その費用を誰がどのように負担するのか，という問題について簡単に説明したい。

最適な環境分析の範囲・水準・精度

　現実に，様々な環境要素を発見し，情報を集め，分析するためには，金銭だけでなく，時間や労力といったことまで含めて費用が掛かる。ところが，政策の議論において，このような費用を無視する人がいる。そして，費用を無視するならば環境分析を拡大・深化し続けることが最適となるため，完璧な環境分析を要求する。つまり，「調査不足でした」「想定外でした」といった言い訳は許されないことになる。しかし，いうまでもなく，現実には費用が掛かるため，

完璧な環境分析は不可能であるし，そもそも追求するべきではない。

　一方で，環境分析の意義を全く認めない人もいる。このような人たちは，楽観論や怠慢，惰性を優先して，環境分析を放棄してしまう。しかし，環境とは，主体の存在や活動に影響を与える要素であるから，これを理解しなければ存在や活動を脅かされることになる。従って，環境分析を完全に放棄することも望ましいとはいえない。

　そこで，環境分析は，完璧を要求するのでもなく，完全に放棄するのでもなく，その中間として最適な環境分析の範囲・水準・精度を設定すべきである。ただし，それほど厳密に考える必要はなくて，環境分析について完璧追求と完全放棄の両極端を排除するだけでも大きな効果がある。

環境分析の費用の分担

　環境分析の最適化が困難な理由として，環境分析の費用の分担の問題を指摘できる。しばしば，環境分析の費用は埋没費用となるし，その成果は複数の主体間で共有可能となる。そして，環境分析の成果が共有可能であるならば，自分自身では費用負担せずに，他者の分析成果をタダで利用（フリーライディング）するような主体が現れる。

　このため，最適な環境分析の範囲・水準・精度を設定できたとしても，そのための費用をどのように分担するのか，という問題が発生する。この問題を適切に解決できないと，フリーライディングが横行して，環境分析をまじめに実施する主体がいなくなってしまうこともある。

　環境分析の費用の分担に伴う問題を解決する方法はいくつかある。具体的には，関係する主体による共同調査，自治体や官庁による公的な調査・分析，マスメディアや民間調査機関，コンサルティング企業による集約化やパッケージ化などが挙げられる。

　念のためだが，他主体による環境分析の成果をタダで利用することは，法的にも倫理的にも必ずしも悪いことではない。現実にこのような現象が発生することを理解して，自分自身がどのように対応するのかを検討することが重要である。

┌─ Point ─────────────────────────────────────┐
　より適切な環境分析を実行するためには，環境分析の費用の分担という問
　題を理解し，対応することが求められる。
└───┘

7　まとめ

　この章では，主体と環境との関係を改めて確認したうえで，環境分析のため
の主要な手法を紹介した。これらの手法は，具体的で分かりやすく見える。た
だし，繰り返しになるが，ある分析手法が「良い」かどうかは，設定した目的
に貢献するかどうかで判断される。従って，ここで紹介した手法をそのまま理
解して機械的に適用するだけでは限界がある。目的に照らして，身につけた分
析手法を修正したり，ここで紹介されていない分析手法を習得したりすること
で，環境をより適切に理解し，より有効に操作することに繋がるような環境分
析を心がけてもらいたい。

第10章

主体：個人

　ここからは主体について説明するが，まずは，最も身近な個人について取り上げる。個人は人間である。人間については直観的に理解できる気がする。ところが，人間だからこそ容易に分からないこともある。そもそも人間とはいかなる存在なのか。人間は何を考え，どのように行動するのか。そして，人間に関連する政策課題をどのように把握し，切り込んでいくのか。いずれも一筋縄では対応できない難問である。しかし，政策について考えるうえで個人が重要であることは間違いない。そこで以下では，難しくなりすぎないことを意識しつつ，個人について掘り下げて考えていこう。

1　個人とはなにか？

個人の基本的な位置付け

　個人とは，（基本的には）単体の人間である。人間であるから，自分自身や知っている人物を投影することで具体的なイメージを描きやすい。また，個人は社会の基礎と位置づけられるが，このことも日常的な議論や肌感覚に馴染みやすい。

　このように，個人についての議論は分かった気になりやすい。しかし改めて考えてみると，個人は，人間であるからこそ，認識することも，理解することも，操作することも簡単ではない。人間は，曖昧で，複雑で，流動的で，矛盾した存在である。掘り下げて考えようとすると底なし沼のようにどこまでも深みにはまっていくような難しさがある。

　他の学問分野では，人間のごく一部の側面に焦点を絞って，逆にいうと焦点を当てない側面は大胆に切り捨てて，限定的な人間像を想定する。このため，たとえば，哲学が想定する人間と，経営学が想定する人間と，遺伝子工学が想

定する人間は，それぞれに異なる。そして，切り捨てた側面については「他の学問分野に任せた」というスタンスをとる。ところが，総合政策学は，総合性を重視しているために（少なくとも安易には）いかなる側面も切り捨てることができない。

　そこで以下では，個人について，考慮すべき論点をいくつか紹介する。

どこまで細分化して考えるか？

　社会における主体は個人と組織に分けられる。しかし，組織をさらに細分化していくと，いずれは個人に行き着く。つまり，組織は便宜的に主体として取り扱われるが，究極的には個人を構成要素とする。従って，社会は組織と個人を構成要素とし，組織も究極的には個人を構成要素とするのであるから，社会を細分化していった基礎となる構成要素は個人であるといってよい（**図表10-1**：上半部）。

　ところが，個人は人間であるとして，さらに細分化して，その構成要素を見つけ出し，検討することもできる。たとえば，個人（＝人間）の構成要素として，身体，心理・精神，脳神経や遺伝子などがある（**図表10-1**：下半部）。個人（＝人間）の存在や活動が，これらの構成要素の影響を受けることは間違いない。

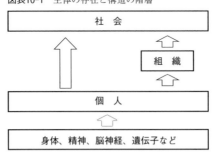

図表10-1　主体の存在と構造の階層

　では，政策の議論において社会を理解し操作するうえで，どこまで細分化して考えるべきだろうか。これは単なる思考遊戯ではない。現実に，個人（＝人間）の構成要素に着目する政策がすでに実践されている。たとえば，個人の生活改

善あるいは生産性の向上のために，身体や心理・精神に着目した政策が推進されている。また，外見的特徴や遺伝子に着目して人間を評価（さらには選別）し，社会改良に結びつける思想や研究もある。近年では，脳神経や遺伝子に着目した人間研究が進み，政策への応用が図られている。より具体的な例として，日本の刑法第39条や第41条は，生物学的要件や心理学的要件によって罪に該当する行為への個人の責任を限定する（要は減刑する）ことを認める。

　このように，個人の構成要素に焦点を当てた議論は，すでに政策に適用されてもいる。しかし，それでも通常は，個人の構成要素そのものは主体と位置づけない。なぜなら，精神や遺伝子は，個人に影響を与えるものの，それ自体は意思や目的を持たず，能動的な基点ないし中心となる要素とはいい難いからである。このため，個人の構成要素は，主体ではなく，個人に対する環境（内部環境）として捉えることになる。

　ここまでの議論は次のようにまとめられる。

Point

社会を細分化した構成要素は個人であるが，さらに個人（＝人間）を身体，心理・精神，遺伝子等の構成要素に細分化することができる。

しかし一般に，個人（＝人間）の構成要素は，主体ではなく，個人に対する（内部）環境と捉える。

人間とはなにか？

　前項では，「個人＝人間」ということを前提としていた。では，人間とは何だろうか。まず，以下の Work に取り組んでもらいたい。

Work

　特定の政策の議論において，以下の存在は，主体としての人間のように取り扱われるべきだろうか。あるいは，実際に主体としての人間のように取り扱われる／取り扱われる状況があることの意味や問題点を指摘せよ。

　　他国籍者，死者，未成年者，障害者，クローン人間，イルカ

　　AI，企業，国家

※　正解はないが，「キレイゴト」に流されずに，じっくりと検討してもらいたい。

　このWorkから，とくに意識しないままに，「人間」の範囲が揺れ動いていることに気づいてもらいたい。生物学的に「人間」でありながら人間として（完全には）取り扱われないこと（「人間」の範囲の限定）もあるし，生物学的に「人間」ではないものを人間のように取り扱うこと（「人間」の範囲の拡張）もある。[1]以下，もう少し詳しく見てみよう。

「人間」の範囲の限定

　現実に，全ての「人間」が，あらゆる状況で十全に，主体として扱われているわけではない。すなわち，「人間」の範囲が限定されることがある。これは，少なくとも政策の議論に関しては，自然なことであるし，場合によっては必要なことである。たとえば，ある自治体が政策を検討するとき，世界中の人間を考慮するわけではないし，する必要もない。

　一方で，「人間」の範囲の限定が論争の的になることもある。たとえば，参政権・選挙権は，いわゆる普通選挙だとしても，国籍・年齢・性別・居住地・所得などを基準として，全ての人間に与えられるわけではない。あるいは，障害者や犯罪者の人権（個人が人間として存在・活動する権利）を軽視する風潮もある。しかし，このような現実に対して，激しい批判あるいは論争が繰り広げられてきた。

　「人間」の範囲の限定は，現実に広くみられるが，いまだに流動的であるといってよい。ただし，いずれの立場をとり，どのように議論するとしても，「人間」の範囲の限定にあたって，どのような人間が，なぜ，どのように制限・排除されるのかを意識的に明らかにするべきである。

Point

「人間」の範囲の限定は，現実に広くみられる現象であるが，批判・論争も
---

(1)　じつは，生物学的な「人間」の範囲も容易に確定できない。「人間」と「人間以外の生物」の違いにまで目を向ける必要がある（E.O.ウィルソン（廣野喜幸訳）［1999］『生き物たちの神秘生活』徳間書店，133頁）。

ある。
「人間」の範囲の限定については，その具体的内容や条件を明示するべきである。

Work ☆

以下の事件に関する問いについて検討せよ。

　2016年7月，神奈川県相模原市の障害者施設において，利用者ら19人が殺害されるという事件が起きた。犯人は，同施設の元職員であった経験を踏まえて「意思疎通すらできない重度の障害者は，周囲に不幸をもたらすだけなので，安楽死させるべきである」と主張した。この事件は，被害者数の多さもさることながら，犯人の主張そのものが社会に衝撃を与えた。「他者に対して幸福よりも不幸を生み出す存在は，人間として認められない／認めるべきではない」という論理に対して，同調する意見が寄せられた一方で，有効な反論がほとんど見られなかった（「ダメに決まっている」という義務論や感情論が多かった）。そこで改めて検討してもらいたい。

　　　他者に与える幸福（の絶対値）　＜　他者に与える不幸（の絶対値）

となる人間の存在や活動は限定されるべきか，また，そのように判断する根拠はなにか？

　※　このWorkについては先入観を排除するため，章末にコメントを付けている。

「人間」の範囲の拡張⑴：生物の擬制的な人間化

　生物学的に「人間」ではない存在，さらには，生物ですらない存在について，擬制的に「人間」として取り扱う，すなわち，「人間」の範囲が拡張されることがある。

　まず，人間ではない生物について考えてみよう。犬，猫，イルカ，その他の哺乳類，動物，虫，植物，細菌などの生物を，個人と同等以上の主体として取り扱うことがある。さらに，一部の生物（たとえば，犬，猫，イルカ）は認めるが，他の生物（たとえば豚，ダニ，病原菌）は認めないというような立場もある。

　生物とりわけ動物について擬制的に人間として取り扱う思想は，すでに現実の政策と結びついている。1990年代から世界各国で動物を主体として捉え，そ

の権利を認めて法制化する動きがみられた。日本でも，1999年に「動物の愛護及び管理に関する法律」が制定され，さらに，2000年に決定された「地球憲章」は「地球と多様性に富んだ全ての生命を尊重しよう」と謳っている。

　しかし，生物の擬制的な人間化は，総論的にはともかく，具体的な議論は錯綜している。多くの議論の出発点は，「自分が好きだから」「自分が可哀そうだと思うから」であって，自分という存在が前提となっている。あるいは，「全ての生物は（人間を含めて）神の下に平等」という思想も，その特定の思想を信仰する人間に依存している。議論のための普遍的な基盤があるわけではない。このため，「いかなる生物についてどこまで人間として認めるか」という実際的な議論については収拾する目途すら立っていない。

　そこで，実践的な政策という観点からは，まず，全ての人にとって満足のいく合意を得るのは極めて困難であると認識すべきである。そのうえで，性急に正解を求めるのではなく丹念に議論を進めることになる。当たり前でつまらない結論となるが，この当たり前でつまらない結論を正面から受け容れる必要がある。実際に，「動物の愛護及び管理に関する法律」の2005年改正に向けた検討会において，第1回の議事概要の冒頭で「「愛護」をどれだけ理性的に整理できるかがポイント。「原理論」だけでは，意見の対立を必要以上に招きがち」と指摘されている。

```
┌─ Point ──────────────────────────────────┐
│  生物の擬制的な人間化は広く受け入れられ，政策に組み込まれている。     │
│  しかし，具体的な議論は錯綜しているため，冷静かつ丁寧な議論が求めら   │
│  れる。                                                      │
└──────────────────────────────────────────┘
```

「人間」の範囲の拡張(2)：非生物の擬制的な人間化

　日常的な会話や議論では，生物ですらない何かを個人（＝人間）のような主体と擬制することがある。

----

(2)　厳密にいうと，1973年に制定された「動物の保護及び管理に関する法律」の内容が拡充され，改称されたのがこの年になる。

(3)　環境省「動物の愛護管理のあり方検討会」第1回（平成16年2月6日）「議事概要」。

　たとえば，国家や企業といった組織，市場や司法などの制度，機械などの物体，自然や天体，物質などが，人間のように取り扱われることがある。「思いやりのある政府」「マーケット（金融市場）が反応する」「人形が悲しむ」「自然が牙をむく」といった表現は珍しくない。ただし，もちろん，これらが表現に過ぎないのであればなんら問題ない。

　しかし，これらの擬制が，単なる表現とはいえない意味や効果を持つことがあるため，政策に関わる議論では注意する必要がある。たとえば，「大企業に虐められる可哀そうな中小企業」といった表現に引きずられて，「虐めは悪い」「大企業に罰を与えよう」といった主張があるが，これはなにを意味しているのだろうか。ある企業が，より高品質，より低コストを求めて，取引相手の企業に難しい要求をしたり，取引を停止することを「虐め」と呼んだりすることはそもそも妥当なのだろうか。また，虐めている大企業の従業員（あるいは経営者）よりも，虐められている中小企業の従業員（あるいは経営者）のほうが高い給料をもらっていることもある。あらためて問うが，「大企業に虐められる可哀そうな中小企業」とはなにを意味しているのだろうか。

　非生物を擬制的に人間化する議論においては，その背後にまで目を向けるべきである。そこには，非生物を人間として擬制する（リアルな）人間が潜んでいることが多い。ただし，この（リアルな）人間は，悪意を持って擬制化しているとは限らない。むしろ，深く考えずに，感覚的に，非生物を人間に擬制していることのほうが多いかもしれない。だからこそ，政策の議論では，「人間」の範囲を非生物にまで拡張する見解には注意が必要である。

Point

非生物にまで「人間」の範囲を拡張する議論については，その背後に潜む（リアルな）人間を見通すことが求められる。

Work

ある小惑星が地球に衝突することは，地球を苦しめ，悲しませることになり，その小惑星が地球を虐めているといってよいか，検討せよ。

2　個人の分類

個人の分類と政策

　前節では，主体としての個人（人間）とはなにかを考えた。そこでは，個人そのものは画一的であると想定してきた。しかし，当然ながら，個人は極めて多様性に富んだ存在であるため，個人を分類することは可能である。さらに，個人を分類することが可能であるとしても，それが望ましいこともあるが，望ましくないこともある。

　そこで以下では，政策という観点から，個人をどのように分類できるか，個人の分類はどのようなメリットとデメリットないしトラブルをもたらすのかについて説明していく。

属性に基づく分類

　分類は，通常，何らかの属性に着目して行われる。個人を分類するための属性としては，「性別」「年齢」「所得・資産」「職業・身分」「居住地域」「国籍・人種・民族」などが使われることが多い。しかし，ここで挙げた項目は例示に過ぎず，他の多様な項目も目的や状況に応じて柔軟に利用することになる。実際に，大学で学生を分類するときは学部・学科や学年を使うことが多いだろうし，自治体が保育園の入園選考する場合は保護者の就業形態や兄弟の有無に着目するかもしれない。

　そもそも重要なのは，分類のために着目する属性のリストではなく，分類することの目的である。つまり，何のために分類するのか，分類することにどのような効果を期待するのか，という意図が明らかにならなければ，分類のための属性が適切かどうかも判断できない。

> **Point**
>
> 個人を分類するに当たっては，分類する目的に照らして，適切な属性を判断する。

受益主体としての個人の分類

　個人を分類する目的のひとつに，政策の有効性を向上させたい，ということがある。

　政策の効果は，全ての個人に均等にもたらされるのではなく，個人間で異なるのが普通である。たとえば，育児支援政策は幼児や未就学児がいる家庭に大きな効果をもつ。あるいは，観光振興政策は特定の地域に効果が集中するし，さらにいうと，同じ地域内でも産業や詳細な立地によって差異が生まれる。

　そこで，受益主体としての個人を分類し，分類と政策とを適切にマッチングすることで，政策の有効性を向上させることを企図する。この意味を数値例で説明してみよう。

　たとえば，ある地域で，X，Y，Zという3つの政策を検討している状況を考えてみよう。これらの政策の効果（メリット）を世代分類ごとに測定したものが**図表10-2**である。なお，この政策には，ひとつの世代について30の費用（デメリット），全ての世代だと合計で90の費用が掛かるとする。従って，全世代計で効果が90を下回る政策は実施しない方がよいことになる。このため，政策対象となる個人を分類しないならば，いずれの政策も放棄するべきである。しかし，個人を分類して，政策Xは「60代〜」に焦点を絞り，政策Zは「〜20代」に限定すると，それぞれ費用を上回る効果が見込まれる。つまり，個人を適切に分類して政策の対象を適切に絞り込むことで，政策の有効性が向上して，かつ費用を抑制することで，実施が正当化される。しかし同時に，政策効果について，大きな偏りを生み出している。

図表10-2　ある地域における世代分類別の政策の効果

政策＼分類	〜20代	30〜50代	60代〜	計
X	0	0	60	60
Y	20	20	20	60
Z	50	10	0	60

Point

受益主体としての個人を分類し，分類ごとに適切な政策をマッチングさせ

163

　ることで，政策の有効性を向上させることができる。

　しかし同時に，政策効果の偏りを生み出すことになる。

政策のニーズとシーズ

　個人と政策とのマッチングを検討する際には，ある政策についての，受益主体のニーズと活動主体（政策主体）のシーズに着目すると整理しやすい。

　ニーズ（欲求）とは，政策を通じて実現して欲しいことを意味する。たとえば，交通機関を整備して欲しい，医療制度を拡充して欲しい，景気を拡大して欲しい，といったニーズがある。一方，シーズ（種子）とは，政策を実現するための手段や資源を意味する。たとえば，補助金による活動支援，立法による義務や権利の明確化，といったシーズがある。

　さらに，ニーズとシーズとのマッチングは，「既存」と「新規」に分けて考えると進めやすいことがある。[4]「既存」とは既に認識あるいは実行されていること，「新規」とはこれから発見あるいは実行することを意味する。ニーズとシーズのそれぞれについて「既存」と「新規」に分けると，4つの状況に整理することができる（**図表10-3**）。

　まず，既存のシーズと既存のニーズの組みあわせ（①）は，いままで通りのマッチングを意味する。この状況では，新たなマッチングを探ることよりも，現行のマッチングを充実させることが求められる。

　次に，既存のニーズに対して新規のシーズを検討する状況（②）がありうる。たとえば，「地域で孤立しがちな高齢者に交流の場が欲しい」というニーズを前提とすると，既存のシーズとしては公民館やNPO施設などが思い浮かぶ。しかし，このニーズに対応する新規のシーズの候補として，図書館，学校，喫茶店，コンビニ，駅さらには，ネットの掲示板やSNSなども思いつくかもしれない。

　あるいは，既存のシーズのもとで，新規のニーズを探すこと（③）もできる。たとえば，警察は大昔から存在してきた政策のシーズのひとつである。そして，かつては，対応するニーズの中心は犯罪者の摘発や抑止であったかもしれない。ところが現在では，事故の調査，私人間のトラブルへの介入，交通整理，生活

---

(4)　厳密には，「既存（の維持）」と「新規（の拡大）」以外に，「（既存の）縮小」もあるが，ここでは簡単化のために省略している。

図表10-3　ニーズとシーズのマッチング

シーズ＼ニーズ	既　存	新　規
既　存	①	②
新　規	③	④

支援など，多様なニーズに新規に対応するようになっている。[(5)]

　最後に，ニーズとシーズのいずれもが新規となるマッチング（④）もありうる。これは，たとえば，これまで想定されていなかった新たなニーズが顕在化したが，従来のシーズでは適切に対応できないために新たなシーズの開発が進められる状況などが考えられる。実際に，感染症の拡大防止というニーズが生まれた時に，これまで存在しなかった新規シーズを開発して対応を試みたという事例がある。

　このように，既存と新規という視点を導入することで，ニーズとシーズのマッチングを推進しやすくなる。あるいは，重複あるいは類似するニーズやシーズを発見することで，政策の統合や差別化を議論しやすくなる。

Point

政策について，個人のニーズと政策のシーズ，既存と新規という視点を導入することで，マッチングを的確かつ円滑に推進しやすくなる。

活動主体としての個人の分類

　個人は，受益主体としてだけでなく，活動主体として分類されることもある。分類されたカテゴリーごとに行動様式を把握して，政策の設計や実行に利用する。

　たとえば，自動車の運転者（という活動主体としての個人）を考えると，年齢，性別，職業といった属性によっていくつかのカテゴリーに分類できる。そして，あるカテゴリーの運転者について「注意力散漫，自信過剰，判断遅延頻出，操

---

(5)　ただし，日本の警察は，明治期において内務省の実働部隊として発展したため，戦時中までは対応範囲はかなり広かった。戦後の（旧）警察法によって業務内容が大きく限定されたのが，近年になってまた拡大してきたというべきかもしれない。

作ミス頻出」といった行動様式を把握できれば，より特定的で有効な政策を開発できる。

行動様式に基づく分類

　活動主体としての個人を分類するうえで，個人の属性ではなく，直接的に行動様式に着目して分類することもある。たとえば，性別といった属性が同一でも，消費行動や投資行動がかなり異なることときは，属性ではなく行動様式に基づいて分類するほうが，政策を検討するうえで役に立つことがある。

┌─ Point ─────────────────────────────
　活動主体としての個人を分類するにあたって，属性ではなく行動様式に着目することが役に立つことがある。
└────────────────────────────────

イノベーター理論

　ここでは，行動様式に着目して個人を分類する考え方として，「イノベーター理論[6]」を紹介する。イノベーター理論では，新しい財・サービスや思想などへの受容行動に着目して，個人を以下の５つに分類する（図表10-4）。そして，新しい財・サービスや思想の普及は，この分類Aから順に分類Eへと段階的に進んでいくと主張する。

図表10-4　受容行動に基づく個人の分類

	分　類	内　容
A	イノベーター（革新者）	新しいものを自ら発見し，採用する
B	アーリー・アドプター（早期追随者）	自ら発見はしないが情報感度が高い
C	アーリー・マジョリティ（早めの多数者）	流行に乗ることを望む
D	レイト・マジョリティ（遅めの多数者）	社会の過半が動けば追随する
E	ラガーズ（頑固者）	社会のほとんどが動いたあとでようやく動く

───────────────────
(6)　E.ロジャーズ（三藤利雄訳）［2007］『イノベーションの普及』翔泳社。

　イノベーター理論はいくつかの興味深い視点を提供してくれる。

　第一に，分類AからEまでスムーズに移行するとは限らないということである。次の分類に移行する閾値を超えられずに，たとえば，分類AからBまでは到達したが，分類Cが追随するほどには受け容れられなかった場合は，そのまま消滅してしまうこともある。

　第二に，到達した段階によって，普及を促進する手法は異なることがある，ということである。分類AやBの段階では閉鎖的な関係性のなかで尖った提案をするほうが普及を促進するかもしれない。一方，分類DやEの段階では開放的なメディアで安心感のある表現を用いて，「すでに皆が受け容れている」ことを強調することが望ましいかもしれない。

　第三に，政策の目的に照らすと，普及を拡大させないことが望ましいこともありうる。つまり，政策として，100％の普及を目指さないこともありうる。たとえば，分類DやEへの普及を促すことは，費用に対して十分な効果を見込めないこともありうる。

　具体的な事例として，2020年頃から流行した新型コロナ・ウイルスに対するワクチン接種の普及への取り組みを紹介する。この取り組みは，2021年頃に菅義偉政権のもとで推進された。このとき，最初に，医療従事者のように優先的に接種が進められる人たち，および，副反応リスクが高くて接種を回避すべき人たちが選別された。その後，一般の人々への接種を拡大するにあたっては，接種を早く受けたい人，様子見したい人，忌避・拒絶する人が混在していた。さらに，社会全体として，接種推進派と接種反対派との対立が見られた。

　イノベーター理論に即して考えると，まず，全員が一斉にワクチン接種することはありえない（従って，段階的に進めるしかない）ことを大前提として，個人ごとにワクチン接種に対する受容行動に違いがあるのは当然のことだと認識することから始める。そして，受容行動の違い（の分布）を把握し，いくつかのカテゴリーに分類したうえで，カテゴリーごとの接種普及政策と，次のカテゴリーへの移行政策を検討するべきであった。

　後から振り返ってみると，アーリー・アドプターに当たる個人が予想以上に多く，限られた接種枠に多数の希望者が殺到して混乱が発生した。また，アーリー・アドプターから，アーリー・マジョリティ，さらにレイト・マジョリティ

への移行は比較的スムーズに行われた。ところが，一部の政治家による，ラガーズ（接種を忌避・拒絶する人）が多くて接種普及が進まないかのような発言があった。現実には，接種を希望しているのに枠がなくて接種できない人が多かったのであるから，この発言は反発を買うことになった。

　もちろん，当時においては，ワクチン接種に対する受容行動の分布を正確に把握することは困難であった。それでも，イノベーター理論を知っていれば，混乱や対立をもっと抑制できた可能性がある。

Point

新しい財・サービスや思想の普及を目的とするとき，受容行動の違いに着目して個人を分類し，分類されたカテゴリーごとの政策と，カテゴリーを移行させる政策を検討する考え方（イノベーター理論）は有益である。

集団としての個人

　個人を分類するだけでなく，さらにその分類に基づいて集団を形成することがある。個人は「単体としての人間」であるから，本来ならば，集団としての個人とは分けて考えるべきである。しかし，現実に，単体としての個人と集団としての個人が混同されることが多く，さらに政策課題になることもある。ここでは，仲間集団，機能集団，圧力集団という3つの「個人の集団」を説明する。

　まず，仲間集団とは，親和感を求めて結びついた個人の集まりである。人間である個人は，親和感を抱く仲間を求める傾向をもつ。そして，親和感を抱く個人どうしが感覚的に結びついて，自然発生的に集団を形成することがある。このため，基礎集団と呼ばれることもある。また，親和感の源泉としては，家族や血縁だけでなく，出身地・居住地，所属組織，趣味，性格などが挙げられる。この集団を構成する個人は，友人あるいは（擬似的な）ファミリーだと考えるとイメージしやすいかもしれない。また，集団形成の核となるのは当事者間での親和感であるため，仲間集団どうしで対立する必然性はないし，同一個人が複数の異なる仲間集団に参加することもできる。そして，集団形成の鍵は各個人が抱く親和感であるから，これを喪失すると集団からの離脱や集団の解体

が進むことになる。

Point

仲間集団とは，親和感を求めて結びついた個人の集まりである。

この集団を構成する個人は，友人あるいは（擬似的な）ファミリーだと考えるとイメージしやすい。

　次に，機能集団は，複数の個人を集めて構造化することで，単独の個人では不可能な機能を，可能にすることを意図して形成される。これは，役割分担，協働・共同作業あるいは分業，コラボレーションといった用語と結びつけられる。具体的には，特定の機能を発揮するために，複数の個人を集め，適材適所に配置し，活動の内容を調整するための計画や管理を伴うような集団である。理想的な機能集団は，合理的組織や公式組織と呼ばれることもある。また，この集団を構成する個人は，同僚あるいは上司－部下（主人－従者）だと考えるとイメージしやすいかもしれない。

　注意すべきことに，機能集団において「集めて構造化」する対象は，究極的には人間ではなく，活動ないし機能である。このため，より良い機能を果たすのであれば，現行の個人を別の個人に置き換えてもよいし，人間を動物や機械に置き換えてもよい。個人としても，自分の活動・機能を正当に評価しない集団からは離脱することが望ましい。さらに，機能集団が機能を十全に果たせなかったり，機能そのものが陳腐化したりすると，集団が解体されることになる。

Point

機能集団は，複数の個人を集めて構造化することで，単独の個人では不可能な機能を，可能にするような個人の集まりである。

この集団を構成する個人は，同僚あるいは上司－部下（主人－従者）だと考えるとイメージしやすい。

　最後に，圧力集団とは，参加する個人の数と凝集性を背景として他の主体に影響を与え，それによって自分たちの主張を実現することを企図して形成され

る。なお，凝集性とは「まとまり」を意味する。あるいは，集団の構成員である個人の忠誠心が高いことといってもよい。この種の集団を構成する個人は，同志だと考えるとイメージしやすい。そして，凝集性（あるいは忠誠心）が高いほど，集団が対外的に発揮する圧力は強くなる。

　注意点として，まず，圧力集団の存在や活動・成果（影響力）は，その集団が掲げる主張の正しさとは直接的には結びつかない。つまり，主張が正しいから集団が形成され，影響力を発揮するとは限らない。あるいは，影響力をもつ主張が正しいとも限らない。

　次に，圧力集団が掲げる主張は，政治的，思想的，宗教的なものに限定されない。金銭的な利益や，特定の趣味・嗜好に関する主張でも構わない。

　最後に，最も重要な注意点として，圧力集団を構成する個人の数と凝集性は背反する傾向がある。つまり，数を多くすると，構成員の多様性が拡大して，凝集性が低下する。逆に，凝集性を高めるためには，僅かにでも異なる主張を持つ個人を排除することになる。このため，圧力集団が長期的に強大な影響力を維持することは困難であることが多い。

Point

圧力集団とは，参加する個人の数と凝集性を背景として他の主体に影響を与え，それによって自分たちの主張を実現するような個人の集まりである。
圧力団体は，個人の数と凝集性を長期的に両立することは難しい。
この集団を構成する個人は，同志だと考えるとイメージしやすい。

　この項の最後に，個人を分類して形成する集団間の関係を述べておく。ここで解説した，仲間集団，機能集団および圧力集団は，それぞれに存在も活動も異なるが，相互に排他的ではない。むしろ，これら三種類の集団は，相互に重なり合ったり，相互に転換したりすることがある。たとえば，ある家族は親和感に基づいて形成される仲間集団であるが，買い物，掃除，洗濯などの役割分担が構造化されれば機能集団でもあるし，隣家との騒音トラブルに対応する場合は圧力集団としての性質も持つことになる。また圧力集団は，それだけでは長期的に存続・発展しにくいので，仲間集団や機能集団としての性質を取り込

むことがしばしば試みられる。これら三種類の集団の重複や転換を，特定の主体が意図的に行う場合については，4節において改めて触れる。

3　個人の活動

個人の主要な活動

　個人は様々な活動に従事する。主要なものとしては，購買・消費活動，生産・販売活動，就業・労働活動，経営・管理活動のほか，起業，投資，学習，余暇，出産・育児などの活動も行う。そして，これらの活動に取り組む個人は，それぞれ順番に，消費者・顧客・需要者，生産者・販売者・供給者，就業者・労働者，経営者・管理者，起業家，投資家などと呼ばれることもある。個人と呼ばれなくても，じつは個人を指していることは少なくない。

個人の活動の目的

　個人が活動を行う目的について具体的に考えると，消費者としては「美味しいものを食べたい」「オシャレしたい」，労働者としては「賃金を稼ぎたい」「やりがいを感じたい」，経営者・管理者としては「業績を拡大したい」「チーム成果を出したい」といったものが挙げられる。

　しかし，個人の活動を統一的に把握しようとすると，結局のところ，その目的は「幸せになりたい」「満足感を拡大したい」とまとめることができる。そこで，個人が感得する最終的な幸せや満足感をまとめて「効用」と呼ぶことにする。

定義▶▶個人の活動の目的

個人が感得する幸せ・満足感を「効用」と呼ぶ。
個人は，効用の獲得・最大化を目的とする。

個人の意思決定

　主体が，自らの態度や行動を決定することを意思決定と呼ぶ（第8章5節）。個人の場合は，自らの効用をできるだけ最大化するように，先に紹介したような

活動の内容や程度を決定することが，個人の意思決定ということになる。そして，基本的な意思決定は，以下のプロセスを辿るものと想定できる（**図表10-5**）。

このプロセスは，まず，達成すべき目的について確認することから始まる。すなわち，効用の内容や発生条件を理解する。次に，効用を最大化するうえで考慮すべき要素を把握する。自らの知識や能力といった内部環境，協力者や対抗者，自然環境などの外部環境を分析し，自らの存在と活動にどのような影響を与えるのかを検討する。続いて，これらを踏まえて，適切だと判断した態度や行動を選択し，実行する。そして，態度や行動を選択した後に発生する影響を受けて，最終的な効用が確定する。

図表10-5　個人の意思決定プロセス

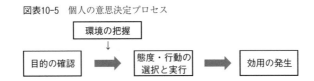

個人の意思決定プロセスについては，ここで提示したものが唯一絶対というわけではなく，他にも様々なものが提案されている。たとえば，情報獲得のプロセスを拡充するモデルや，態度や行動の選択と実行を分離するモデルなどもある。ただし，複雑なモデルは理解や操作が難しくなるので，ここではごく基本的なものを設定している。

個人の意思決定が直面する環境

個人は，自らの効用が最大になるように意思決定するが，最終的に理想的な成果が実現される保証はない。環境から様々な影響を受けて，理想から逸脱してしまう。このように，主体の理想実現を妨げるような環境要素を「制約条件」と呼ぶ。

定義▶▶制約条件

主体による最適な意思決定を妨げるような要素を「制約条件」と呼ぶ。

　個人が直面する制約条件はいくつかあるが，ここでは主要なものとして，不完全情報，主体間の相互作用，および，限定合理性を紹介する。

　不完全情報とは，焦点を当てる主体が，活動とその成果に影響を与える要素について「よく分からない」という環境である。たとえば，宝くじを買うとき，そのくじが当たりかどうか分からない，当たりがどれほどの効用をもたらすかも分からない。このため，効用を最大化するような意思決定が妨げられることになる。

　主体間の相互作用とは，第8章5節において説明したが，主体の存在や活動が互いに影響を与えることを意味する。たとえば，二人三脚という競技は，速く走る（効用を最大化する）ためには，ペアの間で強力な相互作用が働く。このため，自分だけで最適な意思決定をすることはできない。相手が同調しなければ効用最大化に失敗する。

　不完全情報と相互作用は外部環境としての制約条件であるが，内部環境となる制約条件もある。たとえば，利用可能な資金や時間，個人自身の能力が足りないために，効用の最大化が困難となる場合がある。このなかでもとくに難しいのが，適切に意思決定する能力そのものが不足することである。これを「限定合理性」と呼ぶ。

定義▶▶限定合理性
限定合理性とは，適切に意思決定する能力が不足することを意味する。

　合理性とは，設定された目的に合致することを意味する。従って，個人の意思決定の場面では，効用の最大化という目的に合致するような行動を適切に選択できるのであれば，合理性があるといわれる。しかし，現実の人間は，完全な合理性をもつことはありえない。予断や錯誤を排除することはできないし，獲得した情報を正しく理解することも難しい。このため，どうしても適切な行動から逸脱してしまう。たとえば，ランチをどこに食べに行くかという単純な意思決定ですら，確実に効用を最大化していると断言できる人はほとんどいないだろう。さらに，不動産の購入，就職，結婚，経営判断といったより複雑な意思決定においては，限定合理性がより深刻になってくる。

┌─ Point ────────────────────────────────────┐

現実には，不完全情報，主体間の相互作用，そして，限定合理性などの制
約条件によって，主体による適切な意思決定が妨げられる。

└──┘

4　個人に関わる政策課題

活動主体あるいは受益主体としての政策課題の整理

　個人に関わる政策課題は多岐にわたるが，活動主体と受益主体とに分けると
整理しやすい。すなわち，個人に関わる政策課題とは，個人が活動主体として
問題を引き起こす状況，および，個人が受益主体として問題に巻き込まれる状
況として捉えられる（図表10-6）。

図表10-6　個人に関わる政策課題の整理

受益主体 活動主体	個　人	個人以外
個　人	個人が個人に 影響を与える	個人が個人以外に 影響を与える
個人以外	個人以外が個人に 影響を与える	個人とは関わりがない

　たとえば，選挙の投票は，活動主体としての個人による投票行動が，個人お
よび個人以外に影響を与える状況として捉えられる。そこで，個人による投票
率の向上や，選挙前の情報収集の改善が政策課題となる。あるいは，労働環境
は，受益主体としての個人に焦点を当てることが多い。賃金や昇進，転勤，育
児休暇といった組織全体に関わる問題については，企業などの組織に制度の改
善を求めることになる。また，パワハラやセクハラの場合は，その活動主体と
なる個人の行為を修正すること，さらに，その修正を担保するための制度開発
を促すことが政策課題となる。

　個人に関わる政策課題に対処するためには，何が問題なのか，なぜ，どのよ
うに問題が発生するのかを把握する必要がある。その手始めに，その問題につ
いて，個人は，活動主体として意思決定の変更を求められる側なのか，受益主

体として状態の改善を与えられる側なのかを明確にするべきである。

Point

個人に関わる政策課題を把握するために，個人が活動主体として関わるのか，あるいは，受益主体として関わるのかを明確にするべきである。

個人の分類に関わる政策課題

　個人に特有の政策課題としては，個人を分類すること自体が焦点となることがある。

　すでに説明したように，個人は多様性をもつので，属性や行動様式に応じて分類することは，よりきめ細かな政策を可能とする。たとえば，りんごを欲しい人にはりんごを提供し，みかんを欲しい人にはみかんを提供することができるようになる。この場合，個人を分類することは，政策の有効性を向上するための区別に過ぎず，望ましいものである。

　ところが，個人を分類することが，個人の立場について有利・不利をもたらす場合もある。たとえば，りんごを欲しい個人にりんごを提供するが他の個人にはりんごを提供しないないような場合である。これは，単なる区別というより差別に繋がる。より現実的な事例としては，育児世帯を区別（優遇）した「児童手当」，持ち家所有者を区別（優遇）した「住宅ローン減税」，地方移住者を区別（優遇）した「Uターン（等）支援」などがある。この他にも，国籍，年齢，性別，居住地などに基づく区別が，差別を生み出すことがある。

　念のためだが，「差別はいけない」というのは簡単であるが，それだけではあまり意味がない。「では，どうすればよいのか」まで考える必要がある。差別を定義することすら容易ではないし，現実に直面する状況が差別に当たるかどうかを判断することも難しい。さらに，差別であることが確認されたとしても，差別が引き起こすデメリットよりも，区別がもたらすメリットのほうが大きいかもしれない。要するに，かなり掘り下げて考察しなければ，政策として何をどのように検討するのかも明確にならない。

　そこで，この時点では，個人を分類することは，それ自体が政策課題となるということを強調しておくに留める。

> ─ Point ─
> 政策効果の偏りを伴うとき，個人を分類すること，それ自体が政策課題と
> なりうる。

個人から構成される集団の操作

　2節で説明したように，個人による集団が形成されることがある。すなわち，
仲間集団，機能集団，そして，圧力集団などが形成される。これらの集団が，
単に分類されて，整理されて，考察の対象となるだけならば，とくに注視する
にはあたらない。

　ところが，特定の一部の主体が，個人の集団を，自らの思惑に沿うように操
作することがある。たとえば，仲間集団と機能集団の性質を混淆したり，隠蔽
あるいは欺瞞したり，仲間集団を圧力集団に転換したりすることがある。これ
らが一概に悪いとはいえないが，ある集団に参加する個人にとって，認識や思
考を歪められたり，当初とは異なる状況へと誘導されたりすることは，政策と
して対処すべき問題となるかもしれない。

「我々は99パーセントだ」

　個人から構成される集団の混淆や転換について，事例に基づいて考えてみよ
う。ここでは，「我々は99パーセントだ（We are the 99 percent）」あるいは「ウォー
ル街を占拠せよ」をスローガンとする運動について取り上げる。

　2011年，「我々は99パーセントだ」というスローガンのもと，1％の大富豪が
多くの所得を稼ぐ一方で，残る99％の普通の人々が低所得や差別に苦しんでい
る状況を批判する運動が展開された。この運動の起点はアメリカであったが，
世界中に拡散され日本でも広く紹介された。

　この運動では，主として所得に着目して個人が分類され，そのうえで「99％」
の個人の集団化が図られた。そして，若者，貧困，格差，抑圧，不安定，SNS
といったキーワードによって仲間集団としての親和感や連帯感を訴求しつつ，
「99％」という圧倒的多数派を示唆することで圧力集団としての影響力を発揮す
ることを意図していた。機能集団としての性質は弱かったため，よくいえば自
然発生的・自己増殖的に，悪くいえば無秩序に運動が拡大していったが，それ

でも結果として，所期の意図は一定の成果をあげたといってよいだろう。

Work

　上述のように，「我々は99パーセントだ」というスローガンは，個人による集団形成の鍵となった。これを踏まえて，以下の諸点を検討してみよ。

(1)　自分自身は「99％」に含まれていると思うか。

(2)　自分自身は「若者，貧困，格差，抑圧，不安定，SNSといったキーワード」に仲間集団としての親和感や連帯感を抱くか。

(3)　自分自身は「正社員，世帯年収800万円，既婚かつ子供有り，高学歴（大卒）といったキーワード」に仲間集団としての親和感を抱くか。

(4)　現代の日本に照らすと，99％にはどのような人たちが含まれるだろうか。実際のデータに基づいて個人を所得が少ないほうから並べて階層として分類し，その中から以下のa〜dの四つの階層を取り出した。これらの階層のどこまでが「99％」に含まれるか，まずは直観で回答し，さらに実際のデータ（図表10-7）を確認せよ。

　　a）所得200－300万円の人たち

　　b）所得500－600万円の人たち

　　c）所得1000－1100万円の人たち

　　d）所得1900－2000万円の人たち

(5)　現代の日本における実際のデータを前提とすると，「99％」を構成する人々は互いに親和感を抱くことができるだろうか（99％の人々は仲間集団といえるか？）。

(6)　「我々は99％だ」をスローガンとして形成された集団は，仲間集団あるいは圧力集団のいずれの性質を持つか。その検討の際，建前と実質，あるいは，形成段階と発展段階のように区分しても良い。なお，判断の根拠も明示すること。

(7)　「多くの仲間（潜在的な支援者を含む）とごく少数の強大な敵」という図式は，実践的な政策の議論においてどのように利用されるか，あるいは，利用されるべきか。

図表10-7　日本における所得の分布状況（2019年調査）

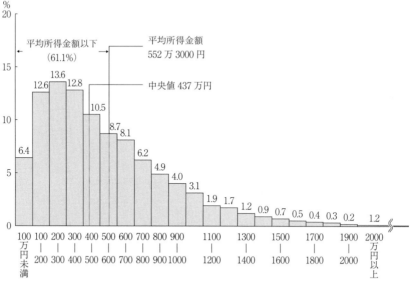

（出所）厚生労働省［2020］「2019年 国民生活基礎調査の概況」Ⅱ－図9

　このWorkにも正解や模範解答があるわけではない。あくまで，各人がじっくりと考え，そのうえで他の人々と議論すべきものである。このため，詳細に解説することは差し控える。また，資料そのものがかなり一面的であることに注意が必要である。

　とはいえ，実際のデータから確認できることは述べておく。**図表10-7**は2019年調査時点での日本の世帯別の所得分布を示している。このデータから分かるように，所得2000万円以下までの累積比率は約98.8％となっている。従って，⑷における階層a〜dの全てが「99％」に含まれる。

　このWorkを通じて最終的にいかなる見解に辿り着いても構わないが，その途中経過において事実を確認することは重視してもらいたい。ある集団は本当に親和感を共有する仲間集団なのか，あるいは，ある集団は本当に高い凝集性を備えた圧力集団なのか，といったことすら不明確なままでいると，自分が意図しない状況に嵌まり込む可能性が高くなる。たとえば，勘違いして（親和感が乏しい人たちとの）仲間集団に参加し，いつのまにか機能集団のなかで管理され，

そして，無意識なままに圧力集団として他者に影響を与えることにもなりかねない。

5　まとめ

　この章では，社会を構成する基本となる個人について説明した。「個人とは単体の人間である」と定義することは容易だが，政策の議論においてはより根源的なところから考えなければならない。人間とはなにか，個人をどう分類するか，個人はどのような活動をどのように行うのか，そして，集団としての個人をどのように捉えるのか。個人は，身近なものとして直観的に議論しやすいが，じつは見通しのつかない領域が果てしなく広がっている。政策の議論においては，じっくりと確認する意識をもつことが重要になる。

　　※Work☆についてのコメント

　あくまで，ひとつの見解に過ぎないが，経済学の観点から，この事件および実行者の主張についてコメントする。

　経済学のもとでは，通常，人間の価値を，「利益を生み出すか」「他人に幸福をもたらすか」ではなく「自分で幸福を感得するか」によって評価する。念のためだが，「幸せを感じているか」ではなく，「幸せを感じる能力があるか」によって評価する。幸せを感じる人間という存在を尊重するのである。従って，何も生産しなくても，他人に不幸をもたらしても，それによって人間の価値は変わらない。これが出発点となる。少なくとも，標準的な教科書レベルの経済学ではこのように考える。

　従って，「他者に与える幸福（の絶対値）＜他者に与える不幸（の絶対値）」となる人間を否定・制限することは，少なくともこれだけでは，正当化されない。

　もちろん，「幸せを感じる人間」の全てが「完全に幸せになる」ことを「実現できるか」というと，これは非常に難しい。「完全に幸せになる」ための資源が足りないこともあるし，複数の個人の幸せが互いに衝突することもある。しかし，「実現すべきか」と「実現できるか」は別の問題であって，「実現すべき」ということは変わらない。

　従って，繰り返しになるが，「幸せを感じる能力がある人間」は尊重すべきであって，否定や制限すべきではない。

第11章

主体：企業

　社会の良し悪しを評価する基準は個人にあるとしても，良い社会を実現できるかどうかは，企業に大きく依存する。そこで，企業についての理解を深めよう。企業の概念も多義的であるが，個人や国家よりははるかに分かりやすい。個人のようにどこまで掘り下げても底が見えないというわけでもないし，次章でとりあげる国家のように議論が拡散して共通概念がほとんどないということもない。企業は，詳細に類型化されているため，整理するのが煩雑であるが，個別の類型についてはある程度まで明確に捉えることができる。そこで，まず，企業の中核的定義を出発点としながら，できるだけ体系的に類型化する。そのうえで，企業の主要な類型と政策との関わりを解説していく。

1　企業とはなにか？

企業への視点

　企業は，社会の様々な場面で重要な役割を果たす。たとえば，財やサービスの生産・供給，イノベーションの担い手，就業・賃金獲得機会の提供，人間関係・コミュニティの構築・維持，犯罪行為の実行者，資本主義社会の基礎，政治を歪める圧力団体，大衆を分断・支配する装置，といったものが挙げられる。このため，企業に関するイメージや論点は非常に幅広いものになる。そして，これらのイメージや論点に着目して，無数の議論が蓄積されてきた。ところが「企業とはなにか」と改めて考えてみると，その意味は曖昧である。企業に関する議論は，定義を明示しないまま，特定の側面に焦点を当てて進められることが多い。

　そこで，「企業とはなにか」を明確にすることから始める。まず，あらゆる企業概念について共通する中核的な要素を特定し，この要素に着目した定義を提

示する。そのうえで，いくつかの基準あるいは条件を付加していくことで，多様な企業概念を包括的かつ体系的に整理する。

企業の中核的定義：事業体としての企業

あらゆる企業概念に共通する中核的な要素となるのは事業である。企業は須らく事業に携わる。そこで，事業に着目して出発点となる企業の中核的定義を設定しよう。

定義▶▶企業

企業とは，事業を計画，遂行する主体ないし存在である。

すなわち，企業とは「事業に取り組む存在（事業体）」である。また，ここで事業とは「特定の目的実現を目指して将来に向けた統合的かつ総合的な活動」を意味する。事業を含む用語としては，たとえば，事業計画，新規事業，国家事業，事業所などがあるが，いずれもここでの定義に合致する。

この中核的定義を前提とすると，多様な企業の概念を体系的に捉えることができる。たとえば，概念整理の基準ないし条件として，規模に着目すると大企業や中小企業，目的に焦点を当てると営利企業や非営利企業，活動地，本拠地あるいは設立地に根拠づけると国内企業，外国企業，グローバル企業などを捉えることができる。

集合体としての企業

企業が事業に取り組むためには，ほぼ間違いなく，様々な資源や要素を調達し，組み合わせて活用することになる。このため，事業に取り組む企業は，ほぼ確実に，多様な要素から構成される集合体ともなる。

Point

企業は，多くの場合，様々な要素から構成される集合体である。

なお，企業が事業に取り組むに当たって調達し，組み合わせ，活用する要素

を経営要素と呼ぶ。経営要素のうちで，人（労働力あるいは人材），物（物的資産），金（資金）がとくに重視されて，「経営の三要素」と呼ばれる。ただし，近年では，情報や技術，および，要素間の関係性も付け加えて「経営の四要素」として整理されることも多い。ついでにいうと，これらの経営要素を調達し，組み合わせ，活用することを経営と呼ぶ。

┌─ Point ─────────────────────

事業において利用される資源のうち，とくに重要な，人，物，金，（情報・知識）を「経営の三要素（四要素）」と呼ぶ。

└──────────────────────────

企業の構造（企業構造）

　経営要素を調達しただけでは事業を遂行できない。それらの要素を適切に組み合わせ，結びつける必要がある。このような要素間の結びつき・関係を企業構造と呼ぶことにする。

定義▶▶企業構造

企業構造とは，企業を構成する要素間の結びつき・関係を意味する。

　どのような要素に着目するかは，直面する状況や考察課題によって変わる。そして，着目する要素に応じて，組織構造，業務構造，管理構造，所有構造，事業構造，収益構造，費用構造，情報構造といった，より詳細な企業構造を検討する。

　この中でもとくに重視されるのは，人間（個人）に着目した，企業の組織構造（単に「組織」と呼ぶことも多い）である。これは，企業を概念的に細分化すると個人が基礎となることだけが理由ではない。やはり人間は，企業の存在や活動に大きな影響を与える。たとえば，経営者の交代が企業の業績を劇的に変動させることがある。また，コンビニやファミレスでも主力バイトが辞めると店舗の運営を大きく左右することがある。より身近な状況としては，大学のゼミやサークルでも，どのようなメンバーと組むかで成果に差が生じる。いうまでもなく人間以外に着目した企業構造も重要であるが，強いてひとつを挙げるならば，

やはり人間の組織構造が最も重要だといってよい。

集団と組織（現実的な組織と理想的な組織）

　人間の組織構造（組織）は重要である。そして，組織について「複数の主体が有機的に結びついた集団である」と既に定義した。ところが，混乱するかもしれないが，広い意味では組織であるが，狭い意味では組織ではない，ということがある。

　どういうことかというと，まず，人間という要素の結びつき・関係を組織構造と呼ぶが，さらに，それらの要素が有機的に結びつくものを公式組織（formal organization），有機的に結びつかないものを集団と区分する。そして，組織構造と公式組織は意味が異なるが，いずれも短縮して「組織」と呼ばれる。さらに，「要素間の有機的な結びつき」は，「ある」か「ない」かではなく，「強い」か「弱い」かという程度によって把握される。このため，現実の組織構造は，公式組織と集団との中間にあって，相対的に公式組織寄りであったり，集団に近かったりする。（図表11-1）。

図表11-1　集団と公式組織

組織構造（組織）

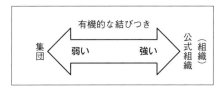

　なお，やや後先になるが，集団と公式組織は，以下のように定義される（公式組織については第8章の組織の定義を修正したもの）。

定義 ▶▶集団・公式組織

集団とは，有機的に結びつかない要素（とくに個人）から構成される集合体，ないし，その組織構造である。

公式組織とは，有機的に結びついた要素（とくに個人）から構成される集合体，ないし，その組織構造である。

　では,「要素間の有機的な結びつき」をどのような基準から判断するのだろう
か。その基本となるのは「近代組織論の父」ともいわれるバーナードの見解で
ある。バーナードは,公式組織の適否を判断する基準として,コミュニケーショ
ン,奉仕の欲求(協働の意欲),そして,共通の目的を挙げた。[1] これらは「組織の
三要素」と呼ばれ,現在に至るまで広く受け容れられている。

┌─ Point ──────────────────────
　公式組織の適否は,コミュニケーション,奉仕の意欲(協働の意欲),そして,
共通の目的という組織の三要素を基準として判断される。
└────────────────────────────

　つまり,組織の三要素について,全て完全に満たされているのであれば理想
的な公式組織,逆に全てが全く満たされないのであれば集団になる。ただし,
現実の多くの組織は,これらの極端な理念型の中間的な組織構造を持つことに
なる。

企業を構成する個人

　組織構造は「誰が」「どのように結びつくか」よって捉えられる。結びつきに
ついてはすでに述べたので,ここでは「誰が」に焦点を当てる。

　企業に関与する個人は,性別,年齢,学歴,雇用形態(正規雇用・非正規雇用),
専門,技能・能力といった特性によって特徴付けられる。外国企業や国際的な
企業では,国籍,人種,言語,宗教なども考慮されることがある。さらに,行
動パターンや思考様式(たとえば,論理的と直観的,保守的と革新的)といった内面
的な特徴に目を向けることもある。人間の集合体である企業は,その構成要素
である人間の特性によって大きな影響を受ける。実際に,特定地域出身の高齢
者から構成される企業と,多様な国・地域の出身の若者から構成される企業で
は,存在も行動も大きく違う可能性が高い。

　とはいえ,個人の分類については前章で解説したし,企業内での個人の特性
の把握や活用は詳細になりすぎる。そこで,企業を構成する個人の特性につい

---

(1)　C.I.Barnard [1938] *The Functions of the Executive*, Harvard University Press, p.82.

ては，ここでは掘り下げない。一方で，企業に関与する個人の数についてはここで触れておきたい。

　企業は複数の要素，とくに個人の集合体であると説明したが，現実には企業を構成する個人の数が純粋に一人だけということもある。そして，このような単一個人の企業は，全体に占める割合は小さいが，近年，注目を集めている。たとえば，社会の活性化やイノベーション促進，新しい働き方といった観点から，SOHO，週末起業や副業・複業といったキーワードと結びついて積極的に評価されている。また，いまや当たり前となっているイラストや動画，小説をネット上に投稿する事業も，単一個人の企業とみなすことができる。一方で，実質的には上司の指示のもとで働く従業員に近いが形式的には単一個人の企業として取り扱われる，（偽装）請負などもある。

> **Point**
>
> 単一個人から構成される企業は少なからず存在するし，近年では注目を集めている。

　このように，現代社会においては，単一個人の企業は無視できない存在となっている。しかしながら，先に述べたように，世の中に存在する企業の圧倒的多数は複数の人間から構成されていることも事実である。そこで，これ以降はとくに説明しない限り，企業の基本的な特徴のひとつとして，複数の個人から構成されることを想定する。

　そして，企業について，複数の個人から構成されることを「社団性」と呼ぶ。従って，社団性は，企業の基本的な特徴のひとつになる。

定義▶▶社団性

企業について，複数の人間から構成されることを「社団性」と呼ぶ。

企業の目的

　ここまで，企業構造という観点から検討してきたが，企業の存在や活動を考えるうえで，企業の目的も重要である。通常，企業の目的は，利潤（金銭的な利

益) の獲得を主たる目的とするかどうかで, 営利目的と非営利目的に大きく分け
られる。

定義▶▶企業の目的 (営利目的・非営利的目的)

営利目的：利潤 (金銭的な利益) の獲得を主たる目的とすること。
非営利目的：利潤 (金銭的な利益) の獲得を主たる目的としないこと。

　そして, 営利目的の企業を営利企業, 非営利目的の企業を非営利企業あるい
は非営利組織(NPO : Non-Profit Organization ないし Not-for-Profit Organization)と呼
ぶ。
　企業の目的に関して, いくつか注意点を述べる。

⑴　利潤と利益は, いずれも, 獲得あるいは達成することで得られる望ましい
もの・ことを意味する。ただし, 利潤は金銭的であるが, 利益は非金銭的・主
観的なものも含むという違いがある。たとえば,「顧客からの信頼向上」は利益
であるが, 利潤ではない。

⑵　金銭的な利益に限定しても, 最終利益, 経常利益, 営業利益, 売上総利益
(粗利益) といった多様な概念があり, それぞれに意味が異なる。一般的には最
終利益に着目することが多いが, 政策によっては他の利益概念のほうが妥当な
場合がある。ここでは詳しく解説しないが, 十分に注意する必要がある。

⑶　利潤の獲得を図る期間によって, 利潤の意味が変わってくるし, 利潤獲得
のための行動も大きく左右される。たとえば, 技術開発のための投資は, 長期
的な利潤獲得のためには重要であるが, 短期的にみれば利潤を減らす要因にし
かならない。

⑷　利潤は, 事業の性質によって不可避的に変動する。たとえば, 季節商品を
取り扱う場合は年間で利潤が多い時期と少ない時期がある。あるいは, 医薬品
やゲームのように長い開発期間を必要とする事業では, 新商品を投入する前後
で利潤が大きく変動する。

⑸　「利潤よりも信頼や社会調和」という言説について注意する必要がある。ま
ず, 企業の最終的な目的は利潤獲得であっても, その手段あるいは前提として,
信頼や社会調和が重要であるのは事実である。とくに長期的に安定して利潤を

獲得するためには信頼や社会調和が要請される。しかし，営利企業の場合，長期的な利潤獲得を犠牲にしてまで信頼や社会調和を追求することは稀れである。経営者の意向に関わらず，長期的な利潤を確保できない企業は淘汰される。

⑹　非営利目的は，「利潤の獲得以外の目的」ということであって，社会全体にとっての目的を必ずしも意味しない。あくまで，特定の個人ないし集団にとっての特定の目的となっている。さらに，詐欺等の犯罪目的のNPOすら現実に存在している。

法人格

　企業を考えるうえで重要な，しかし見落とされがちな要素がある。それが法人格である。企業の存在や活動を理解し，企業に関わる政策課題や政策を検討するうえで無視できないものであるが，あまり強調されない傾向がある。まずは，その定義を示しておこう。

定義▶▶法人格・法人

法人格とは，法によって認められる，人間と同等と見なされる資格である。法人格があると，人間と擬制されて権利義務の主体となることが法的に認められる。
そして，様々な要素の集合体が法人格を付与されたものを法人と呼ぶ。

　では，なぜ法人格が重要なのだろうか。その理由は，多様な要素の集合体としての企業の存在や活動が簡明化されるからである。

　たとえば，ある企業で働く従業員は，誰から賃金を支払われるのだろうか。もし経営者だとすると，その経営者が交替したり，死去したりした場合は，賃金を支払われなくなるかもしれない。あるいは，ある企業から商品を購買する顧客は，誰に代金を支払い，そして不良品の交換や修理を誰に対して請求することができるのだろうか。もし当該企業の担当者だとすると，その人物が異動や辞職するとどうなるか分からなくなる。また，企業が設備を所有したり，契約を締結したりする際も，企業内の特定の人物に焦点を当てている限り，誰が設備を所有するのか，誰が契約履行の義務を負うのかが判然としない。

　このように，企業は，要素の集合体のままでは，企業を構成する要素間の関係や，企業の対外的な関係が不安定になるし，その結果として事業の遂行や発展が阻害される。そこで，個人と企業を切り離すことで，企業が，安定して，雇用や取引，所有できることを法的に保証する。すなわち，人間と同等の権利義務主体であることを認める。その受け皿となるのが法人格である。

> ― Point ―――――――――――――――――――
> 法人格によって，企業の構成要素間の関係や，対外的な関係を簡明化・安定化できる。

　法人格を持つ企業（法人）は法的に仮想された存在であるが，その影響力は極めて現実的である。擬制的な存在である企業が，何百億円という資金を集め，何万人という従業員を雇い，大量の製品を生産し，人々に提供する。一方で，擬制的な存在である企業を所有・支配する個人も存在する。企業について理解するためには，また，企業が大きな役割を果たす社会を理解するためには，法人格は決定的な要素となる。

その他の特徴づけの基準

　企業は，企業構造や目的などの他にも，規模（資本金，売上高，総資産，株式時価総額，従業員数等），業種（製造業，流通業等），国籍（設立地，所在地，活動地等）といった外形的な基準に照らして特徴づけられる。あるいは，企業構造のなかの，所有構造・出資構造，管理構造，企業形態といった内面的な基準によって整理されることもある。

　これらの基準も重要であるが，細かくなるので，詳しい説明は省く。ただし，いくつかの基準については，データのところや，企業形態のところで追加的に説明する。

会社

　会社は，多様な企業類型のうちのひとつであるが，そのウェイトは大きい。このため，日常的には，「企業＝会社」と捉えられていることも少なくない。し

かし，両者を明確に区分するためにも，ここで会社について説明する。まず，会社の定義は以下になる。

定義▶▶会社

会社とは，「社団性」「営利性」および「法人性」を完備する企業である。

このうち，「社団性」は複数個人から構成される集合体であること，「営利性」は営利目的を追求すること，そして，「法人性」は法人格を持つことを意味する。この3つの条件を全て満たす企業が会社となる。逆にいうと，いずれかひとつでも満たさない企業は会社ではないことになる。また，法人格は個人と企業とを切り離す仕組みであるが，その切り離す範囲や程度に応じて，株式会社や合名会社，合資会社などに区分される。これらの区分については，企業形態のところで改めて触れる。

企業概念の整理と分類

ここまでに解説した，企業の構造，企業の目的，そして，法人格に着目することで，主要な企業概念を整理することができる（**図表11-2**）。

まず，企業としては，事業に取り組むことが前提となる。

次に，企業構造については，とくに人間の組織構造に着目すると，単一個人あるいは複数個人のいずれから構成されるかで区分できる。このうち，単一個人から構成される企業は原則として法人格を取得できない。また，目的に関わらず，個人事業主と呼ばれることがある。

続いて，企業の目的は大きく営利目的と非営利目的に区分される。そして，複数個人から構成され，営利目的かつ法人格を持つ企業が会社である。また，法人格を持たないものとしては個人企業や権利能力なき社団などがある。

さらに，複数個人から構成，非営利目的かつ法人格を持つ企業としては，根拠となる法に応じて，特定NPO法人，社団法人，学校法人などがある。なお，国有・国営や公有・公営の事業体である，公企業，公団，公社その他の行政機関もここに分類される。

最後に，法人格を持たない場合は，とくに名称はないが，サークルや自治会

など身近な組織が該当する。これらは，本書の定義では企業に含まれるが，日常的な用語としては企業とは見なされないことが多い。

図表11-2　企業概念の整理と分類

	組織構造	目　的	法人格	具体的な分類や事例
事業に取り組む	単一個人から構成される	営利目的	あり	—
			なし	個人事業主（の一部）
		非営利目的	あり	—
			なし	個人事業主（の一部）
	複数個人から構成される	営利目的	あり	会　社
			なし	個人企業，権利能力なき社団など
		非営利目的	あり	公企業，特定 NPO，社団法人など
			なし	同好会，自治会など

　以上，説明したように，企業といってもかなり性質が異なる類型が存在することが分かるだろう。このため，企業についてなにか議論する際には，いかなる分類の企業か，あるいは，企業のどの側面に焦点を当てているのかを意識する必要がある。

2　企業に関するデータ

企業数，従業者数，売上金額など

　企業については，具体的なデータをある程度は把握しておくことが望ましい。ただし，数年で大きく変化することもあるので，厳密な数字に拘る必要はない。大まかな数字を押さえておいて，具体的な議論をする際に改めて調べれば十分である。

　最初に，「経済センサス」から，企業数，事業所数，従業者数，売上金額，付加価値額を確認しよう（図表11-3）。まず，企業数（資料では「企業等数」とあるが企業数と考えてよい）の総数は約386万件で，内訳は，個人企業と法人企業がほぼ半分ずつとなっている。ただし，実質的な内容に目を向けると会社の比重が圧倒的に大きい。会社は，企業数に占める割合は40％強であるが，事業所数の約

54%，従業者数の約75%，売上金額の約88%，付加価値額の約84%を占めている。

　なお，ここでは省略するが，長期的な動向をデータから確認することも重要である。企業に関する基礎データの長期的な変化や傾向を掴むことで，環境変化や政策課題を発見できるかもしれない。

図表11-3　民営企業の企業数，従業員数，売上金額など

	企業等数	事業所数	従業者数（万人）	売上（収入）金額（千億円）	付加価値額（千億円）
総　数	3,856,457	5,340,783	5,687	6,449	290
個　人	1,979,019	2,006,773	572	136	12
法　人	1,877,438	3,305,188	5,103	6,257	277
会　社	1,629,286	2,882,491	4,272	5,649	244
会社以外の法人	248,152	422,697	832	608	33
法人でない団体	—	28,822	12	3	—
外国の会社	—	1,278	2	5	—

注１：事業内容等不詳は除いている。
注２：「法人でない団体」「外国の会社」は別掲。
（出所）総務省統計局［2016］「平成28年経済センサス──活動調査」第１表，第1-1表，
　　　　第1-2表より筆者作成

産業別のデータ

　企業がどのような領域の事業に取り組んでいるのか，というデータも捉えておくことが望ましい。いわゆる，産業区分，業界，業種ごとの状況について数量的な知識を獲得するのである。

　産業分類別の企業数（図表11-4）を見ると，まず，流通業とされる「卸売業・小売業」が非常に多いことが分かる。次に，この資料からだと「宿泊業」とひとまとまりになっているため分かりにくいが，「飲食サービス業」も多い。また，ここではデータは示さないが，他の先進国と比較すると，「製造業」と「建設業」の比率が高いことがわが国の特徴とされる。さらに，個人企業と会社の比率を見てみると，産業ごとに大きな差があることも分かる。最後に，「会社以外の法人」を見ると，学校法人などを含む「教育，学習支援業」，医療法人や社会福祉

法人などを含む「医療，福祉」，そしてその他の非営利企業が属する「サービス業（他に分類されないもの）」などの比率が高くなっている。

そして，産業ごとの比較や，他国との比較，長期的な変化や傾向を捉えることで，さらに詳しく検討することができる。

図表11-4　産業区分別の企業数

	総　数	個人企業	会　社	会社以外の法人
全産業（公務を除く）	3,856,457	1,979,019	1,629,286	248,152
農林漁業	25,992	—	18,972	7,020
農業，林業	23,094	—	16,564	6,530
漁業	2,884	—	2,400	484
鉱業，採石業，砂利採取業	1,376	121	1,193	62
建設業	431,736	141,974	289,025	737
製造業	384,781	132,726	249,752	2,303
電気・ガス・熱供給・水道業	1,087	30	976	81
情報通信業	43,585	2,230	40,776	579
運輸業，郵便業	68,808	15,928	51,528	1,352
卸売業，小売業	842,182	420,524	414,610	7,048
金融業，保険業	29,439	5,451	22,158	1,830
不動産業，物品賃貸業	302,835	138,689	161,594	2,552
学術研究，専門・技術サービス業	189,515	100,791	81,655	7,069
宿泊業，飲食サービス業	511,846	414,105	96,329	1,412
生活関連サービス業，娯楽業	366,146	301,884	61,697	2,565
教育，学習支援業	114,451	85,844	15,955	12,652
医療，福祉	294,371	168,425	38,893	87,053
複合サービス事業	5,719	3,301	75	2,343
サービス業(他に分類されないもの)	242,588	46,996	84,098	111,494

（出所）総務省統計局［2016］「平成28年経済センサス－活動調査」第1表より筆者作成

企業の規模別のデータ

続いて，企業を規模別に把握しよう。企業の規模は，企業の強みや弱み，政策課題に影響を与えることから，しばしば議論の焦点となる。ここでは，資本金階級別のデータ（**図表11-5**）しか示していないが，企業の規模をデータで確認する際にはいくつかの注意点がある。

(1)　企業の規模に関する指標はいくつかある。資本金以外にも，従業員数，売上金額，総資産額，株式時価総額などが利用されるが，それぞれに「規模」の意味が異なる。たとえば，資本金は事業の元手となる資金を意味するが，株式

時価総額は将来の成長期待まで含めた企業の利潤獲得能力を意味する。従って，企業の規模の具体的意味と指標との対応関係を理解する必要がある。

図表11-5　産業分類別・資本金階級別企業数

	1000万円未満	1000万円〜1億円未満	1億円〜10億円未満	10億円以上
全産業（公務を除く）	886,919	660,950	22,711	5,784
農林漁業	14,211	4,259	146	12
農業，林業	12,485	3,616	130	12
漁業	1,721	641	16	—
鉱業，採石業，砂利採取業	424	689	25	36
建設業	160,898	121,312	1,394	234
製造業	111,960	126,741	5,709	1,943
電気・ガス・熱供給・水道業	224	407	229	83
情報通信業	17,214	19,199	2,039	454
運輸業，郵便業	19,925	29,232	1,173	289
卸売業，小売業	223,939	171,798	4,985	969
金融業，保険業	14,137	5,897	870	517
不動産業，物品賃貸業	90,469	64,732	2,148	409
学術研究，専門・技術サービス業	46,542	30,733	1,043	464
宿泊業，飲食サービス業	63,277	23,120	706	125
生活関連サービス業，娯楽業	37,310	18,899	885	95
教育，学習支援業	9,696	4,870	179	14
医療，福祉	28,954	6,468	192	16
複合サービス事業	49	17	—	1
サービス業(他に分類されないもの)	47,690	32,577	988	123

（出所）総務省統計局［2016］「平成28年経済センサス－活動調査」第1表より筆者作成

(2)　企業の規模に関する指標は，産業・業種ごとに評価が異なる。たとえば，人手に依存する産業であれば従業員数は多くなるし，大規模な設備を必要とする産業であれば，総資産額が大きくなる傾向がある。また，売上金額についても，製造業と小売業を比較すると，小売業のほうが大きくなる傾向がある。

(3)　上記の注意点から分かるように，「大企業」あるいは「中小企業」といっても，実際には明確に区分できないし，具体的に把握することは簡単ではない。どの指標に依拠するかで企業の規模の意味は変わってくるし，同一の指標に依拠したとしても，産業・業種が異なると評価が異なることもある。このなかでは資本金が，企業の規模に関する指標として最も普遍的に使いやすい。それでも，世界的に著名な企業の資本金が意外と少ないことがあるように，イメージ

と乖離することも少なくない。

(4)　企業の規模を正しく捉えたとしても，それは企業の強さや弱さを必ずしも意味しない。強い中小企業もいるし，弱い大企業もいる。企業の規模に着目して政策を検討する際には，企業の強さや弱さについてまで短絡的に決めつけるべきではない。

公営企業のデータ

　ここまでは民営企業のデータについて紹介してきたが，現代社会では公営企業も大きな役割を果たしている。そこで，日常生活に関わる地方公営企業の基本データを「地方公営企業年鑑」から確認しよう（**図表11-6**）。

図表11-6　地方公営企業の企業数

(令和2年3月31日現在)

経営主体 事業	都道府県	指定都市	市町村	組　合	計
合　計	369	204	7,322	327	8,222
上水道事業	25	20	1,176	100	1,321
簡易水道事業	—	2	531	2	535
工業用水道事業	39	9	97	10	155
交通事業	5	21	56	3	85
電気事業	26	4	66	2	98
ガス事業	—	1	24	—	25
病院事業	46	18	480	79	623
下水道事業	81	50	3,461	25	3,617
港湾整備事業	38	6	47	6	97
市場事業	10	18	115	9	152
と畜場事業	2	9	34	8	53
観光施設事業	9	5	234	—	248
宅地造成事業	69	20	341	4	434
有料道路事業	—	—	1	—	1
駐車場整備事業	9	15	179	—	203
介護サービス事業	—	5	435	77	517
その他	10	1	45	2	58

注1：事業数は年度末の数値であり，建設中の事業を含む。
注2：「地方公営企業法」に関する「法適用」と「法非適用」を合算している。
(出所)「令和元年度地方公営企業年鑑」（2　地方公営企業の事業数）より筆者作成。

　数としては，水道に関連する事業が圧倒的に多い。次いで，「病院事業」や「介護サービス事業」，「宅地造成事業」「観光施設事業」などが多い。これらの事業は身近なものもあり，自分自身が利用した経験があるという人もいるだろう。

　この資料だけでは単なる数字の羅列に過ぎないが，これを入り口として政策課題を発見することもできる。たとえば，水道事業の数が多すぎるとは思わないだろうか。実際に，水道事業は，多すぎて，それゆえに個々の事業の規模が小さすぎて，効率的な投資や運営が困難になっているといわれる。あるいは，「地方公営企業年鑑」の他の資料を併せて見てみると，「病院事業」の過半数が赤字であることや，「観光施設事業」が5年間で2割ほど減少しているといった事実も読み取ることができる。

Work

日本における直近のデータから，「売上高」「最終利益・当期利益」「経常利益」「資本金」「総資産」のそれぞれについてトップ3社の企業を調べてみよ。

　※　ネット上でキーワードを入れて検索すればデータをすぐに見つけられる。

　※　ただし，上記のWorkをこなして「おしまい」ではなく，自分なりにさらに調べてみて欲しい。業界ごとのトップ3や，5年前，10年前との比較などをすると，自分なりに気になることを発見できるかもしれない。

3　企業の活動

企業活動の方向性

　企業は事業に取り組むに当たって，大きく2つの方向で活動を行う。ひとつは企業構造の確立と拡充という方向で，事業に利用する経営要素を調達し結びつけて，内部環境を整備するような活動である。もうひとつは企業成果の獲得と拡大という方向で，事業目的を達成するように経営要素を活用して外部環境に働きかけるような活動である。

　両者は互いに密接に関連しており安易に分離することはできないが，それでも分けて考えるほうが理解しやすい。また，実務においても，企業構造の確立

と拡充が得意な人と，企業成果の獲得と拡大が得意な人は異なる傾向がある。さらに，企業に関する政策を検討するときも，両者を区分することで議論の見通しが良くなる場合がある。やはり，考察を進めるうえで，企業の活動を大きく2つに分けることは便利である。

Point

企業の活動の方向性は，企業構造の確立と拡充，および，企業成果の獲得と拡大という2つに分けると理解しやすい。

ステークホルダー視点からの企業活動

　企業の活動を捉える視点も大きく2つに分けられる。ひとつは，経営者の視点である。もうひとつは，ステークホルダーの視点である。

Point

企業の活動を捉える視点は，経営者の視点と，ステークホルダーの視点に分けられる。

　ここでは，ステークホルダーの視点から企業の活動について説明する。

　ステークホルダーとは，企業の存在や活動に関わる主体のことを意味する。たとえば，従業員，取引先，顧客，地域の住民などを指す。まず，社会全体（というステークホルダー）からみると，企業は，財やサービスの開発や提供，資金の循環，人材の教育や循環，税金の負担といった活動を行う。あるいは，従業員（というステークホルダー）からすると，企業は所得機会，働く場・仲間，働きがいなどを提供してくれる。また，結婚相手を見つける場としても重要である。さらに，地域の住民（というステークホルダー）からすると，居住地に近い職場の提供，地域の経済活動の活性化，地域に落ちる税金の負担といった望ましい活動を行うが，その一方で，騒音や振動といった公害を引き起こしたり，地域の政治や行政を歪めるといった望ましくない活動もある。

　このように，ステークホルダーごとに，企業の活動は異なるものとして捉えられる。そして，企業とステークホルダーとの多様な関わりにおいて，政策に

関わる対象や課題を見いだすことができる。

経営者視点からの企業活動

　経営者視点とは，企業構造の確立や企業成果の獲得について主体的に取り組む側の視点である。実際に経営者である必要はない。実務家向けの経営学やビジネス書の多くはこの視点から書かれている。この視点からは，いかなる活動をどのように設計，実行するかに関心が向けられる。

　まず，企業構造の確立と拡充に主として関わる活動としては，組織管理，財務管理，労務管理，設備管理，資材管理，技術管理，知財管理などがある。人，物，金，技術・情報などの経営要素を調達し，結びつける。

　次に，企業成果の獲得と拡大に主として関わる活動としては，経営戦略，経営管理，生産管理，マーケティング，宣伝広告などがある。なお，マーケティングとは，収益を安定的に確保するという目標のもとで，顧客調査，製品開発，価格設定，販売方法策定などを組み合わせた総合的な活動である。

　総合政策学としては，これらの活動についてひとつひとつ解説することはできないが，前述のように，経営学およびその周辺学問としてより詳しく学ぶことができる。

4　企業形態

企業形態とはなにか

　企業形態という用語も曖昧で，他の類似の概念との違いが分かりにくい。また，企業構造を説明する概念のひとつであるが，一般には馴染みが薄い。そこで，最初に定義を示しておこう。

定義▶▶企業形態

企業形態とは，出資，所有および統制に着目した企業構造を意味する。

　事業のために資金を提供することを出資という。そして，出資者は，出資額あるいは出資率に応じて，その企業の一定程度を所有することができる。さら

に，所有するということは，その企業の存在や活動を統制する権限を持つことになる。企業についての出資と所有と統制は不可分に結びついている。ただし，その結びつき方にはいろいろな形態がありうる。つまり，どのような出資者が，どのように出資し，どの範囲でいかなる所有を行い，そしてどのように統制するのか，という企業構造を考えることができる。これが企業形態になる。

企業形態と企業ガバナンス

　企業形態によって，調達できる資金の量や性質が異なるし，そして，企業の存在や活動も影響を受ける。

　そもそも出資者が資金を提供する理由は，企業を所有し，統制して，何らかの利益を獲得することにある。従って，何をどこまで所有し，統制できるのかによって出資に関わる態度が変わってくる。企業からすると，調達できる資金の量や性質，出資者からの統制の範囲や強度が影響を受ける。

　この結びつきを理解することが企業ガバナンス（コーポレート・ガバナンス）の基本となる。企業ガバナンスとは「企業の存在や活動を社会に調和させるための仕組み」というような意味であるが，厳しければ良いというものではない。資金の調達と，適切な統制とのバランスを意識する必要がある。

　沢山の資金を迅速に集めるためには，より広範かつ自由な所有と統制を付与することが求められる。しかしそれは，企業の存在が不安定になったり，企業の活動が不適切な方向に暴走したりするリスクを高める。その一方，企業の存在の安定化や活動の適切化を実現するために出資者への規制を強化すると，出資者は企業への資金提供に消極的になる。

　資金調達の円滑化と，統制の適正化という相反する要請をバランスさせるという意味で，企業形態は，ときに企業の死命を決するほど重要である（**図表11-7**）。

Point

企業形態は，資金調達の円滑化と，統制の適正化とのバランスを図るものとして検討される。

図表11-7　企業形態の重要性

公企業と私企業

　企業形態を分類する出発点は，出資者が政府かどうかに着目する。そして，出資者が政府（中央政府ないし地方政府）であれば「公企業」，私人（政府以外）であれば「私企業」，そして，政府と私人が混在している場合は「公私合同企業（ないし公私混合企業）」と呼ばれる。

定義▶▶公企業・私企業・公私合同企業

公企業：政府が出資者となっている企業

私企業：私人が出資者となっている企業

公私合同企業：政府と私人が出資者となっている企業

公企業と公私合同企業の分類と意義

　公企業は，政府の部局・行政組織が直接的に事業に取り組む「行政企業（現業）」と，全額出資の法人を設立して事業に取り組む「公共法人（公共事業体）」に分類される。さらに，それぞれが中央政府系と地方政府系に区分される。たとえば，地方政府における行政企業が，前節でデータを示した「地方公営企業」である。

　また，公私合同企業についても，中央政府系と地方政府系に区分され，さらに政府の出資比率に着目した区分もある。また，地方政府が関与する公私合同企業は「第三セクター」と呼ばれる。面白い事例として，日本銀行は中央政府系の公私合同企業である。また，オリエンタルランド（東京ディズニーリゾートを経営する企業）は地方政府（千葉県）系の公私合同企業（第三セクター）である。

　公企業および公私合同企業は，もともと何らかの政策的意図に基づいて設立され，運営される。このため，政策を実行する主体あるいは手段として検討さ

れることがある。一方で，公企業や公私合同企業は，コスト意識や顧客志向の
軽視，政治家や行政職員による私物化，私企業の圧迫といった問題を伴うこと
もある。このため，企業構造や企業活動の見直しが議論されること多い。

　そして，公企業および公私合同企業を具体的に検討する際には，公団，営団，
事業団，機構，独立行政法人，半官半民企業，公共企業，公益企業といった多
様な用語を整理して理解する必要がある。また，これらの企業形態は何らかの
法律で規定されていることも多いことにも，注意するべきである。ただし，あ
まりにも多岐にわたるし，法改正等によって企業構造も企業活動も大きく変更
されることがある。このため，常時理解しておく必要性は乏しく，政策課題に
関わるときに詳細に調べればよいだろう。

┌─ Point ────────────────────────────────

公企業と公私合同企業は，政策に深く関わることが前提とされる。

分類は多岐にわたるし，法改正等によって大きく変更されることもあるの
で，政策課題に関わるときに詳しく調べればよい。

──┘

私企業の分類と発展

　私企業の企業形態は，資金調達の円滑化と統制の適正化という相反する要請
をバランスさせるために発展してきた。ある企業形態が限界に直面すると，そ
の限界を克服するものとして新たな企業形態を開発し，しかしまた新たな限界
が顕在化し，別の対応が検討される，というプロセスを繰り返してきた。ただ
し，新たな企業形態の開発は，従来の企業形態を淘汰して置き換わるとは限ら
ず，むしろ併存し続けることが多い。

　以下では，経営の四要素を提供する個人に焦点を当てて，主要な企業形態を
整理する。具体的には，まず，企業に関わる個人を，資金を提供して企業を所
有する出資者，経営能力・知識等を提供して企業を直接的に統制する経営者，
そして，労働力を提供して実作業に携わる労働者に区分する。そして，これら
の個人に着目した企業形態のメリットとデメリットを検討する。なお，法的区
分も併せて説明するが，確定的に決定されるわけではなく，企業自身がいかな
る法的区分を選択するかは裁量の余地がある。

(1)　単一個人の企業：事業の発生

　純粋にひとりの個人が，自分で資金を調達し，自分の経営判断に基づいて，自分の労働に依拠して事業に取り組む企業形態（単一個人の企業；図表11-8）である。最も基本的で単純な企業だといってよい。個人としてやりたいことが企業の目的となるし，個人として利用可能な資金，資材・設備，能力・技能・知識・時間が，そのまま経営の四要素となる。

　この企業形態のメリットは，とにかく身軽なことである。いつ始めても良いし，いつやめても良い。何をやってもいいし，自分が責任を負える範囲で責任をとればよい。一方，デメリットは，事業の成長や発展を図るうえで，個人の限界が，そのまま企業の限界となることである。

図表11-8　単一個人の企業

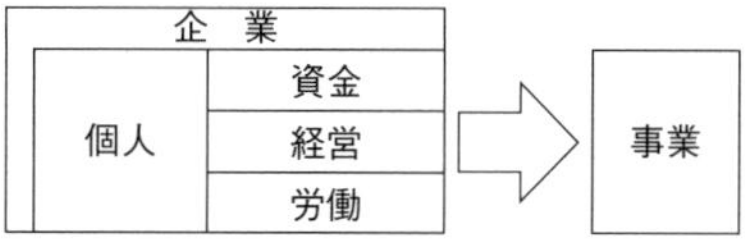

企　業		
個人	資金	→ 事業
	経営	
	労働	

　なお，政策課題としては，起業促進政策のひとつとして，この身軽な企業形態を拡大普及することが挙げられる。また同時に，個人の能力不足や知識不足が企業としての成果に直結するので，個人の能力・知識を向上させることが求められる。

(2)　個人企業：経営と労働の分離

　出資・経営を行う個人だけでなく，労働を担う個人も組み込まれる企業形態である。法的には，個人企業になる。また，出資者・経営者である個人が労働（の一部）を分離することを，「経営と労働の分離」と呼ぶことにしよう（図11-9）。

図表11-9　経営と労働の分離

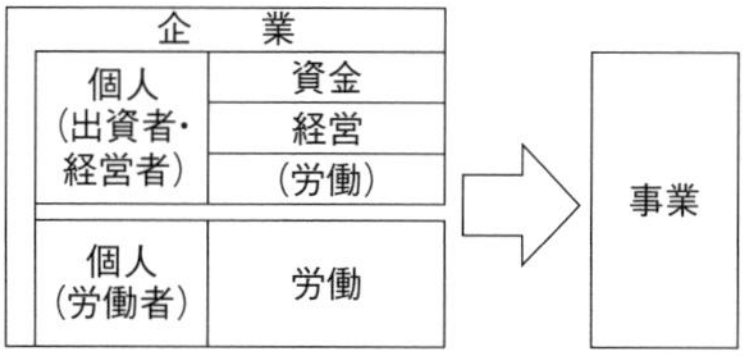

企　業		
個人（出資者・経営者）	資金	→ 事業
	経営	
	（労働）	
個人（労働者）	労働	

　事業が拡大し，発展すると，単一個人の企業では，様々な経営要素が不足してくる。そこで，とくに人が不足する場合は従業員を雇うことになる。つまり，単純作業を任せたり，自分が不得手な分野の技能や知識を補完したりしてくれる従業員を調達し，労働者として事業に組み込んで活用する。

　メリットは，すでに説明したとおりであるが，事業の規模拡大や発展・高度化に対応できるようになることである。デメリットは，組織構造が複雑化し，その管理が困難になることである。経営と労働が分離すると，雇用する側には，業務の整理・分割のほか，募集，採用，教育，管理，処遇，人間関係のトラブルといった問題が発生する。逆に雇われる従業員の側にも，賃金未払い，過重労働・長時間労働，パワハラ，突然の解雇といった問題（労働問題）が起こるかもしれない。

　政策課題としては，労働問題を予防・解消して，経営者と労働者の関係を長期的に安定化・適正化するような，雇用政策や労働政策が求められる。

(3)　共同企業：所有と経営の分離

　出資者と経営者が分離する企業形態である。ただし，出資者は少数かつ固定的である。法的には合名会社，合資会社および非公開の株式会社にあたる。また，この状態を「所有と経営の分離」と呼ぶ（**図表11-10**）。

図表11-10　所有と経理の分離

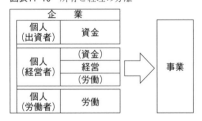

　事業がさらに拡大・発展すると，より多くの資金と，より高度かつ多面的な経営能力が必要になってくる。そこで，資金は潤沢だが経営能力が不足する個人が経営を他者に任せる，あるいは，経営能力は高いが資金が不足する個人が他者から資金を調達することで限界を克服しようとする。一方で，企業は，出資者と経営者のいずれからも切り離された法人としての性格が前面に出てくる。

そして，どこまで切り離されるかの違いが，合名会社，合資会社および株式会社といった法的制度の違いとなる。

この企業形態のメリットは，資金調達の拡大と経営能力の拡充・高度化を実現できることである。この意義は非常に大きく，企業の拡大・発展だけでなく，企業を中心とした社会の拡大・発展まで可能にした。

デメリットは，出資者と経営者の利害対立が生まれることである。またこれに伴って，出資者と経営者の権限争いや統制システムの構築・運営といったコストが発生する。また，やや難しくなるが，出資者と他の債権者との間の利害対立も発生することがある。

政策課題としては，出資者が安心して出資できるような環境整備，経営者の暴走を抑止するような規制の構築，さらには，専門経営者の養成や市場の確立などが挙げられる。

(4)　拡大した共同企業：所有の分散

多数かつ流動的な出資者が資金を提供する企業形態である。法的には公開の株式会社になる。また，この状態を，「出資の分散」ないし「所有の分散」と呼ぶことにしよう（**図表11-11**）。

事業が巨大化すると，必要となる資金も膨大になり，また求められる経営能力もさらに高度化・多様化する。より多くの資金を調達するためには，少数の固定的な出資者では対応しきれない。そこで，企業の所有権を定式化・細分化した株式を発行し，流動性を高めることで，少額だが大量の出資者（株主）を集める。しかし，このような出資者は，企業に対して影響力と関心のいずれも乏しい傾向がある。一方で，より高度・多様な経営能力を調達するためには，より高度で専門性を備えた経営者が，複数，役割分担して業務に取り組むことになる。このため，出資者が経営者を統制することが困難であるだけでなく，役割分担している経営者どうしでも，相互理解や統制が困難になる。

この企業形態のメリットは，大量の資金と高度な経営能力を調達できることである。

デメリットは，出資者による経営者への統制が困難であること，経営者間の相互理解・相互統制が困難であること，さらに，出資者間の利害対立が発生すること，という3つを指摘できる。さらに，個人から切り離された法人企業の

図表11-11　所有の分散

暴走や迷走のリスクも付け加えられるかもしれない。

　政策課題としては，小規模・多数・流動的な出資者が正しい情報を迅速に獲得できるような環境整備，経営者への外的・公的な規制の強化，出資者間の利害対立の調整などを挙げることができる。

その他の話題

　企業形態について大まかに説明したが，現実にはより多様であり，また，いまなお新たな企業形態が工夫され，考案されている。

　比較的最近の大きな動きとしては，合同会社と呼ばれる企業形態が2006年に創設されたことが挙げられる。これは，出資割合と関係なく利益配分できることから，資金はないが高度な知識や技能を持つ人が企業に関与しやすい仕組みである。もともとは企業活動の活性化やイノベーションの促進を期待されていたが，現在では，低コストで自由度が高い簡易版（もしくは劣化版）株式会社としての利用が多くなっているようである。ちなみに，GoogleやAmazonの日本法人は株式会社ではなく合同会社である（2021年現在）。

　また，企業形態については，単一企業の企業形態に着目することもあるが，複数企業による結合・連携の形態に着目することもある。要するに，企業グループの形態に焦点をあてることになる。かつては，財閥，系列，コンツェルン，トラストといった用語のもとで議論されていたが，これらは最近ではあまり取り上げられない。しかし，持株会社，連結，アライアンスといった用語のもとで，複数企業の結合・連携の形態は，いまでも重要な意味をもつ。

　ここでは事項を挙げるだけに留めるが，これらの話題が政策に関わる議論の中心となることもある。

5　企業に関わる政策課題

政策課題の包括的整理

　企業に関わる政策課題も，個人の場合と同様に，影響を出す側と影響を受ける側とに分けると整理しやすい。ただし，個人と異なり，企業は多様な要素から構成される集合体であるため，影響を出す側も受ける側も個別要素に着目する場合と，ひとまとまりの集合体として着目する場合とがある。これらを踏まえて，企業に関わる政策課題を包括的に整理できる（図表11-12）。

図表11-12　企業に関わる政策課題の整理

影響を受ける側 / 影響を出す側		企業		企業以外
		個別要素	集合体	
企業	個別要素			
	集合体			
企業以外				

　ここで，企業を構成する個別要素とは，人，物，金，技術・情報などであるが，より詳細・具体的に捉えることもできる。たとえば，人を正社員・派遣社員，物を汎用設備・関係特殊的設備，金を自己資本と借入資本のように特定化することができる。また，企業以外とは，環境，および，個人ないし政府・国家となる。そして，個人についても，個別的な個人あるいは集合的な個人（地域住民や大衆など），政府・国家についても，自国の中央政府・地方政府あるいは他国政府・国際機関のように特定化することができる。

　では，この整理に基づいて，いくつかの具体的な政策課題を紹介していこう。

経営者に関わる政策課題

　まず，企業の個別要素である経営者が，企業の他の個別要素や企業全体に与える影響を考える。いうまでもなく，企業にとって，経営者は決定的に重要である。そもそも経営者は，企業内外に実効的な影響を与えることが予定される立場にある。すなわち，企業の各部署や従業員，顧客や取引先に影響を発現さ

せ，その結果として，集合体としての企業の成果を左右する。

　そこで，まず，優れた経営者を「養成する」あるいは「発生させる」ことが政策課題となる。かつては，企業内部での養成が志向されたが，それだけでは優れた経営者を確保しきれないため，現在では多様な養成過程が存在する。それでもなお，優れた経営者が足りないといわれる。

　次に，経営者と企業とのマッチングも政策課題となる。経営者にも向き・不向きがある。一方で，企業が直面する状況は多様であって，それぞれの状況で求められる経営者も異なる。たとえば，倒産間際の企業を立て直す状況，ベンチャー企業を急速に成長させる状況，経営管理体制を整備する状況，事業領域の再編を図る状況，あるいは，国際的な生産―販売体制を確立する状況を考えると，これらの全ての状況について同一の経営者が対応するのは困難であることは明らかである。そこで，経営者の向き・不向きと企業が直面する状況とのマッチングを円滑化することが政策課題となる。

　関連して，事業承継の促進という政策課題もある。企業が消滅する要因としては，業績不振による倒産や吸収合併をイメージしやすいが，業績好調にも関わらず後継者がいないために廃業することも少なくない。日本政策金融公庫「中小企業の事業承継に関するインターネット調査（2019年調査）」によると，「中小企業のうち後継者が決定している企業は12.5％，廃業を予定している企業は52.6％」に上る。また，帝国データバンク「全国企業「後継者不在率」動向調査（2020年）」は「約26万6000社（全国・全業種）の後継者不在状況は，全体の約65.1％に当たる約17万社で後継者不在だった」ことを明らかにしている。経営者の養成あるいは企業とのマッチング円滑化のいずれであれ，重要な，そして確実な効果が見込まれる政策課題だといってよい。

従業員に関わる政策課題

　企業に関連する政策課題のうち，最も身近に感じられるのは，従業員に関わるものであろう。実際に，従業員の健康状態，意欲，能力，数，関係によって，企業の存在や活動は大きく左右される。

　これらのなかで，一般的にはあまり知られていないが，近年になって重視されている政策課題として，従業員の健康状態がある。これは，従業員について，

単なる危険回避・安全管理というだけでなく，日常的な意味での健康増進・体力向上を図ることを求める。実際に，経済産業省や厚生労働省が「健康経営」という政策を進めている。

　逆に，広く認知されている政策課題としては，従業員間の摩擦やトラブルが挙げられる。具体的には，従業員間の差別，いじめ，ハラスメントといわれる行為や状況である。この政策課題は，企業の問題というより，個人間の問題という側面もあるため，対応を難しくしている。個人の性格，感情，個人間の相性などに起因するならば，解決することは容易ではない。ただし，少なくとも，著しく理不尽・悪質な状況については解消すべきであるし，また，予防のための仕組み作りといった，意義・効果が見えやすい取り組みを進めることも求められる。

資金調達に関わる政策課題

　資金調達に関わる問題は，企業システムや金融システムとも関わるため，かなり大掛かりな政策課題となる。また，資金そのものは企業内の個別要素に過ぎないが，影響を与える先は，集合体としての企業，取引先，さらには，社会全体へと広がっていくことも認識すべきである。

　まず，大前提として，適切な資金需要に対して適切な資金供給を可能とする制度構築が求められる。つまり，社会的に望ましい事業に必要十分な資金を低コストで提供できるような仕組みである。つぎに，この要請に応えるための資金調達の方法を開発する必要がある。たとえば，銀行からの貸付・借入，債券市場や株式市場を介した金融などがある。ところが，これらの資金調達の方法そのものが様々な摩擦や問題を伴うこともある。

　さらに，企業に資金が提供されるとしても，資金提供者間での摩擦もある。出資者・株主，貸付者・金融機関，その他の債権者の間で利害は必ずしも一致しない。この利害対立は，企業の経営が順調ならばそれほど顕在化しないが，業績不振になると一気に先鋭化する。また，資金提供者間の関係は，企業のガバナンスを左右することにもなるため，慎重な制度設計が求められる。

　ざっと説明しただけでも分かるように，企業の資金調達に関わる政策課題は広範かつ複雑であって，全体像を把握するだけでも容易ではない。しかし，学

生には実感しにくいかもしれないが，企業に関わる政策課題として極めて重要
であることも改めて認識してもらいたい。

6　まとめ

　現代社会は，企業の活動，企業が提供する財やサービスに決定的に支えられ
ている。そこで，企業とはなにか，なぜ企業は特定の構造をもち，特定の活動
に従事するのかを把握する必要がある。ところが，企業の活動や目的は，個人
や政府・国家と比べると，合理的な性質が強い。このため，じっくりと考えれ
ば理解できるし，そして，実効性のある政策へと繋がっていく。この章では，
企業の定義，分類，構造，目的，活動など幅広く説明したが，その幅広さに戸
惑うことなく，きちんと学ぶことを心がけてほしい。

第12章

主体：政府・国家

　この章では，政府・国家について取り扱う。政策を検討し，実践するうえで，政府・国家が重要であることはいうまでもない。ところが，個人や企業と同様に，政府・国家の概念も捉えにくい。ただ，捉えにくさの方向性が異なっていて，個人はどこまで突き詰めても終わりがない底なし沼，企業は人工的に作られた広大な迷路，そして，政府・国家は実体のない蜃気楼のようなものだというと分かりやすいかもしれない。まずは，おおまかに「国」のイメージをつかむことから始める。

1　「国」の位置づけ

国のイメージ

　「国」という言葉は多様なイメージを想起させる。そして，その多様なイメージが無意識的に重ね合わされたり，使い分けられたりする。たとえば，「国」に関わる用語・概念として，国家，国民，国土，政府，社会，社会の状態・制度，公共主体・部門，政策主体などがある。これらの用語・概念は，それぞれに異なる意味をもつが，いずれも「国」と呼ばれることがある。

　また，ここで挙げられた用語・概念それ自体の意味・内容も必ずしも確定していない。たとえば，国民や政府という用語は，日本とアメリカ，フランス，中国では一致していないようにみえる。また，日本だけで考えても，現在における国民や政府の意味・内容は，明治時代，平安時代，縄文時代と比較すれば，それぞれに異なる。つまり，ある基準に照らして国に関わる用語・概念を確定しようとしても，基準そのものが流動的なのである。

　結果的に，「国」に関する概念および実態は，一般的に確定することは，そもそもできないと考えておくべきである。

> ─ Point ────────────
> 「国」に関わる概念および実態は一般的に確定できないと了解すべきである。

Work

　一時期,「保育園落ちた日本死ね！！！」と題するネットへの書き込み[1]が話題となった。このなかでは,「一億総活躍社会」を掲げながら十分な保育園受入数や補助金が不十分で国として出産・育児を支援できていないこと,一方で,東京オリンピックに巨額の資金を投入したり,不倫や汚職をしている政治家がいることなどを挙げて,「日本」に対する不満が述べられている。では,ここでいう「日本」「国」はいかなる意味で用いられていると考えられるか,検討せよ（記事内容そのものの是非を検討する必要はない）。

　もちろん,書き込んだ本人に確認したわけではないので,この Work に正解はない。それでも,国家,国民,社会,社会の状態,政府・行政（中央政府／地方政府）,政治家といった,いくつかの用語・概念が混同されているように見える。たとえば,保育園の認可や子供の入園選考は自治体（地方政府）の業務であるし,東京オリンピックの開催主体は東京都である[2]。また,保育園が整備されない理由は,政府や政治家よりも有権者である国民に帰せられるかもしれない。なぜなら,保育園に強い関心をもつのは未就学児がいる家庭だけであるから,選挙において保育園というテーマは重視されにくい。保育園の整備は政治家ではなく有権者である国民が決定しているともいえる。とすると,育児支援の意識が低い国民全体に対して「死ね」といっているのだろうか。

　この書き込み自体は,「勢いで……感情のまま独り言のようなつもりで書きました[3]」とのことなので,用語・概念が混乱していても咎めることはできない。しかし,実践的な政策に取り組むためには,基盤となる用語・概念を混乱したままにするわけにはいかない。

──────────────────
(1)　「はてな匿名ダイアリー」2016-02-15（anond : 20160215171759）。
(2)　東京都オリンピック・パラリンピック調整部に報告書がアップされている。 https : //www.2020games.metro.tokyo.lg.jp/taikaijyunbi/houkoku/（2023年3月現在）

2　「国」へのアプローチ

議論が混乱する主要な要因

「国」に関する議論が混乱する要因は数多く指摘されてきたが，とくに主要なものとしては次の３つを挙げることができる。すなわち，政府と国家の混同，理想と現実の混同，特定的と一般的の混同である。

政府と国家の混同は，統治する側と統治される側を区別しないことを意味する。このため，議論が根本的にかみ合わなくなるが，この問題はあまり認識されていない。そこで，最初に，政府と国家の概念を整理することから解説を始める。

次に，理想と現実の混同は，意味は理解できるし，説明されればその問題性も納得できるだろう。ところが，「国」に関する議論では，理想と現実の混同がしばしば見られる。そこで，このような混同が発生する背景から説明する。

最後に，特定的と一般的の混同は，特定の時代や地域，状況によって規定される「国」と，時代や地域を超えて普遍的に存在し，把握される「国」とを区別しないことを意味する。人間は，自分に馴染みのある特定的な「国」の概念・存在・活動・理念などを一般的な「国」の性質だと思い込み，さらにそれが「理想」だと信じる傾向がある。しかし，「国」の概念は多様かつ流動的であるので，自分が想定している「国」は，ごく特定的なものだと考えるべきである。この問題は根深く，また深刻な問題を引き起こすこともある。詳細に解説する余裕はないが，政策の議論が混乱しない程度には要点を解説する。

以下，順番に説明していく。[4]

---

(3)　笹川かおり「The Huffington Post」（2016年３月14日配信）が，書きこんだ本人に取材している。　https://www.huffingtonpost.jp/2016/03/14/hoikucnochita-blog-_n_9457648.html

(4)　以下の説明では，R.A.ダール（高畠通敏訳）［2012］『現代政治分析』岩波書店を参考にしている。

政府と国家の分離

　政府と国家の概念は，同じ意味で用いられることもあるが，異なる概念として使われることもある。そこで，改めて，両者を別個に定義する。なお，政府の定義は第8章2節で提示したものを再掲している。

定義▶▶政府・国家

政府：公権力を背景として統治を行う組織
国家：政府を中心として一体的に秩序づけられた社会

　以下，もう少し説明していこう。

　まず，大雑把にいうと，政府はある社会において統治を行う主体ないし仕組みである。ここで，政府が行う統治とは，社会に秩序をもたらすような支配，統制，管理，運営，調整，誘導などを意味する。ただし，その具体的な内容や目的，方法は，確定していない。なお，公権力については重要であるので後述する。一方で，国家は，政府が統治する社会，あるいは，統治されることが予定されている社会である。

　そして，政府と国家（＝社会）との関係は大きく3つに分けて捉えられる（**図表12-1**）。

図表12-1　政府と国家（＝社会）の関係

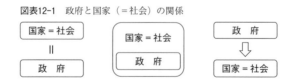

　第一に，政府と国家を区分しながらも，目的や行動については同一視する捉え方がある。国家を法人とみなして政府をその代表とするならば，あるいは，国家全体の意向を政府が完全に体現するならば，政府と国家の目的や行動は同一になる。第二に，政府と国家を区分したうえで，政府は国家の構成要素のひとつだとする捉え方がある。この捉え方では，国家は，主体ではなく，組織や体制として位置づけられる。そして，政府は，国家を構成する他の主体や制度と影響を与え合う部分的な存在になる。第三に，政府と国家を分離し，政府が

国家（政府を除いた社会）を統治するという捉え方がある。この場合，政府と国家の意向が合致する保証はなく，むしろ，何らかのズレが生じると想定する。

　上記の説明は「国家＝社会」を前提としている。ところが，さらに混乱することに，「国家＝政府」とする議論も多い。すなわち，政府と国家を同一視したうえで，さらに政府（＝国家）を社会と同一視する，政府を社会の構成要素とみなす，そして，政府が社会（政府（＝国家）を除いた社会）を統治するという捉え方もある（**図表12-2**）。

図表12-2　政府（＝国家）と社会の関係（派生型）

　いずれの捉え方が正しいということはないが，それぞれが識別されずに曖昧に使われることは問題である。そこで，本書では，独自の定義を明示的に設定している。とくに，政府は主体と捉えているが，国家は主体ではなく社会だと想定する。つまり，国家とは，様々な主体や環境の集まりだと考える。従って，国家そのものは，主体としての目的を持たないし，活動もしない。社会全体の組織や政治体制として国家を位置づける。

国際社会と国家

　ここまででは，国家を，ひとつしか存在しないものとして説明してきた。しかし，現実には，複数の国家が存在し，これらを包含するような社会もありうる。これを国際社会と呼ぶことにしよう。

定義▶▶国際社会
国際社会とは，複数の国家を包含するような社会である。

　現在時点において，全世界的な国際社会について，公権力を背景として統治を行う組織（世界政府）は確立されていない。最も世界政府に近い存在である国際連合ですら，加盟国に対して発揮できる公権力は極めて限定的である。

　しかし，一定の地域（たとえば西ヨーロッパ）や特定分野（たとえば経済や軍事）において超国家的な公権力が協調的に確立されることがある。また，特定の国家が，他の国家に対して事実上の公権力を一方的に発揮することもある。この場合，主導的な国家は宗主国や覇権国家，追従的な国家は属国・従属国，衛星国，保護国などと呼ばれる。さらに，連邦国家や連合王国などは，複数の国家に対して超越的な公権力を確立した政府が存在することもある。ただし，連邦国家や連合王国における公権力の強度にはかなりの幅がある。イギリス連邦のような独立国家の緩やかな集団から，ドイツ連邦共和国のような単一国家に近いものまである。

　国際社会は，それ自体が重要であるし，個別の国家への影響という意味でも重要である。しかし，あまりにも議論が拡散してしまうので，本書ではこれ以上取り扱わない。

理想と現実の識別

　国に関する議論が混乱する第二の要因は，理想と現実との混同である。国について議論するとき，あるべき姿・活動を考えるのか，あるいは，実態としての姿・活動に焦点を当てるのかを区別するべきである。このことは，当然のように広く認識されながらも，しばしば等閑視されている。

　たとえば，「政府は民意を反映した政策を実施する」や「国家間の問題を対話で解決する」という言説は，多くの場合，理想であって現実ではない。ところが，これを「現実ではない」と言うと，「政府は民意を反映しなくて良いのか」「国家間で対話しなくて良いのか」と批判されることがある。しかし，このような批判は，まさに，理想と現実を区別できていないことを示している。このほかにも，民主主義，法治主義，地方分権，ジェンダーといった用語・概念について，理想と現実を混同する傾向がある。

　なお，理想と現実を区別するときには，現実はひとつかもしれないが，理想は無数に存在しうる，ということに注意すべきである。ある人が考える理想は，他の人が考える理想と合致する保証はない。たとえば，地方分権を理想とする人がいる一方で，地方分権を理想としない人がいるし，地方分権に賛同する人たちの間でも，何をどこまで地方分権するかについてはそれぞれに意見が異な

るだろう。このため，「誰の」あるいは「どの」理想なのかも区別すべきである。

　また，理想が実現可能とは限らない，ということにも注意すべきである。たとえば，「政府は民意を反映すべき」だとしても，全ての国民のそれぞれの意向を完全に反映することは単純に不可能である。あるいは，少なくとも，理想を実現するためには，多大なコストや長い時間が掛かる。ここにも，理想と現実のギャップがある。

　最後に，理想と現実との区別は最終的な目的ではないことにも注意すべきである。理想と現実の区分は，より良い政策を検討する手順のひとつにすぎない。しかし，理想と現実の区分ができないと政策課題の特定すらできないので，ここで強調して説明している。

特定的と一般的の混同

　国の機能や構造などは，現実あるいは理想のいずれも，極めて多様で流動的である。従って，特定の国を前提として現実や理想を考えても，それは，その特定の国に固有のものに過ぎない。それは，普通でも，標準でも，平均でもない。たとえば，現時点の日本という国をどれほど詳しく理解しても，それは現時点の日本に特定的なものである。

　そこで，地域や時代を超えて指針となるような一般的な概念が考案されてきた。たとえば，近代国家，民主制国家，社会主義国，集権国家，などである。しかし，これらは，議論のための便宜的な指針に過ぎない。実際に，これらの指針となる国の概念を厳密に定義すると，現実に当てはまる国はひとつもなくなってしまう。このため，指針となる国の概念を特定的な国に対して当てはめる際には，慎重であることが求められる。

Point

特定的な国の特性を安易に一般的なものとして捉えるべきではない。

一般的な国の概念を特定的な国に対して安易に当てはめるべきではない。

　ここまで，政府と国家を検討する際に混乱する要因を3つほど紹介した。以下では，これらを踏まえて，政府や国家についてより深く検討していこう。

3　政府と国家の定義

ウェーバーの国家論（政府論）

　政府や国家について議論する際，ウェーバーが提示した定義が広く受け容れられている。これは，「国家とは，ある一定の領域の内部で正当な暴力行使の独占を（実効性をもって）要求する人間共同体である[5]」というものである。この定義は国家と政府を明確に区分していないが，ここでは政府についての定義だと捉えることにする。

> ― Point ―
> ウェーバーは，政府の定義において，「正当な暴力（行使）の独占」に焦点を当てる。

　以下，ウェーバーの見解を出発点として，政府の定義を掘り下げて検討する。

暴力と権力

　「暴力」とは，物理的な強制力（無理やりにいうことをきかせる力）である。ただし，個人による直接的な暴力だけでなく，組織化・制度化された強制力，すなわち権力と捉えた方が理解しやすい。そこで，以下では，暴力ではなく，権力という用語に置き換えたうえで，以下のように定義する。

定義▶▶権力

権力とは，自らの意向を他の主体に高い確率で受け容れさせる（組織化・制度化された）能力である。

　権力は国や政治について議論する際の最重要概念のひとつである。権力の概念はいまだに確定しているわけではないが，組織化・制度化された「無理やり

---

(5)　M.ウェーバー（脇圭平訳）［1980］『職業としての政治』岩波書店，9-10頁。ただし，訳文を一部省略している。

にいうことをきかせる力」という性質は共有されているといっていいだろう。

権力行使の場面

　権力の定義をしたので，その使い方・使われ方（権力の行使）について考えよう。まず，権力が行使される場面を，ルール形成場面とルール強制場面に分ける。ここで，ルール形成場面とは「すべきこと」を決定する過程である。また，ルール強制場面とは「すべきこと」を実現する過程である。

　ルール形成場面での権力行使は，ルール形成への参加者や関与の限定や誘導のために行われる。これは，不適切に行使されると，形成されるルールの内容を歪めたり，正当性を損なったりするかもしれないが，一方で，参加者の能力不足や意見対立によってルール形成が失敗しているときに適切に行使されるならば，ルール形成を促進あるいは回復する。

　ルール強制場面での権力行使は，ルール違反者の摘発と処罰を通じて，ルール内容を実現するために行われる。これはルールの実効性を担保するために必要であるので，行使そのものは当然視される。ただしそれでも，権力行使の適切性や有効性について議論の余地がある。不適切に行使される権力は，社会を破壊することもある。

図表12-3　権力行使の場面

ルール形成＼ルール強制	適　切	不適切
適　切		
不適切		

　このように，権力は，その行使の場面をルール形成とルール強制に分けることで，より緻密に理解できる（**図表12-3**）。権力を安易に過信あるいは無闇に恐怖するのではなく，まずは，権力行使の場面ごとに何が問題なのかを把握するべきである。

Point
権力行使は，ルール形成場面とルール強制場面とを分けて考えるべきであ

る。

Work

図表12-3が示す，権力行使の場面の四類型を前提として検討せよ。

(1)　「悪法も法である」（ここでいう「法」とはルールを意味する）として，権力行使
　　によってその法の内容の実現を強制することはどの類型に該当するか。

(2)　権力をもつ大人が形成したルールを子供に強制することは妥当だろうか。
　　あるいは，「大人」を「自国民」，「子供」を「外国人」としたらどうか。

(3)　ルール形成とルール強制のいずれの場面についても権力行使が「適切」で
　　あるとき，権力行使を批判することは可能だろうか。

権力の正当性：公権力

　ウェーバーによる国家（本書では政府）の定義では，権力（＝暴力）の正当性が
要求される。実際に，正当性を伴わない権力は，その存在や効果が制限される。
そして，この正当性は，倫理的な正しさ，形式的な正しさ，そして，実質的な
正しさという3つの観点から説明される。

　ウェーバー自身は，形式的な正しさに着目して，公式かつ合理的な手続きに
裏付けられた合法性を意図していた。しかし，ウェーバーは，ルール強制場面
で行使される権力だけに着目し，ルール形成段階で行使される権力を看過して
しまった。このため，不適切なルール（たとえば誰からも支持されず，不幸をまき散
らすルール）でも，公権力による強制を正当化してしまうものとして批判される。

　また，倫理的な正しさとは，多くの人々の価値観に合致することを意味する。
要するに，常識的に考えて適切だと評価されなければ，権力の正当性があると
はいえない。これは，「法の支配」という思想と結びついて，広く受け容れられ
ている。しかし，多くの人々に共通する価値観の明示的把握は困難である，ま
た，これは理想の提示であって現実の説明ではないといった限界がある。

　最後に，実質的な正しさに焦点を当てる正当化もある。ここで，実質的な正
しさとは「社会において，権力の保有や行使が，多くの主体に承認されている
こと」を意味する。これは，特定の思想や価値観に依存しない。また，承認の
範囲や強度に照らして，より客観的に評価できる。実践的に意味のある考え方

だといってよいだろう。

　そこで以下では，実質的な正しさという意味で，高い正当性を備えた権力を公権力と呼ぶことにしよう。

定義▶▶公権力

公権力とは，自らの意向を多くの主体に高い確率で受け容れさせる能力で，かつ，ある社会において幅広く承認されているものである。

政府の定義（再）

　先に，政府については「公権力を背景として統治を行う組織」と説明した。しかし，じつは，「統治する」ことは，政府の決定的な特徴だとはいえない。「公権力」こそが，政府を捉える鍵となる。

　一方で，たしかに，統治に着目して政府について説明することはある。「政府の役割は社会に秩序や発展をもたらすように統治することである」とか，「政府は，税金を集めて，内政や外交などの統治活動を行う」といった記述は広く見られる。ところが，秩序や発展の意味は多様であるし，秩序や発展をもたらさない政府も存在する。また，個別の統治活動をみても，政府に特有だと断定できない。徴税，外交，社会資本設備，医療・福祉，教育などの活動をみても，個人や企業が取り組むこともあるし，政府が実施しないこともある。

　他方で，政府が取り組む（べき）統治活動の内容や範囲は，公権力に基づいて決定される。公権力が統治活動の内容や実効性を改善するのであれば政府が実施し，さもなければ政府は実施しない。つまり，政府が優越性をもつ根拠は，結局のところ公権力ということになる。政府を捉える鍵となるのは，やはり，統治活動ではなく，公権力なのである。

Point

政府を理解するうえで鍵となるのは，活動の内容や目的ではなく，公権力である。

近代国家の概念

　国家については「政府を中心として秩序づけられた社会」とすでに定義した。ただし，この定義は一般的に過ぎるので，とくに18世紀以降に確立された国家の構造や機能を念頭においた，より限定的な国家概念として「近代国家」が提示されることが多い。

　そして近代国家として認める要件として，以下の四つが挙げられる。これらは，「（近代）国家の四要件」と呼ばれる。

定義▶▶国家の四要件（国民・領土・政府・外交能力）

国家の四要件とは，以下の諸要素から構成される。[(6)]

　　国　　民：永続的に帰属する人間
　　領　　土：確定された領域
　　政　　府：実効的な（公権力と能力を備えた）決定権と統治機構
　　外交能力：他国家との関係を構築する能力

　これらのうち，政府と外交能力を合わせて「主権」として，「国民・領土・主権」とする三要件と称することもある。なお，これらは要件であるから，ひとつでも満たされなければ，それは近代国家ではないことになる。また，これらの要件を全て満たしていても，近代国家とみなされないこともある。

　このため，現実に国家とみなされているものが，近代国家の概念に合致しないことがある。さらに，近代国家の概念を無批判に受け容れることで現実の国家との乖離や摩擦が発生し，深刻な問題を引き起こすこともある。以下の Work に取り組むと，近代国家の概念だけでは現実とうまく折り合わないことが分かるだろう。

Work

以下の各問いについて考えてみよ。

(1)　ある国家は，国家の四要件を備えているが，国民がいくつかの異なるタイ

---

(6)　ここでは，1933年に締結されたモンテビデオ条約（国家の権利及び義務に関する条約）の表現に依拠している。

プ（たとえば，言語・文化，政治的・社会的身分，所得や保有資産に差異がある）に
分かれている。このとき，国家は，国民タイプの相違は放置するべきか，あ
るいは，解消するべきか。また，その理由はなにか。

⑵　ある国家は，国家の四要件を備えているが，国民の一部が，他国家の領土
に居住している（たとえば，移民や難民，国境線変更のため）としよう。このとき，
国家は，他国家の領土に居住する国民に関与するべきか。また，関与するな
らば，他国家の領土に干渉することになるが，これは許されるか。さらに，
その理由はなにか。

⑶　ある国家は，国家の四要素を備えているが，政府の能力が不十分（適切な統
治活動を実行できない）だとしよう。このとき，その国家が，他国家の政治的・
経済的・軍事的な支援を受けることは許されるか。また，その理由はなにか。

4　政府の制度

権力と業務の制度化

　政府も組織であって，様々な制度や構造を持つ。では，政府組織は企業組織
となにが違うのだろうか。政府も企業も，取り組むべき業務を効率的に遂行す
るような制度を志向する点では共通する。しかし，政府は公権力を背景として
存在し，活動するという点で，企業とは異なる。このため，政府については，
権力の制度化を，業務の効率化を犠牲にしてでも，考慮することになる。

公権力であることの担保

　公権力というためには「社会において幅広く承認される」ことが求められる。
そこで，公権力を担保するための制度が開発されることになる。

　たとえば，議会制民主主義のもとでは，公式な制度として選挙がある。選挙
を通じて，議員，政党，政権，そして，首相や大統領，自治体の首長などが，
（少なくとも相対的には）「幅広く承認されている」ことが確認される。また，非公
式な制度としては，世論というものもある。マスコミ報道，街中の噂話，ネッ
トの書き込み，署名，街頭デモなどから，世論が形成されて，「幅広く承認され
ている」かどうかが評価される。世論は，世論調査や支持率調査によって，数

字で把握されることもある。

　そして，公権力を担保するための制度のもとで，公権力をめぐるライバル関係（権力闘争）が生まれる。ある時点で公権力を持つ主体は自らが幅広く承認されていることを示そうとするし，一方で，ライバルとなる主体はそれを動揺させようとする。権力闘争は，政策に関する議論の深化や周知を促進するのであれば望ましい。しかし，単なるパフォーマンス，虚偽情報，欺瞞工作，利益誘導，脅迫，暴力といった手段が用いられると，政策に関する議論を歪めることもある。このため，公権力を担保する制度を適切に確立・運用するための制度も必要になる。

> **Point**
>
> 公権力であることを担保するための制度がある。
> このような制度のもとで，公権力をめぐるライバル関係（権力闘争）が生まれるが，適切な権力闘争を担保するような制度も求められる。

権力の効率化と抑制

　公権力が確立されると，次に，個別的な権力の配置と行使についての制度が求められる。この制度においては，有効化と限定化という相反する目的が設定される。

　権力とは要するに「他者を意のままにコントロールする力」であるから，直接的かつ強力な効果を発揮する。このため，うまく活用すれば社会に望ましい成果をもたらすが，暴走すれば社会に不幸をまき散らすことにもなりかねない。そして，「うまく活用する」ために有効化が要請され，同時に，「暴走しない」ように限定化することも求められる。

> **Point**
>
> 公権力の配置と行使についての制度は，権力の有効化と限定化を同時に要請される。

　具体的には，権力の集中による有効化と権力の分散による限定化が利用され

る。

　空間的な観点からは，中央集権と地方分権という区分がある。国家全体の秩序維持や発展のためには，権力の集中による有効化，すなわち中央集権が望ましい。しかし，権力の暴走を抑止するためには，権力を中央と地方に分割し，それぞれの権力の有効範囲を限定したうえで，中央と地方が相互牽制するような，地方分権が望ましい。なお，地方分権を根拠づける理念は「補完性原理」と呼ばれることもある。近年では，地方ごとの多様な個別事情に迅速に対応するという有効化の観点から地方分権が推進されることもあるが，もともとは中央権力と地方権力の分離と相互抑制が意図されていた。

　また，組織構造の観点からも，権力を集中して有効化するか，分散して限定化するかが議論される。たとえば，災害や戦争などの緊急事態下においては，迅速かつ強力な対応のために，権力の集中＝有効化が志向される。しかし，平常時においては，暴走しないことが重視されて，権力の分散＝限定化が要請される。たとえば，よく知られているものとして，立法・司法・行政の「三権分立」がある。ただし，「三権分立」はひとつの例に過ぎない。権力限定化の制度として，古代の共和制ローマでは，最高権力を握る執政官（コンスル）は，全く同格の２名が選出されることになっていた。また，中世以降においても，王室と宗教組織，王室と議会との間で権力を分散し，相互牽制させていた。近代においても，市民オンブズマンや行政監査制度，第四の権力と呼ばれるマスコミも巻き込んだ相互抑制といった権力の分散＝限定化の仕組みがある。

　さらに，法的ルールによって，権力の有効化と限定化を企図することもある。権力の獲得や変動，行使に当たって一定の法的ルールを課すことで，権力を適切にコントロールする。たとえば，政治家や公務員の身分を法的に保証することで，安定した立場から権力行使を可能とする。これは有効化に繋がる。一方で，政治家の任期や多選を制限することで，権力を限定化する。

　なお，政府の制度については，行政学や政治学，憲法学のなかで詳しく議論されている。政府の制度について理解することは，政府という主体ないし組織の特性を理解するうえで重要である。本書とは別に，さらに学んで欲しい。

┌─ Point ─────────────────────────────────────
公権力の制度化は，空間的な観点からは中央集権と地方分権，組織構造の
観点からは複数機関への権力分割と相互牽制，そして，法的ルールに基づ
いて，権力の有効化と限定化を達成しようとする。
└──

Work

三権分立や地方分権が形式的に確立されているとしても，それらを超越する権
力が存在するならば，権力の限定化は失敗することになる。現代社会において，
このような超越的権力は存在するか，検討せよ。

5　政府の目的

政府の目的と国家の目的との関係

　政府は，自らの目的に照らして，適切な制度を構築し，適切な活動を実行し
ようとする。たとえば，経済発展という目的に照らして起業支援を行ったり，
国際社会でのプレゼンス向上という目的に照らして外交活動を行ったりする。
では，これらの活動は，国家の目的に合致しているのだろうか。

　政府と国家を分離して捉えるならば，それぞれ異なる目的をもつことになる。
政府は国家の目的を考慮するが，あくまで政府独自の目的を追求することにな
る。では，国家はどのような目的をもち，政府はどこまで国家の目的の実現を
目指すのだろうか。まずは，国家の目的から考えていこう。

国家の目的：標準的な議論

　国家は単一の主体ではないので，その目的は，国家を構成する様々な主体の
意向から仮構されることになる。ところが，主体間で共通の目的が存在すると
しても，それは偶然に過ぎないし，その内容も限定的である。たとえば，「豊か
な生活の実現」が国家を構成する人々の共通の目的だとしても，豊かな生活と
は具体的になにか，どこまで追求するかというと，人それぞれに相違する。こ
のため，国家の目的を安易に設定することはできない。

　一方で，国家の目的を仮構できないとも言い切れない。現実に，個別主体の

目的よりも国家の目的を優先することがある。たとえば，窃盗や暴力は，個人がそれを望んだとしても，国家として抑制を求める。あるいは，税金は，個人が望まないとしても，国家による徴収が正当化される。

　では，個人の目的を侵害してでも追求すべき国家の目的とはどのようなものだろうか。伝統的な政治学や法学では，自由，安全，公正，正義，公平，平和，福祉，繁栄などを挙げる。これらは直観的には理解できる。むしろ，当然だと思えるかもしれない。しかし，正義や公平といった概念を国家の目的とすることには，いくつかの難点がある。第一に，これらの概念の具体的な内容や評価が不明確である。第二に，これらの目的が相互に衝突することがある。たとえば，自由を追求すると公平が損なわれるといった状況がありうる。そして第三に，個人の目的を侵害してまでも追求する根拠が薄弱である。「正義を追求するべきだ」としても，「個人の財産や生命を侵害してまでも追求する」理由が明示されることはほとんどない。「正義を実現しないと（将来的に）個人の財産や生命をもっと失うから」という理由だとすると，最終的には個人の目的に還元されることになる。正義や公平といった概念は，批判しにくい雰囲気があるが，きちんと明確化し，冷静に評価するべきである。

Point

国家の目的を安易に設定するべきではない。正義や公平，平和なども，具体的に明確化し，冷静に評価するべきである。

国家の目的：社会状態の指標化

　政策の議論においては，仮構された国家の目的について，測定可能な指標を設定することもある。

　たとえば，1人当たり GDP（国内総生産）は，福祉や繁栄などの指標のひとつである。しかし，GDP だけでは一面的に過ぎるので，多様な要素を付け加えて総合的な指標を構成することもある。わが国でも，「社会指標（SI）」（1974-1984年），「国民生活指標（NSI）」（1986-1990年），「新国民生活指標（豊かさ指標）（PLI）」（1992-1999年），「暮らしの改革指標（LRI）」（2002-2005年）などが開発されてきた。また，近年では，国連による「世界幸福度ランキング」といったものもある。

国家の目的ないし成果の指標化は，広く普及している。

　ただし，これらの指標は，意図的あるいは恣意的に構成されていることに注意する必要がある。たとえば，国家の目的として，1人当たり GDP 以外に，資産額，所得や資産のジニ係数，貧困率，人口増加率，平均寿命，持ち家比率，正社員比率，女性の経営者・役員比率，病院数，公園数，図書館数，保育園数，犯罪発生率，検挙率，特許件数，起業数など，考慮すべき要素をいくらでも考案できる。しかし，このなかから，いずれの要素を選択し，どのように指標に組み込むのかというと，決まった方法があるわけではない。指標の開発者が自由に設定することになる。従って，国家の目的についての指標は，数字が独り歩きしないように，その定義やクセなどを十分に把握して利用する必要がある。

> ┌ Point ─────────────────────
> 　国家の目的についての指標は，その定義やクセを十分に把握する必要がある。
> └────────────────────────

国家の目的：功利主義

　国家の目的に関係しそうな要素を取捨選択して指標として構成する限り，指標開発者の意図や恣意が混入する。これを避けるために，社会の状態を人々の幸せから直接的に評価する考え方もある（**図表12-4**）。これを功利主義と呼ぶ。

定義▶▶功利主義

人々の幸せに直接的に基づいて社会の状態を評価する考え方を功利主義と呼ぶ。

図表12-4　国家の目的の指標化

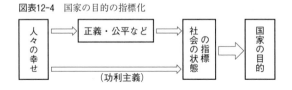

　功利主義にはいくつかの利点がある。第一に，正義や公平などの概念に振り回されにくくなる。正義や公平は「望ましいもの」とされるが，それらの定義

は確立されていないし，従って，それが社会にとって本当に望ましいかどうか
も分からない。そこで，最初から「人々の幸せ」に基づいて国家の目的を考え
るほうが，議論が単純化されて理解しやすくなる。第二に，正義や公平などの
概念間の調整を図れる。たとえば，自由と公平が衝突するときに，どちらも「望
ましい」とすると，いずれを優先するべきか判断できない。これに対して，功
利主義のもとでは，人々の幸せという観点から，自由と公平の調整を図ること
ができる。そして，これらを踏まえて，第三に，超越的な議論や，恣意的な操
作を発見し，排除しやすくなる。つまり，望ましいとされる正義や公平が人々
の幸せという観点から見て，本当に望ましいかどうかを確認できる。

　なお，功利主義は正義や公平などの概念と必ずしも対立しない。もし対立す
るならば，正義や公平が人々の幸せに反することになるが，人々の幸せを踏み
にじって実現すべき正義や公平には意味がない。

　また，功利主義は「人々の幸せに依拠する」だけでなく「最大多数の最大幸
福の実現を目指す」ことまで含意するとみなすこともある。しかし，この部分
は切り離して考えるべきである。功利主義としては，人々の幸せに直接的に依
拠することが決定的に重要である。追加部分の「最大多数の最大幸福」は付随
的であって，功利主義のなかでも見解が分かれている。

功利主義のもとでの社会の状態の指標化

　功利主義のもとで国家の目的を検討するためには，人々の幸せに基づいて，
その国家としての社会の状態を評価するための指標を構成する必要がある。

　先に述べたように，功利主義は「最大多数の最大幸福」を掲げることもある
が，その構成方法が「社会全体での人々の幸せの単純和」である必要はない。
政策目的に応じて加重和であってもよい。たとえば，子供や高齢者，傷病者や
障害者の幸せを重視して，社会の状態を評価する指標を構成してもよい。「功利
主義は弱者を切り捨てる」とは限らない。むしろ，「誰が弱者か」「どれほど重
視するか」を明示化することで，より実効的に弱者に寄り添うことができる。

　また，そもそも人間の幸せは，客観的な測定は不可能であるし，個人間での
比較も不可能である。このため，幸せに基づく功利主義は役に立たないという
批判もある。しかし，客観的に測定した幸せではなく，各個人の主観的な幸せ

に基づいて「全ての個人にとって相対的により望ましい状態」に着目すること
もできる。

図表12-5　社会の状態の評価

個人	各個人の幸せの相対的な評価
Aさん	りんご　＞　みかん
Bさん	りんご　＞　みかん
Cさん	りんご　＝　みかん

　たとえば，ある社会がAさん，Bさん，Cさんの3人から構成されており，
かつ，AさんとBさんは「りんご」よりも「みかん」のほうが好き（幸せが大き
い）で，そしてCさんは，「りんご」と「みかん」を同程度に好き（幸せが同じ）
だとしよう（図表12-5）。このとき，各個人の幸せの客観的な測定は不可能，個人
間の比較も集計も不可能，ただ各個人が自分自身の幸せを相対評価することだ
け可能という条件のもとでも，社会の状態を評価できる。すなわち，「りんご」
が供給される状態のほうが，「みかん」が供給される状態よりも望ましいと評価
できる。

Point

　功利主義のもとで社会の状態を評価するに当たって，弱者に配慮した指標
化や，客観的に測定不可能な幸せといった現実を踏まえた指標化も可能で
ある。

　もちろん功利主義にも多くの限界があるが，巷間にいわれる批判については
かなり克服されている。国家の目的となる社会の状態を評価するにあたって，
功利主義は有力な考え方となる。

政府による「国家の目的」の考慮
　国家の目的を把握できるとしても，政府がその実現を目指すとは限らない。
政府は，国家の目的を考慮しつつも，独自の目的を追求すると考えられる。
　たとえば，ニスカネンは，政府は独自目的として利用可能な予算の最大化を

目指すという仮説を立てた。この仮説のもとでは，政府による活動の内容は国家の目的に合致するが，活動の水準は予算最大化となるように過大になる。たとえば，オリンピックの開催は，活動内容としては国家の目的に合致するかもしれないが，規模や演出などの活動水準は過大になる。他にも，イノベーションの促進，防災，地域振興，医療や介護の充実など，活動内容は国家の目的に合致するが，活動水準は過大・過剰になっているかもしれない。

あるいは，ミギュエとベランジェは，ニスカネンとは異なる仮説として，政府は国家の目的に合致しない活動を紛れ込ませると考えた。たとえば，政治家や行政職員の自己満足や支持獲得，支配強化のために，豪華な公邸，重厚な公用車，公共施設，華美な儀式などへの支出がなされる。オリンピックや戦争も，国家が求めるからではなく，政府（を構成する政治家や行政職員等）が自己利益のために推進するのだと考える。

これらの仮説以外にも，政府の独自目的を検討する仮説はいくつか提示されている。いずれにせよ，現実的には，政府は国家の目的をそのまま追求するのではなく，独自の目的を追求するものと捉えられる。

┌─ Point ─────────────────────────┐

現実的な政府は，国家の目的を考慮しながらも，独自の目的を追求する。

└────────────────────────────────┘

これらの仮説を前提とすると，総合政策学としては，実証的に現実の政府がどのような目的をもつのか，また，規範的にどのような目的をもつべきなのかをそれぞれに考える必要がある。政府について検討するとき，現実と理想の乖離は，常に念頭に置いておくべきである。

---

(7)　W.A.Niskanen, [1971] *Bureaucracy and Representative Governent*, Aldine.

(8)　J.L.Migue, and G. Belanger, [1974] "Toward a General Theory of Managerial Discretion", *Public.Choice*, vol.17, Spring, pp.27-43.

6　政府の活動

政府の活動への俯瞰的視点

　政府の活動は，政府の目的に照らして決定され，実行される。ところが，前述のように，政府の目的が国家の目的と一致する保証はない。さらに，実行される政府の活動が，政府の目的と整合しないこともある。

図表12-6　政府の活動への俯瞰的視点

政府の目的と活動／国家と政府の目的	整合する	整合しない
一致する	ケース①	ケース③
一致しない	ケース②	ケース④

　これを，MECE を意識して，俯瞰的に整理してみよう（**図表12-6**）。ここでは，政府の目的と国家の目的が一致するか，そして，政府が実行する活動が設定された目的と整合するか，という２つの軸で整理する。すると，生起する状況は，ケース①〜④の４つに分類される。

　このうち，国家の観点から「理想的な」政府の活動といえるのは，適切な目的に適切な活動を選択するケース①だけである。ところが，現実には，ケース②やケース③が実現されてしまうこともある。旅行に喩えると，ケース②は，目的地は正しいが移動手段の選択や実行に難がある。従って，目的地にたどり着けないか，たどり着けるとしても無駄な苦労を負うことになる。一方，ケース③は，間違った目的地に適切な移動手段を選択・実行する状況である。移動は迅速・快適かもしれないが，そもそも正しい目的地に向かっていないことになる。なお，ケース④は，目的と活動のいずれもが不適切であるので，かえって，目的地に到達する可能性がある。しかしこれは偶然の結果であって，総合政策学として目指すものではない。

　繰り返しになるが，政府の活動はケース①となることが望ましいが，現実にはケース②〜④が生起することがある。そこで，ケース②〜④が生起するときに，その内容や問題の性質，原因に気づき，分析し，対処することが求められ

る。このことに気づくためにも，俯瞰的な視点が必要となるのである。

> **Point**
>
> 政府の活動が，国家の目的に合致し，目的と整合的であるかを確認するために，俯瞰的な視点を持つことが求められる。

政府の能力的制約

政府の目的が国家の目的と一致するとしても，政府の能力的制約のために，政府の目的と活動が整合しないことがある。このとき，結果として，国家の目的は適切に実現されない。

まず，国家の目的を具体的な政策目標に落とし込むことから容易ではない。たとえば，国家の目的は景気回復や災害対策，医療体制の拡充，世界平和であると，政府が正しく認識しているとしても，それらの目的を実現するための具体的な目標を確定することは容易ではない。

さらに，政府の活動は，情報収集，政策方針の決定，政策手段の設計，行動計画の策定といったプロセスを経て実践される。行動計画には，各行動の実施時期，担当者・部署，費用，リスクなどを特定し盛り込むが，見込み違いや状況変化もありうる。しかし当然ながら，このプロセスが完璧に推進されることはありえない。政府の能力的な限界を超えている。国家の目的がなかなか実現されないのは，政府の怠慢とは限らず，能力的制約も大きな要因となる。

> **Point**
>
> 国家の目的を実現するような政府の活動が実行されない要因として，政府の能力的制約を無視することはできない。

このため，政府の能力的制約への対処が求められるが，じつは，そのための知識や技能についてはこの教科書の前半部分で解説している。着眼力や考察力などを身につけて，能力的制約を少しでも軽減・克服してもらいたい。

政府の主要な活動

　政府は様々な統治活動を行うが，具体的に特定することはできない。政府ならば実行し，かつ，政府だけが実行する活動というものはない。それでも，ある程度，政府と結びつく傾向があるような主要な活動を紹介する。

　まず，政治学や法律学の立場からは，政府の目的を反映して，自由，安全，正義，平和，福祉などの社会的共通善の実現に関わる活動が議論される。とくに，社会的秩序の確立・維持といわれることもある。これは，立法，司法，行政などの活動に結びつく。また，理想を実現するための義務やルールを設定し，これらの義務やルールから逸脱する行為への処罰を志向する傾向がある。

> **Point**
>
> 政治学や法律学の立場からは，政府の活動として，社会的共通善の実現が議論される。

　次に，経済学の立場からは，功利主義的に（人々の幸せに着目して）社会の状態を改善する活動に焦点を当てる。具体的には，上記の自由や正義のほかに，「適切な資源配分の実現」「所得・富の再分配」「社会の安定化」および「異時点間の資源配分の適正化」を挙げることが多い。

> **Point**
>
> 経済学の立場からは，政府の活動として，「適切な資源配分の実現」「所得・富の再分配」「社会の安定化」および「異時点間の資源配分の適正化」を挙げることが多い。

　適切な資源配分とは，社会が求める財貨・サービスを供給するために必要な資源を何に，どのように投入するのかということを意味する。たとえば，食糧や医療サービスなどが求められているならば，それらの生産・販売・輸送・利用のために人員，予算，設備，金銭，技術，知識などが適切に投入され，活用される必要がある。この活動は極めて複雑であって，大量に生産すればよいというものではない。また，個人や企業のように自分自身に関わるミクロな視点

からは判断できない問題でもある。そこで，政府は，個別の財貨・サービスを直接的に供給するというよりも，むしろ，マクロな視点から，社会全体として適切に供給する仕組み・体制を構築する。すなわち，生活環境や事業環境，市場環境を整備することに主眼を置くことになる。

　事業や市場を通じて適切な資源配分を行うと，結果的に事業上の勝ち・負けや貧富の差が発生することがある。その緩和や解消が，所得・富の再分配と呼ばれる活動である。たとえば，税金等で富裕層から資源を調達し，補助金や現物支給を通じて貧困層に資源を提供することで，所得や富の平準化，ひいては，不公平感の解消のほか，安全や健康，教育機会や事業機会の均等化を図る。

　また，事業や市場の自律的な作用が，事業や市場自体あるいは人々の生活を不安定化させることがある。実際に，経済学が発展し，それなりに有効な経済政策が開発されるまでは，世界各地で深刻な生活破綻や事業破綻さらには恐慌が繰り返し発生していた。このような，国家・社会全体のレベルでの安定化は，やはり政府の活動によって対応することが求められる。

　最後に，やや分かりにくいかもしれないが，異時点間・世代間の調整も政府に期待される活動である。個別の人間や企業は，どうしても短期的な視点で物事を捉えてしまう。たとえば，保育園は幼児を育てている世帯，年金は退職した高齢者にとって重要な問題であるが，現時点で関係ない人には関心が薄い。あるいは，将来的な経済発展，経済成長，人口増大，環境保全，災害抑止に現時点で備えることは，現時点だけを見ると無駄に思える。しかし，10年，30年，100年，あるいは，それ以上のスパンで見ると，対応すべき問題である。そこで，政府が，長い目で見て，将来時点と現在時点でバランスをとるような活動に従事することが求められる。

Point

個人や企業のミクロな視点や短期的な視点からでは，捉えきれない，あるいは，対処できないような問題について，政府の活動が期待される。

　ただし，ここで紹介したのは，政府に期待される理想的な活動であって，現実の活動を説明しているわけではない。さらに，実践するうえで必要な，「どの

ように実行するか」「どのように機能するか」は検討されていない。これらの一部は，次章以降で説明する。

政府の活動の範囲と程度

　政府の活動を考えるとき，「何を行うか」だけでなく，「どこまで行うか」も重要である。たとえば，「景気拡大」「貧困・格差の解消」「医療制度の拡充」「環境保護」「イノベーション促進」といった活動の種類や内容については，幅広く支持されるだろう。ところが，これらの活動をどこまで行うべきかといった，政府の活動の範囲や程度については大きく意見が分かれる。そして，適切な活動の範囲や程度についての見通しが立たないと，政策は迷走することになる。

Point

政府の活動について，その種類や内容だけでなく，範囲や程度も考慮する必要がある。

　これは当たり前のことに思えるが，実際には看過されることが多い。たとえば，「環境保護」について範囲や程度を制限するような意見を述べると，「お前は環境が大切ではないのか」と詰られることがある。これに対して本書では，もちろん環境は大切であるが，環境だけが大切なわけではないし，環境保護のために他のあらゆる物事を犠牲にするほどではない，という立場をとる。究極的な目的に照らして適切なバランスを探るべきだと考える。

7　政府・国家に関わるその他のトピック

民主主義とはなにか

　日本は（一応は）民主主義（民主制）だといわれる。そして，民主主義は，独裁や専制に対して望ましいものとして位置づけられる。では，民主主義はそもそも何なのだろうか。日本は本当に民主主義なのだろうか。あるいは，「本当に民主主義」と呼べる国は存在するのだろうか。民主主義はなぜ望ましいのだろうか。まずは，以下の Work に取り組んでもらいたい。

Work

民主主義とはなにか，なぜ望ましいのか，本当に望ましいのか，自分の意見を
述べよ。

　国家や政府が関わる政策について議論するとき，民主主義を基準とすること
が少なくない。ところが，Work からも分かるように，民主主義は極めて曖昧な
概念である。ここまでに数多くの「曖昧な概念・用語」が出てきたが，その中
でもとくによく分からない言葉である。極端なことをいうと，普通の人々を排
斥・迫害するために「民主主義」が用いられることすらある。
　そこで，民主主義といった言葉を安易に振り回さず，また，振り回されない
ように，もう少し掘り下げて考えてみよう。

政治体制

　政治体制とは，公権力に着目した国家の全体的な構造である。国全体で，誰
がどのような公権力をもち，どのように行使するのかを捉えたものといってよ
い。

定義▶▶政治体制

政治体制とは，公権力に着目した国家の全体的な構造である。

　そして，民主主義（民主制）は全体主義や独裁制と並んで，様々な政治体制の
なかのひとつの形態となる。そこで，政治体制という枠組みのなかで，民主主
義，および，その他の用語の意味や評価について説明していく。

ダールのポリアーキー論

　ダールはアメリカの著名な政治学者である。とくに民主主義について現実的
かつ透徹した考察を展開した。ここでは，ポリアーキーと呼ばれる考え方を紹
介する。[9]彼は，民主主義が望ましい機能を発揮するためには，政治的決定に幅

---

(9)　R.A.ダール（高畠通敏・前田脩訳）[2014]『ポリアーキー』岩波文庫。

広く多数の人々が参加するという「包括性」だけでなく，政治的決定において多様な意見や主張が提出され，対等に検討されるという「競争性」も重要であるとした。

図表12-7　ダールのポリアーキー論

　ダールが提示した政治参加の包括性と政治的競争性という2つの軸から，大きく4つの政治体制のパターンを見つけることができる（**図表12-7**）。

(1)　包括的競争体制

　幅広く，多くの人々が政治決定に参加し，多様な政策が選択肢として議論される体制で，民主主義の理想形とされる。ダールはこの形態をポリアーキーと呼ぶ。

(2)　競争的寡頭体制

　政治決定に参加できる支配層は限定的・固定的であるが，政治的議論は活発な体制である。たとえば，支配層になるためには，特定の政党や宗教，血族，身分，階級，経歴が必要とされるため限定されるが，支配層の中では多様な議論や闘争が展開される。貴族制やエリート制が当てはまる。また，社会主義・共産主義のもとで，この政治体制に近づくこともある。

(3)　包括的抑圧体制

　幅広く政治参加できるが，自由な議論は制限される政治体制である。全員参加が義務付けられるが，誰も意見をいわない／いえないような状況である。この政治体制は，実質的には競争的寡頭体制ないし閉鎖的抑圧体制であるが，形式的に民主主義であることを標榜するために導入されることがある。あるいは，人々の政治参加の意識が低かったり，横並び意識や同調圧力によって，意見が封殺される場合もある。

⑷　閉鎖的抑圧体制

　支配層が限定的・固定的で，政治的議論も停滞あるいは制約される政治体制である。独裁制や絶対君主制がこれに該当する。一見すると理解しやすいが，現実には，他の政治体制との境界が曖昧だったり，他の政治体制を装うこともあるので注意する必要がある。

> ─ Point ─────
> ダールは，現実的な民主主義を捉えるために，政治的参加の包括性だけでなく，政治的競争性にも着目した。

Work
現代の日本（あるいは他の国でもよい）は，ダールが提示した４つの政治体制のいずれが最も近いだろうか。具体的な状況を念頭において考えてみよ。

政治的疎外

　ダールが明らかにしたように，政治参加が可能であっても自分の意見が無視される，あるいは，政治参加そのものが実質的に制限されることがある。これを政治的疎外と呼ぶ。

　政治的疎外を引き起こす要因は，年齢，学歴，宗教，国籍，出身地，性別，性意識など，多岐にわたる。社会の多様性が拡大すると，かえって政治的疎外が広がることになる。たとえば，「みんな同じ日本人」で共通の価値観や問題意識をもつならば，その意見は政治に反映されやすい。ところが，人々の価値観や問題意識が細分化されると，それらの全てを汲み取ることが不可能であるため，政治的疎外が発生することになる。

　そして，政治的疎外は，社会の分裂や崩壊，さらには，非合法的かつ過激な手段（自殺やカルト，テロ）を用いた政治的主張を引き起こすこともある。このため，政治的疎外を解消あるいは緩和する政策が求められる。しかし，これは容易ではない。たとえば，「多様な人々の多様な意見に耳を傾ける」ことは政治的疎外を解消する第一歩とされるが，これに続く第二歩が何であるかは定かではない。あるいは，「多数決が正しいとは限らない」「多数派の数の暴力は許され

ない」という主張もあるが，多数決に代替する政治的決定の仕組みが確立されているわけでもない。多数決を無視するということは多数派を政治的疎外に追い込むことになるが，これが正当化される根拠は乏しい。

　結局のところ，政治的疎外への現実的な政策は，その場しのぎの妥協策や弥縫策が多くなる。このために，かえって政治的疎外が蔓延することすらある。

全体主義とポピュリズム

　社会の多様化が政治的疎外を深刻化させ，社会の分断や混乱を引き起こすとき，その反動として（政治体制としての）全体主義やポピュリズムが生まれることがある。

　全体主義とは，簡単にいうと，誰も政治的疎外を感じない，あるいは，政治的疎外を感じる人が存在しない（存在することを許されない）ような社会を志向する考え方である。そして，その発生メカニズムとしては，政治的疎外（さらに経済的疎外や社会的疎外も）を感じる人々が，その解消の拠り所として，統合的で高邁な「皆が推進すべき方向性」に凝集することで全体主義が生まれるといった考え方もある(10)。

　しかし，全体主義に対しては嫌悪感や警戒感を抱く人も少なくない。そこで近年，全体主義に代わって政治的疎外の受け皿となっているのがポピュリズムである。では，そもそもポピュリズムとはなにかというと，まず，不遇を託っている人たちに対して「あなたたちは，邪悪な支配者層によって搾取され，虐げられているから不遇なのだ」という図式を提示し，次に「わたしは不遇なあなたたちに寄り添い，一緒に戦い，救済してあげる」といったメッセージを発するような手法あるいは思想を意味する(11)。

　このような手法あるいは思想は，歴史的にみれば目新しいものではない。また，不遇な人たちを救済する活動は，民主主義のもとでは望ましいものである。それにも関わらず，近年注目されているのは，その危険性が無視できなくなっ

(10) H.アーレント（大久保和郎・大島かおり訳）［1972〜1974］『全体主義の起源 1〜3』みすず書房。
(11) C.ミュデ，C.R.カルトワッセル（永井大輔・高山裕二訳）［2018］『ポピュリズム——デモクラシーの友と敵』白水社（14頁）を参考にした。

てきたからかもしれない。ポピュリズムは，社会を敵と味方に分断し，そして，流されやすい人たちの感情に訴えて対立を煽っていくことで支持を集め，権力の獲得・強化を図る政治手法であるともいえる。つまり，政治的疎外に直面する人たちを，救済するのではなく利用する。歴史に照らして考えると，このような政治手法が政治運動さらには政治潮流へと発展していくと，悲惨な結果に辿り着く可能性がある。

　そこで，総合政策学としては，全体主義やポピュリズムに無自覚に嵌まり込むことを回避するためにも，正しい知識や技能を身につけてもらいたい。つまり，小手先のテクニックではなく，幅広く知識や技能を身につけ，自分自身の頭で広く・深く考えることで，本当に世の中をより良くするような政策を考案できるようになってもらいたい。

Point

政治的疎外が生み出す全体主義やポピュリズムに流されることなく，本当に理想的な政策を考案することを意識すべきである。

8　まとめ

　この章では，「国」という概念の曖昧さを最初に確認したうえで，少しずつ明確にしていくことを試みた。政府と国家を分離したうえで，公権力に着目して，公権力の獲得，有効化と限定化の制度を検討したり，政府の目的，活動，能力などを整理した。さらに，その他の話題として，民主主義の意味を検討し，民主主義のもとでの政治的疎外，全体主義やポピュリズムについて紹介した。

　以上，「国」について幅広く紹介したように見えるかもしれないが，あくまで断片的・一面的なものであることを改めて強調しておく。「国」は「確かにある」ように見えながら，近づくと実体を見失う蜃気楼のようなものである。どこまで近づくか（近づけるか）という距離感を意識すると，混乱しにくいだろう。

第13章

主体間関係と政策

　これまでは，政策に関わる様々な知識や技能を個別的に紹介してきた。しかしここからは，様々な知識や技能を総合的に捉え，活用することを重視する。政策の対象となる問題は，ある環境のもとでの主体間関係のなかで発生する。また，政策の手段や，その効果も，ある環境のもとでの主体間関係を前提とする。そこで，まずは，主体間関係と政策との結びつきについて考えていこう。

1　主体間関係における問題の発生

政策課題となる問題の発生

　人々の財産や生命，幸せは環境に左右されることも少なくない。たとえば，台風や地震などの自然災害や，人間の老衰や寿命などは，それ自体は人間がコントロールできるものではない。しかし，現代社会において対処すべき問題は，人間に起因するものも少なくない。さらにいうと，政策課題となる問題は，個人，企業あるいは政府の関わり合いや相互作用（主体間関係）において発生することが多い。

不景気の発生

　たとえば，政策課題として重視される景気について考えてみよう。そもそも景気とは，簡単にいうと，ある一定地域における経済活動の活発さを意味する。そして，地域の経済活動が拡大するときが好景気，収縮するときが不景気と呼ばれる。

　ある地域における経済活動は，大まかにいうと，企業（の集まり）と個人（の集まり）によって行われる。そして，企業は財やサービスを生産して個人に対して販売し，これに対して，個人は代金を支払って財やサービスを購買して消費

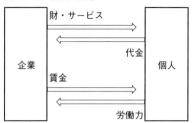

図表13-1　景気の決定

する。一方，個人は就業して労働力を提供し，これに対して，企業は賃金を支払って労働力を雇用する（**図表13-1**）。

　もし企業の生産・販売が拡大すれば，企業は，より多くの労働力を雇用し，より多くの賃金を支払う。また，労働力がより多く雇用され，より多くの賃金を獲得すれば，個人は，より多くの代金を支払って，財やサービスを購買する。つまり好景気になる。ところが，何らかの事情によって財やサービスの生産や販売が停滞すれば，企業は賃金カットや雇用縮小を行う。そして，賃金カットや雇用縮小が行われれば，個人は財やサービスの購買を減らす。そして，個人が財やサービスの購買を減らせば，企業の生産・販売は縮小して，そのためにさらなる賃金カットや雇用縮小が行われる。つまり不景気になる。

　このように，企業の生産・販売と個人の購買・消費，個人の就業と企業の雇用といった活動の相互作用のなかで景気が決定され，そして活動の停滞・縮小が累積的に繰り返されることで不景気が発生する。

環境破壊の発生

　環境破壊にも多様なパターンがあるが，ここでは大気や海洋，生態系などの自然環境の破壊について考えてみよう。まず，これらの環境には，一定のキャパシティがあって，何らかの負荷をかけられても，このキャパシティを超えなければ環境は維持される。ところが，キャパシティを超えるような過度の負荷がかけられると環境破壊が発生する。

図表13-2　環境破壊の決定

　以下，ある環境Ⅹの環境破壊について数値例で説明してみる（図表13-2）。ま
ず，この環境Ⅹ（例：大気）のキャパシティは100とする。そして，関係する主体
A，B，Cそれぞれが活動を実行すると環境Ⅹに負荷（例：温暖化ガスの排出）が
かかる。ここで，各主体が自らの活動を自由に選択すると負荷50，抑制すると
負荷30だとしよう。もし，全ての主体が抑制を選択すると負荷の合計は90であ
り，環境Ⅹのキャパシティに収まる。ところが，全ての主体が自由に選択する
と負荷の合計は150となり，環境Ⅹのキャパシティを超えてしまう。すなわち，
環境Ⅹは破壊されてしまう（例：温暖化の発生）。

　さらに，主体Aだけが抑制（30）を選択しても，主体BとCが自由（50）を
選択するならば，負荷の合計は130となり，やはり環境Ⅹは破壊される。そして，
どうせ破壊されるのであれば，主体Aも抑制ではなく自由を選択してしまうか
もしれない。

　このように，各主体がそれぞれに選択する活動が全体として合計されること
で環境破壊が発生するし，さらに抜け駆け的な行動の相互作用のために環境保
護が難しくなる。

学校でのいじめの発生

　いじめは，深刻な政策課題のひとつである。「いじめは悪い」ことは広く認識
されているが，現実には，様々な場面で（大昔から・大人の間でも・学校以外でも）
発生する。ここでは比較的にイメージしやすい学校でのいじめを考える。

　まず，大前提として，いじめは，いじめる側（いじめっ子）といじめられる側
（いじめられっ子）という主体間関係で発生する。しかし，現実の事例をみると，
それほど単純ではなく，様々な主体の活動や影響が絡まりあっていることが多
い。

図表13-3　いじめの発生

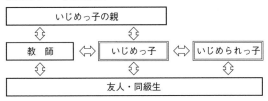

　たとえば，親の性格や振る舞いがいじめっ子の性格や行動に影響を与えることがしばしば指摘される。また，子供にとっての上位者・強者（親や教師）からストレスを与えられると，そのはけ口が下位者・弱者に向かうことも確認されている。また，親・教師・同級生などが，積極的に抑止せずに傍観者となると，いじめが深刻化するともいわれる。

　このように，いじめっ子といじめられっ子の間だけでなく，周囲の様々な人間まで含めた主体間関係によって，いじめの発生やその内容が影響される（図表13-3）。

政策課題の発生メカニズムの分析

　以上の例から分かるように，政策課題となる問題は，しばしば主体間関係において発生する。しかし，「発生する」ことが分かっても，それだけでは，問題の評価や政策手段の開発にはつながらない。問題の発生メカニズムを解明することまで求められる。

　主体間関係における問題の発生メカニズムとは，どのような要素と，どのような条件のもとで，どのような作用を通じて，いかなる帰結（問題）が発生するのか，という構造あるいはプロセスを意味する。しかし，現実は極めて複雑であるから，そのまま理解することは難しい。そこで，複雑な現実を単純化して，理解可能・操作可能にした図式（「モデル」と呼ぶ）を構築して，モデルに基づいて考察することが多い。モデルでは，考察対象に関わる「要素」「条件」「作用」「帰結」をできる限り明示する。また，政策課題となる問題の発生に影響を与える要素などを解明したいのであるから，影響しないものは，「影響しないもの」として，これも明示的に取り扱うことになる。

図表13-4　問題の発生メカニズム

```
   ┌────────┐   ┌────────┐
   │ 要素 α  │   │ 要素 β  │
   └───┬────┘   └───┬────┘
       └──────┬──────┘
          ┌───┴────┐          ┌────────┐
          │  作用A  │          │ 要素 γ  │
          └───┬────┘          └───┬────┘
      条件①      条件②              │
   ┌────────┐      └───────┬─────────┘
   │問題発生なし│        ┌───┴────┐
   └────────┘        │  作用B  │
                     └───┬────┘
              条件③        条件④
          ┌────────┐   ┌────────┐
          │問題p発生 │   │問題q発生 │
          └────────┘   └────────┘
```

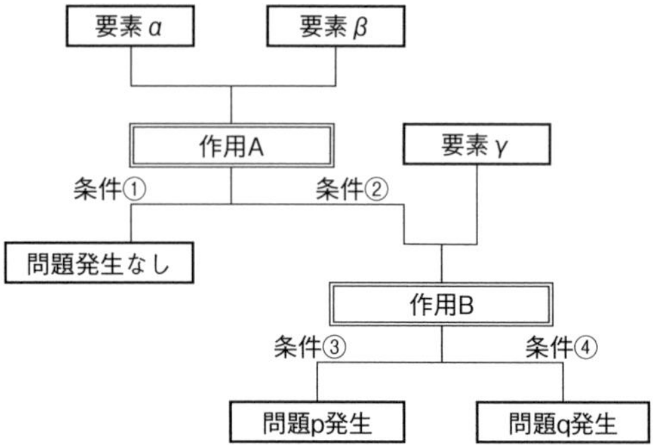

　ひとつの例として，ある問題 p ないし q が発生するメカニズムをモデルとして捉えてみよう（**図表13-4**）。すなわち，このモデルでは，要素 α と β の間で作用 A が発生することが出発点となる。そして，条件①のもとでは問題が発生しないが，条件②が成立すると次の段階へと進む。そして，ここに要素 γ が加わり，作用 B が発生すると，条件③のもとでは問題 p が，条件④のもとでは問題 q が発生する，ということを表している。

　このように，モデルを利用することで，どのような環境，主体間関係のもとで，なぜ，どのように問題が発生するのかを検討することが可能になる。また，モデルは「誰でも理解できる」ものであるから，検討の前提，途中経過，結論に至る筋道や根拠を共有することもできる。さらに，うまく考察できなかったとしても，その要因を検討することができる。一方で，モデルを利用しなければ，掘り下げて考察することも，考察のプロセスや帰結を他者と共有することも難しくなる。

Point

実践的な政策を検討するために，主体間関係のモデルに基づいて，問題の発生メカニズムを解明するように，掘り下げて，共有可能なかたちで考察する。

2　主体間関係を通じた政策の設計と遂行

政策（関与メカニズム）の設計

　政策課題となる問題の発生メカニズムを解明すると，その問題の発生を回避・抑制するための要素，条件，作用も見えてくる。たとえば，**図表13-4**に即して説明すると，要素 a の発生を抑制する，作用 A を機能不全にする，条件②を破綻させることによって，問題 p や問題 q の発生を回避することができるのではないかとの仮説を立てられる。

　さらに，問題発生を回避・抑制する手段の有利・不利についても検討できる。たとえば，要素 a の発生抑制と作用 A の機能不全化という対処手段の間で，コストの大小，確実性の高低，実行期間の長短といった比較が可能となる。

　そして，政策としては，最終的に望ましい帰結に到達するように，何を操作し，何がどのように機能するかという関与メカニズムを開発することになる。

Point

　問題の発生メカニズムを前提として，問題発生を回避・抑制するような政策（関与メカニズム）を開発する。

　なお，現実の政策の議論において，「できるだけ多くの政策オプション（政策の対象や手法についての選択肢）を抽出し，評価すべきだ」と主張されることがある。これはその通りなのだが，政策オプションを抽出し，評価するための方法が分からなければ，実践的になにをすべきかが分からない。これに対して，モデルを利用して問題発生メカニズムと関与メカニズムを開発するという考え方は，政策オプションの抽出および評価のプロセスを明示化，客観化，体系化できる。すなわち，考察過程を共有しやすいので，多様な人たちが寄り集まって政策オプションを検討する状況でとくに優位性を発揮する。

政策の遂行と主体間関係の調整

　政策の関与メカニズムを開発したら，続いて，具体的な政策手段に落とし込

み，それを遂行するフェーズへと移る。政策は，開発することが目的ではなく，実行され，望ましい成果をもたらさなければ意味がない。

　そして，政策を遂行するためには，様々な政策資源を実際に調達し，管理し，運営する必要がある。これらの活動は，個別的にみれば，本書の前半で解説した，着眼力・発見力，知識力・情報力，考察力・分析力を下敷きとした発信力・実践力に還元される。政策を適切に遂行するためには，まずは，これらの知識・技能を向上させる必要がある。

　ところが，政策の設計そして遂行においては，個別の活動を適切に実行しても，望む成果を獲得できないことがある。なぜなら，実際の政策は，主体間関係を通じて遂行されるし，実行された政策の作用・効果も，主体間関係を通じて発揮されるからである。たとえば，AさんとBさんがいずれも適切に活動しても，それぞれの思惑や行動の間にズレや摩擦が発生して，全体としては不適切な帰結に陥ることがある。

　このような状況では，リーダーシップに期待することもある。指導力をもつ誰かが，政策が適切に遂行されるように，関連する人々の思惑や行動を調整するべきだというのである。たしかにリーダーシップは政策を実践するうえで重要な役割を果たすのだが，安易にリーダーシップを振り回すことにも注意するべきである。理由はいくつかあるが，根本的には，そもそもリーダーシップの定義と機能のいずれもがよく分からないからである。実際に，「リーダーシップ」の名のもとに力づくで反対意見を抑圧し，政策は遂行されたけど，結局のところ調整には失敗していて成果はさっぱり，といった事例も少なくない。

　主体間関係を調整するためには，リーダーシップといった手段に依存する前に，主体間関係における調整メカニズムを理解しなければならない。

調整メカニズムを通じた政策の実践

　調整メカニズムについては第8章5節ですでに簡単に紹介した。その定義は以下のようなものであった。

定義（再）▶▶調整メカニズム

調整メカニズムとは，各主体の意思決定を改善し，主体間の相互作用における

利害対立を抑制し，協調を促進するような仕組みである。

　この定義から分かるように，リーダーシップも調整メカニズムのひとつであるし，他の代替的な調整メカニズムもありうる。従って，調整メカニズムを理解し，調整メカニズムに依拠して，政策を実践していくことになる。これをまとめたのが**図表13-5**である。

　まず，社会における要素間関係（とりわけ主体間関係）は調整メカニズム（便宜的に X とする）を通じて相互作用が規律づけられる。そして，調整メカニズム（X）が適切に機能すれば「目的達成」になるが，十全に機能しないと「目的未達成」になる（理想−現実ギャップが発生する）。そこで，調整メカニズム（X）の機能不全を解消するように，政策を設計・遂行することを目指す。ただし，誰が政策主体となり，どのような政策をどのように設計・遂行するのかも調整メカニズム（便宜的に Y とする）によって影響を受ける。

図表13-5　調整メカニズムを通じた政策の実践

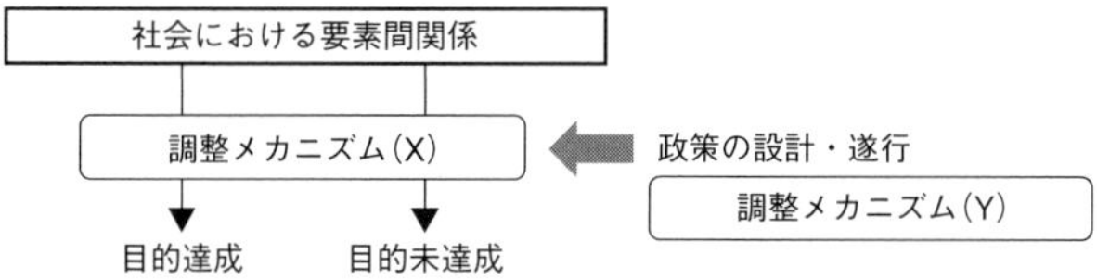

　まとめると，政策の実践とは，①政策目的を設定する，②政策目的が実現されない背景を（調整メカニズム X に焦点を当てて）解明する，③（調整メカニズム X の機能不全に対応するように）（調整メカニズム Y の影響のもとで）政策を設計し，（調整メカニズム Y を通じて）遂行する，という一連のプロセスとなる。このプロセスは，政治過程や政策過程を，機能・メカニズムに着目して捉えたものともいえる。

3　調整メカニズムのさらなる理解へ

合理主義の限界

　上記で説明した「政策目的を達成するように最適な政策を合理的に設計し，

実行する」というような考え方は，合理主義や設計主義とも呼ばれる。そして，合理主義や設計主義を安易に信奉しすぎると，「大事なことを見落としている」「予想通りに機能するはずがない」といった理由から批判されることがある。

　このような批判は正しい。どれほど緻密に考察しても，完全無欠な政策実践はありえない。しかし，実践的な政策を志向するからこそ，「批判しておしまい」というわけにはいかない。「ではどうするべきか」を検討しなければならない。むしろ，政策についての実際的な議論は「合理主義の限界」に直面する状況からスタートする。

調整メカニズムを理解する意義

　合理主義に限界があるとしても，直観主義や先例主義に立ち戻るわけにはいかない。これらは「なにが大事か考えない」「予想の根拠も妥当性も考えない」ので，合理主義よりさらに劣る。合理主義を基礎としながら，できるだけ改善していくことを考えよう。

　そこで，調整メカニズムをより深く，緻密に理解し，操作することを試みる。「大事なことを見落とす」あるいは「期待通りに機能しない」のは，調整メカニズムがうまく機能しないからである。そこで，調整メカニズムがうまく機能するような条件や手法を解明することで，より良い政策実践を目指す。

> ┌─ Point ─────────────
> より望ましい政策実践のためには，調整メカニズムをより深く，緻密に理解し，操作する必要がある。

　なお，メカニズムというと，「機械的で，人間味のない無味乾燥な仕組みや作用」という印象があるかもしれないが，それは少なくとも本書においては誤解である。むしろ，それぞれに思い悩み，我儘で，短慮に行動するような人間を前提としている。このような生身の人間だからこそ，調整メカニズムに着目する意義がある。

　そこで，実践的で，人間味のある政策を考えるための調整メカニズムについて，次の章で詳しく説明していく。

4　まとめ

この章では，主体間関係について，メカニズムに着目して捉えたうえで，主体間関係のメカニズムにおいて政策課題が発生し，主体間関係のメカニズムを通じて政策を実践するという考え方を説明した。この考え方のもとでは，「悪い」主体や「悪い」行為を発見して処罰するのではなく，望ましくない状況が発生するメカニズムそのものを理解し，操作することに焦点を当てることになる。

第14章

調整メカニズムの分類と活用

　この章では，調整メカニズムの3つの主要形態に焦点を当てて解説する。調整メカニズムに関する議論は，いわゆる市場経済が確立されるはるか以前から蓄積されてきた。古代中国の法家や儒家，古代ギリシャの思想家・哲学者たちも，調整メカニズム（という用語は使わないが）について議論を展開している。調整メカニズムとして様々な仕組み・形態を考えることができるが，ここでは政治的調整，市場的調整および慣習的調整という3つにまとめて整理する。

1　公権力と政治的調整

政治的調整の定義

　政治的調整は，3つの調整メカニズムのなかでは，最も単純で分かりやすく，最も効果的なものである。人々の利害や行動を調整しようとするとき，真っ先に想定されるのはだいたいこれである。その概念は，以下のように定義される。

定義▶▶政治的調整

政治的調整とは，公権力に依拠して，主体間関係の調整を行うメカニズムである。

　なお，公権力とは，「自らの意向を多くの主体に高い確率で受け容れさせる能力で，かつ，ある社会において幅広く承認されているものである」（第12章3節）。従って，政治的調整とは，簡単にいってしまうと，強制的に指示・命令に従わせる力に依拠して機能する調整メカニズムということになる。

　たとえば，主体Aが公権力を保持し，主体Bとの主体間関係を調整する場合は，下図のように描かれる（**図表14-1**）。主体Aは，主体Bの存在や活動につい

て強制的に変更を迫る。そして，主体Bは，公権力の強さに応じて，それを受け容れることになる。

図表14-1　政治的調整

政治的調整の機能

　政治的調整のメカニズムとしての機能は明確である。このメカニズムは，公権力が及ぶ範囲においては，正しさや望ましさに関わらず，とにかく機能する。

　たとえば，なんらかの意味で「悪い人」がいたとすると，公権力に基づいて，その人物を捕捉し，処罰することで，「悪い人」を抹消あるいは排斥する。あるいは，特定の行為について，処罰を脅しにして禁止することもあるし，逆に報奨を与えて促進することもある。このとき，ある人物が「悪い人」であるかどうか，ある行為を「禁止するか促進するか」は，最終的には，公権力の保持者が判断する。

　なお，政治的調整は，必ずしも独裁的であるとは限らず，いわゆる民主主義のもとでも存在する。公権力が民主的な手続きを通じて社会的に承認されるかどうかという違いはあるが，人々の利害や行動を強制的に調整するという点では変わらない。また，「せっかく強力な調整メカニズムなのだから，もっと幅広く，もっと柔軟に利用せよ」といった主張もある。景気対策でも，自然災害でも，いじめ問題でも，なにか政策課題があったら政治的調整に頼る人は少なくない。

政治的調整と国家・政府

　政治的調整は，国家・政府と関連する傾向があるが，国家・政府だけに固有であるとまではいえない。

　国家・政府が，政治的調整ではなく，後述する慣習的調整や市場的調整を利用することもあるし，国家・政府が慣習的調整や市場的調整に組み込まれ，コントロールされることもある。また，個人や企業が政治的調整を利用すること

もある。企業組織やビジネスはもちろん，小学校のクラスや町内会でも，政治的調整を見出すことができる。

　一方で，様々な公権力について，より上位の公権力を突き詰めていくと，国家との関連性が強くなることも事実である。つまり，個人や企業が保持・行使する公権力はより上位の公権力によって担保あるいは制限されるが，これをより上位へと遡っていくと，最上位の究極の公権力は国家に帰着する。

> ─ Point ─
> 究極的な公権力は，規範的議論としては，国家に帰着する。

　ただしこれは，「そうあるべきだ」という規範的な建前であって，必ずしも実証的な現実ではない。また，国際社会においては，公権力は存在すら不明確である。しかし，これらの注意点を踏まえた基本的な見方としては，公権力と国家との結びつきを想定してよいであろう。

政治的調整の失敗

　政治的調整は，明確かつ強力であるが，いくつかの限界もある。その要因と態様は大きく3つに分けられる（**図表14-2**）。

　第一に，公権力が弱いために，政治的調整が十分に機能しないことがある。公権力は，この調整メカニズムが実効性を発揮するための前提である。従って，公権力が脆弱あるいは不安定であると，適切に機能しない。公権力の有効化が弱いだけでなく，限定化が厳しすぎることもありうる（第12章3節）。

　第二に，公権力が強いとしても，公権力の保持者が適切な意欲をもたないことがある。たとえば，公権力の保持者が自身の利益を追求する（第12章4節）と，政治的調整メカニズムは歪められてしまい，望ましい成果を実現できない。

　第三に，公権力が強く，公権力の保持者が適切な意欲を持っているとしても，十分な能力を伴わないことがある（第12章6節）。能力とは本書の前半で説明した着眼力や情報力などを意味するが，これらの知識や技能に限界があると期待する成果を実現できない可能性が高くなる。

図表14-2　政治的調整の失敗

公権力	能力と意欲		
	兼備する	意欲がない	能力がない
強　い	問題なし		
弱　い			

Point

公権力の弱さ，公権力保持者の意欲，能力といった要因から，政治的調整
は失敗することがある。

　これらの要因のなかで，公権力保持者の能力は，改善しやすそうに見える。
確かにある程度までの改善はできる。しかし，十分な水準まで到達することは
容易ではない。たとえば，たかだか10人の集団だとしても，この集団が直面す
る状況を理解し，チームとしての適切な目的を設定し，各メンバーの才能や意
向，直面する状況を把握し，各メンバーに適切な指示を適切なタイミングで出
すことは，困難であるというより，ほとんど不可能である。これが，より大き
な社会における国家になると，政治的調整が理想的に機能すると想定すること
はできない。政治的調整は，少人数の限定的な状況では極めて強力であるが，
政策に関わる一般的な状況では能力的制約が厳しく作用する。

Point

実際に政策を検討する場面では，政治的調整メカニズムは，能力的制約が
決定的に作用する。

他の調整メカニズムへの期待

　政治的調整は明確であるし強力である。それでも，調整メカニズムとして不
可避的に失敗することがある。失敗要因のうち，公権力については強化できる
かもしれないし，意欲についても「自分は大丈夫」と思えるかもしれない。し
かし少なくとも，能力について楽観的に考えることはできない。政治的調整だ
けで，主体間関係の利害や行動を調整することには無理がある。そこで，他の

調整メカニズムについても検討する必要がある。

2　共通感覚と慣習的調整

慣習的調整の定義

　慣習的調整は，分かりにくいと同時に，気づきにくい調整メカニズムである。すでに存在し機能しているものであって，無意識的に従っていることが多い。まず出発点となる定義は，次のように与えられる。

定義▶▶慣習的調整

慣習的調整とは，共通感覚に基づいて主体間関係の調整が行われるメカニズムである。

図表14-3　慣習的調整のメカニズム：概要

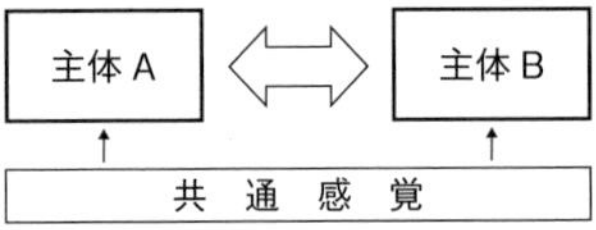

```
┌────────┐        ┌────────┐
│ 主体 A  │ ⇐⇒ │ 主体 B  │
└────────┘        └────────┘
     ↑                 ↑
┌─────────────────────────┐
│    共　通　感　覚         │
└─────────────────────────┘
```

　ここで共通感覚とは，常識，コモンセンス，慣習ないし習慣，文化，社会的価値観，自生的秩序などとほぼ同じ意味であるが，できるだけ中立的な用語として「共通感覚」を使っている。大まかなメカニズムは**図表14-3**のようになるが，まだ実感を伴って理解できないであろう。メカニズムの詳細を説明するまえに，事例をいくつか紹介しよう。

慣習的調整の日常的事例

　Ａさんは，大学まで電車で通っている。今日は１限から授業があるので朝から満員電車に乗り込んだ。目的駅に到着すると，自動改札を抜けて，キャンパスへと向かう。途中のコンビニでおにぎりとコーヒーを買った。買ったおにぎりを食べながら，キャンパスまでの道のりを急いだ。

　この日常的な風景のなかで，数多くの慣習的調整が機能している。たとえば，電車に乗るためには，乗車方法，駅の構造，運行システムなどについて，人々

の間に共通感覚が存在し，多くの人がその共通感覚に従っているので，スムーズに利用することができる。あるいは，コンビニが存在し，コンビニではおにぎりとコーヒーを購入できるという共通感覚がある。さらに，おにぎりを食べ歩きしてもよいという共通感覚がある。そして，これらの共通感覚がないと混乱やトラブルが発生することがある。コンビニに行って目当ての商品がなくて落胆するのは，「普通なら買えるはずだ」という共通感覚があるからだ。また，コンビニとしても，「普通なら売れるはずだ」という共通感覚のもとで品揃えを決定している。実際に外国に行くと，公共交通機関の利用や，買い物の仕方，街中での歩き方ですら，普段の共通感覚と乖離していて，困惑したり，トラブルに巻き込まれたりすることがある。

　そして，この日常的な風景を政治的調整だけで実現するのは不可能である。誰が何時何分の電車に乗るのか，コンビニはどのような品揃えにするのか，誰がどのような商品をいくらで買うのか，これらの全てを公権力が決定して強制することはできないし，もしできたとしても望ましい結果にはなる可能性は限りなくゼロに近い。

　不特定多数の人々が，なんとなく「こうだよね」という感覚を共有し，その感覚に従っていることで，全体としてうまく調整されている。これが慣習的調整である。日常生活だけでなく，家族関係，働き方，ビジネス，政治など，あらゆる場面で慣習的調整は存在し，機能している。

Work

慣習的調整の事例を3つ発見し，説明せよ。

また，共通感覚の乖離を意識した体験があれば説明せよ。

慣習的調整のメカニズム

　慣習的調整が存在し機能していることは間違いないが，どのように存在し，機能しているのだろうか。また，その結果は望ましいものなのだろうか。政策の議論と繋げるためには，そのメカニズムを掘り下げて理解する必要がある。

図表14-4　慣習的調整のメカニズム：循環的構造

　いま，ある集団ないし社会において，人々の間になんらかの思考様式や行動様式が共通感覚として存在するとしよう。たとえば，信号機の赤は「止まれ」を意味すると考える，あるいは，仕事上の初対面の人とは名刺を交換する，といった思考様式や行動様式が広く共有されている。そして，この共通感覚に従った行動が人々に望ましい状況をもたらすとしよう。たとえば，信号機の赤で止まると事故を抑止できる，あるいは，仕事上の初対面の人と名刺を交換すると仕事が円滑に進む，といった状況が実現される。すると，人々は，当初の共通感覚を正しいとみなすとともに，その共通感覚に従う行動も正しいものとされて，広く実行されるようになる。すなわち，共通感覚が適切な行動を促し，適切な行動（がもたらす望ましい状況）が共通感覚を強化するという循環的構造が生まれる（図表14-4）。そして，この循環的構造が円滑に機能する限り，人々はこの共通感覚に従って行動するし，人々の行動が調整されて望ましい状態が実現され続ける。これが慣習的調整のメカニズムである。

慣習的調整の実例：日本の教育年度

　先に述べたように，慣習的調整は社会のあちこちに存在し，機能している。しかし，あまりにも広く，当然のことになっていて，気づかれないことも多い。また，日常的な生活やビジネスだけでなく，社会全体に関わるような大掛かりな事例もある。ここでは，比較的に大規模な慣習的調整のひとつとして，学校の教育年度を紹介する。

　日本の学校は，基本的に，4月から3月までの1年間を基礎単位とする教育年度を採用している。しかし，そうでなければならない強い理由があるわけではない。ここに慣習的調整のメカニズムが働いている。

　つまり，「学校は 4 月開始，3 月終了という教育年度に従う」という共通感覚があり，この共通感覚に従って，学校は入試やカリキュラムを設計し，生徒や学生は勉強スケジュールを立て，学校外でのスポーツやイベントが開催され，企業は採用活動を行い，入学・進級・卒業などを題材とした小説や映画などが制作される。そして，その結果として人々の思考や行動が調整されて望ましい状況が実現されることで「学校は 4 月開始，3 月終了という教育年度に従う」という共通感覚が強化される。

　そもそも江戸時代まで，学校は随時入学・随時修了であった。そして，明治初期に近代的な教育制度が整備されはじめた時点でも，入学時期や教育年度は学校ごとにまちまちであった（むしろ 9 月入学が主流だった）。ところが，政府財政が 4 月を年度始めとすることに合わせて，義務教育の小学校も1892年から 4 月開始（「小学校令」改定は1900年）となり，これに合わせて，順番に，中学校（1901年），高校（1919年），帝国大学（1920年）も 4 月開始となり，帝国大学に合わせるために私立大学も 4 月開始になった[1]。では，政府財政が 4 月始めとなった理由は何だろうか。じつは，それまでの政府財政は 1 月から12月の一年間を会計年度としていた。ところが，1884年の歳入が足りなかったため，翌1885年の 3 月までの歳入を先取りして繰り入れてしまった。このため，なし崩し的に1885年の会計年度は 4 月開始（の翌年 3 月までの 1 年間）となり，正式には，1886年から会計年度の 4 月開始が確立された[2]。

　このように，全くの偶然で始まった「4 月から 3 月までの教育年度」であるが，慣習的調整を通じて，定着し，さらに強化されながら今日に至っているのである。

慣習的調整の失敗

　慣習的調整は，特定の誰かが主導的に設計・運営しているのではなく，ある集団・社会に属する人々が無意識的に影響を与え合うことで，自然発生的に確

---

(1)　文部科学省［1972］「学制百年史」，および，佐藤秀夫［1990］「学年始期の統一化過程——学校接続条件の史的考察」『国立教育研究所紀要』117号。

(2)　柏崎敏義［2011］「会計年度と財政立憲法主義の可能性——松方正義の決断」『法律論叢』（明治大学）第83巻　第2-3号（122-126頁）。

立され，自律的に機能する。これが長所であり，短所ともなる。つまり，調整メカニズムとして理想的に存在・機能しないこと（慣習的調整の失敗）がある。

　まず，慣習的調整は，適切な共通感覚が存在する限りはうまく機能するものである。ところが，現実の共通感覚は意図的に構築されるわけではないので，適切である保証はない。むしろ，「ないよりはマシ」という程度の成果しかもたらさないことも多い。

　さらにいうと，改善・改良することも難しい。関連する多くの人々の共通感覚と行動を一斉に変更させることは容易ではない。慣習的調整の失敗を克服するようなリーダーシップに着目する議論（第7章2節の変革型リーダーシップ）もあるが，かなり高度な技能になる。

　失敗要因の最後として，環境変化に対して脆弱である。慣習的調整は，共通感覚が確立されるためにも，共通感覚が特定の行動を促進するためにも，環境が安定していることが前提となる。環境が大きく変動すると，慣習的調整のメカニズムが機能しなくなる。たとえば，コミュニケーション技術について，手紙，電話，電子メール，SNSと変化すると，従来の共通感覚が破壊されたり，望ましい成果をもたらさなくなることで，慣習的調整の失敗に陥る。

3　取引と市場的調整

市場的調整の定義

　政治的調整と慣習的調整のいずれも，もちろん有益なものであるが，限界もある。そこで，3つ目の調整メカニズムとして，取引を介した市場的調整を紹介する。まず，市場的調整は以下のように定義される。

定義▶▶市場的調整

市場的調整とは，取引を介して主体間関係の調整が行われるメカニズムである。

　ここでいう取引とは，「商取引（trade）」というよりも「関わり合い（transaction）」を意味する。もう少し厳密に定義すると，以下のようになる。

定義▶▶取引

取引とは，各主体の自発的・自律的な意思決定に基づく関わり合い（とくに相互依存と相互牽制）を意味する。

　要するに，それぞれの人や組織が，それぞれの目的や思惑，判断に基づいて形成する結びつきや関係が取引ということになる。従って，財貨の売買や企業間の競争に限定されず，個人間の家族関係や友人関係，企業間の提携関係，国家間の国際関係なども取引になる。

　なお，取引というと，義理も人情もなく，金銭的利益だけを短視眼的に追求するような悪どいものだと決めつける人がいるかもしれないが，ここで想定している取引はもっと幅広いものである。あくまで，「自発的・自律的な人間の関わり合い」が取引である。

市場的調整のメカニズム

　市場的調整は，政治的調整のように，公権力をもつ主体の存在を想定しない。また，慣習的調整のように，基準となる共通感覚が与えられているわけでもない。それにも関わらず，それぞれの主体の意思決定を改善し，主体間の相互作用における利害対立を抑制し，協調を促進するような仕組みである。では，この調整メカニズムはどのように機能するのだろうか。簡単な取引のモデルを使って説明しよう。

　いま，AさんとBさんという2人の個人間の取引を考える。AさんとBさんの行動はお互いに影響を与えるので，それぞれが適切な行動をとるような調整が求められる。ここでは単純に，Aさんが保有している財XをBさんに提供し，BさんがAさんに見返りとして貨幣Pを提供する状況を想定する。また，Bさんは取引前の時点で貨幣Mを保有しているとしよう。そして，もし取引が成立すると，Aさんは財Xを失う代わりに貨幣Pを保有することになり，Bさんは貨幣Pを失う代わりに財Xを獲得することになる（**図表14-5**）。

図表14-5 取引のモデル

	取引前	取引後
A さん	財 X を所有	貨幣 P を保有
B さん	貨幣 M を保有	財 X と貨幣 M－P を保有

　では，この取引は成立すべきだろうか，言い換えると，A さんは財 X を引き渡し，かつ，B さん見返り P を支払うべきだろうか。さらに，この見返り P はどのように設定すべきだろうか。

　市場的調整メカニズムのもとでの回答は単純である。すなわち，A さんと B さんがともに「取引前」よりも「取引後」のほうが望ましいと自発的に判断するならば，取引は成立すべきであるし，成立する。また，いずれか一方でも「取引前」のほうが望ましいと自発的に判断するならば，取引は成立すべきではないし，不成立になる。そして，見返りとして支払う──受け取る貨幣 P は，両者ともに「取引後」のほうが望ましいと判断する範囲であれば，いずれでもよい。従って，当事者たちが自発的に交渉して決定すればよい。さらに，取引に関わる全ての人が「取引前」よりも「取引後」のほうが望ましいと判断しているのであるから，社会の状態としても必ず改善する。このように説明される。

　この主張を確認するために，以下の Work に取り組んでもらいたい。

Work

A さんは財 X を保有しており，その価値を300円だと評価している。B さんは，貨幣2000円を保有しており，財 X を獲得したときの価値は600円だと評価している。

(1)　代価が700円のとき，A さんと B さんは自発的に取引するか？

(2)　代価が200円のとき，A さんと B さんは自発的に取引するか？

(3)　当事者たちが自発的に交渉するならば，取引成立する代価はいくら（の範囲）になるか？

(4)　代価が400円のとき，取引が成立すると，A さんと B さんはそれぞれどれだけの得が発生するか？

　一応，解答を示しておくと，(1)A さん「する」・B さん「しない」，(2)A さん

「しない」・Bさん「する」，⑶300円と600円の間，⑷Aさん「100円」・Bさん「200円」となる。

　市場的調整の帰結は，①結果として誰も損することなく，むしろ得をする，および，②財Xをより高く評価する人が利用するので社会全体の総価値が増大する，と特徴づけられる。また，その実現の条件は，③各主体は取引が得か損かを主観的・相対的に判断するだけでよいので非常に簡便である。

> ― Point ―
> 市場的調整の帰結は，全ての主体が得しつつ，社会全体の総価値を増大させるものであり，その実現のための条件は非常に簡便である。

　市場的調整と比較すると，慣習的調整のもとでは，前提となる適切な共通感覚がそもそも存在しないことがある。あるいは，政治的調整のもとでは，前提となる適切な公権力の保持者が存在しないかもしれないし，もし存在しても，適切に行使しない／できないことがある。

　一方，市場的調整は，共通感覚や公権力といった固有の条件が前提とされず，そのうえで，望ましい帰結を簡便に実現する。このため，普遍的に利用可能な調整メカニズムだということができる。

> ― Point ―
> 市場的調整は，慣習的調整や政治的調整よりも，普遍的に利用可能な調整メカニズムである。

市場的調整の失敗（市場の失敗）

　もちろん，市場的調整がうまく機能しない状況はある。これを市場的調整の失敗，あるいは，単純に「市場の失敗」と呼ぶ。

　ただし，注意すべきことに，市場的調整に固有の失敗と，調整メカニズム全般の失敗を分けて考える必要がある。市場的調整がうまく機能しないからといって他の調整メカニズムを利用しようとしても，じつは調整メカニズム全般の失敗のときには，他の調整メカニズムもうまく機能しない。

　たとえば，不完全情報の場合，取引について適切な意思決定ができないため，市場的調整はうまく機能しない。しかし，不完全情報であるならば，政治的調整もうまく機能しないし，慣習的調整はうまく機能しているか判断できない。市場的調整よりも政治的調整のほうが望ましいというためには，市場的調整のもとでは不完全情報であるが，政治的調整のもとでは完全情報であるといった非対称的な仮定を置く必要がある。あるいは，取引に参加する主体間に格差（弱者と強者）があると自発的・自律的な取引が歪められる，という指摘もある。この状況についても，取引に参加する強者は取引を歪めるが，公権力の保持者というさらなる強者は取引を歪めない，という非対称的な仮定に依存している。とすると，市場の失敗が発生するというためには，これらの非対称的な仮定の根拠や妥当性を検討する必要がある。すなわち，市場的調整だけが失敗する固有の要因・条件を措定し，その内容や作用を解明する必要がある。

> **Point**
>
> 市場的調整だけが失敗する固有の要因・条件と，調整メカニズム全般が失敗する要因・条件を分離して整理し，解明する必要がある。

4　調整メカニズムの選択と適用

取引費用

　市場的調整は，固有の条件を前提としないため，固有の条件に伴う失敗は発生しない。そこで，調整メカニズム全般に関わる共通の要素が，それぞれの調整メカニズムのもとで異なる性質をもつと想定する。この共通の要素として，主体間関係を構築・運用する費用（取引費用）に着目する。

定義▶▶取引費用

取引費用は，主体間関係を構築・運用する全ての費用を集計したものである。

　取引費用に着目すると，ある取引の成果を，最も小さな取引費用で実現でき

る調整メカニズムが望ましいことになる。つまり，政治的調整や慣習的調整よりも，市場的調整のほうが大きな取引費用を要するならば，市場的調整は（相対的にみて）うまく機能していない，すなわち，市場の失敗に陥っていることになる。そして，その場合には，市場的調整に代わって，最も取引費用が小さい調整メカニズムを選択し，適用することが求められる。

調整メカニズムの選択(1)：いじめ問題

　事例として，前章で紹介した，学校でのいじめ問題に対応するための調整メカニズムの選択を考えてみよう。まず，いじめ問題について，主体間関係の複雑性と発生頻度という2つの軸で整理してみる。複雑性が高いほど，対応は困難になるので，取引費用は大きくなる。また，慣習的調整ではそもそも対応できない可能性が高くなる。一方，頻度が高く，類似の状況が繰り返し発生するのであれば，パターンで対応できるので取引費用は小さくなる（図表14-6）。

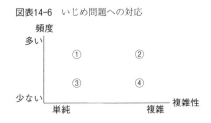

図表14-6　いじめ問題への対応

　まず，①単純で頻度が高い状況であれば，適切な共通感覚を確立した慣習的調整を選択することが望ましい。あるいは，謙抑的な政治的調整のもとで明確なルールやマニュアルを形成してもよい。逆に，自発的・自律的な関係でひとつひとつ対応する市場的調整は取引費用が相対的に大きくなる。

　次に，②複雑で頻度が高い状況については，単純な慣習的調整では対応しきれないかもしれない。そこで，政治的調整によってより強力なルールを確立・運用することも考えられる。しかし，政治的調整だけでは複雑性に対応しきれないのであれば，当事者間でじっくり話し合うという市場的調整を基本としながら，それを政治的調整で支援するような対応が望ましいかもしれない。

　続いて，③単純で頻度が低い状況では，自発的・自律的な関係のなかで解決

を図る市場的調整が優位性を発揮するだろう。政治的調整は必要ないし，不用意な介入は却って問題をこじらせることすらありうる。

　最後に，④複雑かつ少ない状況は，対応が難しい。取引費用が大きくなるために，いずれの調整メカニズムもうまく機能しないかもしれない。このため，問題が軽微であれば，放置されることもありうる。しかし，問題が深刻ならば，政治的調整が強く求められることになる。ただし，公権力をもつ主体（典型的には教員）が不用意に介入すると，問題が潜在化や過激化するといった副作用もありうる。政治的調整は，問題を表面的に抑制するには効果的であるが，根源的に解決することはそれほど得意ではない。偏向や予断を排して，丁寧に情報収集し，対応策を検討するような，政策過程を用意することが求められる。

調整メカニズムの選択(2)：ライフプランの決定

　もうひとつの事例として，ライフプランの決定について考えてみよう。すなわち，それぞれの人間は，自らの人生において，何を学び，どのように所得を稼ぎ，どのように生活していくべきだろうか。

　まず，ひとつの考え方は，慣習的調整に従って，家系や地域における共通感覚のもとでライフプランを決定するというものである。たとえば，貴族の子供は貴族，鍛冶屋の子供は鍛冶屋として，職業，生活圏，交流範囲，結婚などまで，「そういうものだ」と決まっている。これは，社会的移動が困難で，かつ，公的教育が整備されていない状況では，生きていくための知識や技能を習得し，さらに，それらの知識や技能を活かして所得を稼ぐうえでは適切かもしれない。鍛冶屋の子供がじつは漁師の才能を持っているとしても，その才能を開花させ，漁師仲間を見つけて協力関係を確立し，所得を稼げるようになるまでに，市場的調整では膨大な取引費用が発生してしまう。

　もうひとつの考え方は，政治的調整に従って，それぞれの人間のライフプランを指定するというものである。たとえば，ある国家において公権力をもつ主体が，敵対者の身分を剥奪する，あるいは，特定分野の才能がある子供を選別してその分野での人生を強制する，といった状況が分かりやすいだろう。また，規模は小さいが，家庭という社会において公権力を握る親が，子供の進学や就職，結婚，居住地域などを命令することもある。公権力をもつ主体が，それぞ

れの人間の才能や意向について的確な情報をもち，最善のライフプランを選択する意欲があるならば，取引費用を大きく抑制することができる。

　最後の考え方は，市場的調整に従って，各人が自発的・自律的に自らのライフプランを選択するというものである。自分自身の才能や志望に合わせて，自分自身の人生を発展させるのである。自分のことは自分が一番分かっているし，自分の人生については自分が一番真剣に取り組むのであれば，取引費用が小さくなることが期待される。ただし，ライフプランの決定に当たっては，慣習的調整や政治的調整も大きな役割を果たす。教育や職業に限らず，生活一般は，何らかの共通感覚から切り離すことができない。また，義務教育を考えれば分かるように，一定程度の知識や技能を強制的に習得させられなければ，ライフプランを検討することすらできない。

より具体的な政策へ

　これらの事例から分かるように，取引費用に着目して，調整メカニズムの相対的な優劣を判断し，さらに，適用する調整メカニズムの長所を活かし，短所を抑制するようなアレンジを踏まえて選択することで政策目的を達成していく。

Point

取引費用に着目し，また，個別の状況に照らしてアレンジしたり，組み合わせたりしながら，調整メカニズムを選択して適用することで政策を実践する。

　これは，まず，取引費用に着目して適切な調整メカニズムを検討し，続いて，その調整メカニズムのもとで政策を間接的に開発するというアプローチである。理想的な政策を直接的に決定するアプローチではない。取引費用を無視するような直接的に決定するアプローチでは，政策の実践的な議論が難しくなる。

　たとえば，「学校でのいじめ問題」について，「いじめっ子を叱る」「仲良くしなさいと命じる」「マニュアルどおりに対応する」「保護者同士で話し合う」「警察・司法が介入する」といった対応策を羅列しても，いずれが適切であるのか検討できない。あるいは，「ライフプランの決定」についても，「当人の自発的

な決定に委ねる」「家系や地域の伝統に従う」「公権力が適切に決定する」といっ
た方針を並べてみても，他者を説得する根拠が乏しい。

　「私がそう思うから」といった個人的な信念ではなく，他者と共有可能な基盤
に基づいて政策を検討するためには，ここで紹介したような，調整メカニズム
を駆使する間接的なアプローチが優位性をもつ。

> ― Point ―――――――――――――――――――――――
> 取引費用に着目し，調整メカニズムを検討したうえで，適切な政策を検討
> するという間接的なアプローチをとる。[(3)]

　一見しただけでは，このアプローチは理解しづらいかもしれない。しかし，
先ほど紹介した事例からも分かるように，このアプローチはすでにある程度ま
では実践されている。また，紹介した事例以外の，景気政策，社会政策，産業
政策，環境政策，エネルギー政策，あるいは，議会・選挙制度改革，司法制度
改革，行政改革といった政策では，もっと分かりやすく，このアプローチを活
用できる。

　もちろん，現実の政策は，調整メカニズムを駆使したところで，すぐに成果
を挙げられるわけではない。むしろ，政策が効果を発揮し，目的を実現するま
でに，多大な労力と時間を必要とすることが多い。しかし，だからこそ，体系
的に問題を捉え，対応を検討し，実践していくことが求められる。ここに，取
引費用に着目し，調整メカニズムを駆使する間接的なアプローチの存在意義が
ある。

5　まとめ

　この章では，調整メカニズムを駆使する政策実践のための考え方を紹介した。
すなわち，政策目的を実現すべき取引費用を特定化したうえで，政治的調整，

―――――――――――――――――――――――――――――――――
(3)　このアプローチを明示的に応用している文献として，A.K.ディキシット（北村行伸
　　訳）[2000]『経済政策の政治経済学』日本経済新聞社（なお，訳者あとがきも参考にな
　　る）。

慣習的調整および市場的調整を基本として，その選択，アレンジ，組み合わせによって政策を実践していくという間接的なアプローチである。これは，政策課題に対する政策手段を直接的に考案するアプローチに対して，優位性をもつ。なぜなら，主体間関係の調整が，いかなる条件・要因のもとであまく機能し，あるいは失敗するのかを明示的に考慮するため，より実践的に政策を検討することができるからである。

PART Ⅳ

まとめと展望

第15章

総合政策学の「おもしろさ」へ

　この章では，ここまでに学んだことを全体的に振り返り，確認し，そのうえ
で，これからのさらなる学習や実践について述べる。ここまでに学習した内容
は多岐にわたるし，馴染みのない概念やアイデアもでてきた。あらためて振り返
ることで，知識や技能を定着させてもらいたい。しかし，総合政策学は，ここ
まで学んだことで「終わり」ではない。むしろ，さらに学習や実践を進めて，
総合政策学の「おもしろさ」を実感してもらいたい。

1　学習成果の振り返り

　本書の第1章において，以下の4つの基本方針を建てた。

　第一に，実践的で役に立つ「政策の学問」であることを重視する。すなわち，
政策を理解し，政策を実践することに貢献する，という目的を追求する。
　第二に，当事者の視点を前提とする。自分自身が直面し，自分自身が判断し，
その成果——利益あるいは損害——を自分自身が受け取るような政策に取り組
む状況を念頭に置く。
　第三に，できるだけ厳密な考察方法を活用する。具体的には，経済学を全面
的に利用する。
　第四に，当事者の視点と厳密な考察方法とのバランスに配慮する。

　これらの基本方針に照らして，学習成果を確認し，そして，さらなる学びや
実践への方針も考えてみよう。
　まず，第一の基本方針である，実践的で役に立つ「政策の学問」であること
は，どうだろうか。日常的な，身の回りの政策課題について，以前よりもうま

く，発見，理解，検討，実践できるようになっていれば，成功だといってよい。あくまで，断片的・部分的な改善で構わない。むしろ，完璧だと思い込むことは危険である。

　次に，第二の基本方針である，当事者の視点についてはどうだろうか。評論家や解説者ではなく，自分自身の問題として，自分自身が考えるという意識を持つようになっただろうか。これも，あらゆることについて当事者の視点をもつ必要はない。以前よりも，より広く，より深く，当事者としての視点をもつようになれば，基本方針は達成されたといってよい。

　続く，第三の基本方針である，厳密な考察方法については，読者自身が実感することは難しいかもしれない。とくに，経済学についてきちんと学んでいない人にとっては，判断のしようがないだろう。とはいえ，用語や概念の意味をきちんと把握し，前提条件を確認し，なにがどのように作用し，どのような帰結に繋がるのかを解明する，という意識が強化されていればよい。これは当たり前のようで，意外と難しい。いまの段階で「達成した」とは言い切れなくても，今後とも改善しつづける意識をもってもらいたい。

　最後に，第四の基本方針である，当事者の視点と厳密な考察方法とのバランスについては，判断できないという人がさらに多いかもしれない。実践する場面にならなければ，バランスがとれているかどうか分からない。また，バランスの意味や程度については，個人差が大きいので，一律の基準もない。この基本方針についても，達成したかどうかを性急に判断するのではなく，自分自身にとってのバランスをこれから試行錯誤していくことを心がけてもらいたい。

2　さらなる学習に向けたブックガイド

　ここまで，本書で学んだことを振り返ってきた。しかし，本書はあくまで入門書であって，本書のおわりは，さらなる学習のはじまりになる。ここでは，次の段階の学習のための文献・書籍を簡単に紹介しよう。ただし，これが絶対というわけではなく，あくまでひとつの参考モデルと考えてもらいたい。

総合政策学の総論

総論的な学習の次のステップとして，以下の5冊を挙げる。

- 秋吉貴雄・伊藤修一郎・北山俊哉［2020］『公共政策学の基礎』（第3版）有斐閣。
- 新川達郎編［2013］『政策学入門』法律文化社。
- 見上崇洋・佐藤満編著［2009］『政策科学の基礎とアプローチ』（第2版）ミネルヴァ書房。
- I.M.D.リトル（松本保美訳）［2004］『公共政策の基礎』木鐸社。
- E.バーダック（白石賢司他訳）［2012］『政策立案の技法』東洋経済新報社。

秋吉他［2020］は，「政策の学問」の標準的な内容を手堅くまとめており，いろいろなバランスもよい。逆に，新川［2013］は標準的な内容に揺さぶりをかけるような記述となっていて，「政策の学問とはなにか」「政策の学問とはどうあるべきか」という問いに対するヒントを与えてくれる。同様の問いへの回答として，見上・佐藤［2009］は意思決定に焦点を当てた体系を提示し，また，リトル［2004］は経済学の応用として総合政策学を位置づけている。最後のバーダック［2012］はタイトルからも分かるように，「政策の学問」というよりは「政策の技法」に焦点を当てており，この意味で極めて実践的である。

タイプに着目した知識と技能

政策の学問として執筆されたものはほとんどないが，実務家向けの書籍は非常に多い。ここではそのなかでも定番的なものを挙げておく。

- 齋藤嘉則［2001］『問題発見プロフェッショナル「構想力と分析力」』ダイヤモンド社。
- 照屋華子・岡田恵子［2001］『ロジカル・シンキング』東洋経済新報社。
- B.ミント（山崎康司訳）［1999］『新版 考える技術・書く技術』ダイヤモンド社。
- 秋吉貴雄［2017］『入門 公共政策学』中公新書。

これらは，それぞれに濃淡はあるが，着眼力・発見力，知識力・情報力および分析力・考察力の全てに関わる。秋吉［2017］以外は一般的な実務家向けに書かれており，それだけに政策の学問への応用にはひと工夫が必要になる。この「応用のためのひと工夫」に焦点を当てているのが秋吉［2017］で，タイプに着目した知識と技能を政策の学問として再構成することを試みている。

注意すべきことに，これらはいずれも入門書・教科書ではない。また，具体的なテクニックを紹介しているようで，じつは根源的な意識や考え方を改革することを求めている。このため，ただ読んだだけでは理解も活用も難しい。そこで，最初から完璧に理解することを目指さずに，時間をかけてじっくりと自らの血肉に変えていくような学び方を勧める。

なお，提言力と実践力については，「この一冊」と絞り込むことが難しい。ここでは敢えて，個別の文献は挙げないこととする。

対象に着目した知識と技能

政策の学問において，対象となる，環境，個人，企業，政府・国家および主体間関係について解説する，まとまった教科書は存在しない。そこで，それぞれ独自に学びを進めていく必要がある。ひとつの方法としては，哲学，科学哲学，政治学，行政学，経営学，経済学，社会学など，ある程度まで確立された学問分野のひとつを出発点として，知識や技能を蓄え，そこから少しずつ知識や技能の幅を広げ，総合化していくことを推奨する。

ただし，本書，第14章の「調整メカニズムの分類と活用」については，手掛かりとなるような文献を紹介しておく。

- ●R.ミラー，D.ベンジャミン，D.ノース（赤羽隆夫訳）［2010］『経済学で現代社会を読む』（改訂新版）日本経済新聞社。
- ●U.ニーズィー，J.A.リスト（望月衛訳）［2014］『その問題，経済学で解決できます』東洋経済新報社。
- ●J.エルスター（海野道郎訳）［1997］『社会科学の道具箱』ハーベスト社。

調整メカニズムを活用した政策について，本書では応用例をあまり紹介でき

なかった。これを補完してくれるのが，ミラー他［2010］およびニーズィー，リスト［2014］である。いずれも興味深い事例を多数紹介しているので，具体的なイメージを捉えることができるだろう。また，エルスター［1997］は，調整メカニズムそのものについて，比較的平易に解説している。より高度な学びへと進むための橋渡しになるだろう。

3　総合政策学のおもしろさ

　本書の「はじめに」で，「政策に関わることのおそろしさ」を強調した。「正しい」とする本当の根拠はない政策を推進することはおそろしいし，実施されている政策についてよく分からないままに「賛成／反対」することもおそろしい。「本当にこれでよいのだろうか」「（自分自身も含めて）間違っているのではないか」という意識をもちつつ政策に取り組む姿勢が求められる。

　その一方で，きちんと政策に取り組むことで，世の中をより良くすることも期待できる。自分が着目し，情報を集め，考察し，提言した政策によって，人々が喜び，企業が業績をあげ，国の状態が改善するのである。

　もちろん，これは最高の成果ではないかもしれない。しかし，総合政策学の理解が深まれば，もっときちんと政策に取り組むことで，さらに世の中が良くなる。もっと幅広く発見し，もっと深く情報を集め，もっと精緻に考察し，もっと効果的に提言し，実践すれば，さらにさらに世の中が良くなる。

　あるいは，「きちんと政策に取り組む」ことができたとしても，大きな政策のなかでは自分の貢献はほんの僅かだと思うかもしれない。それはその通りである。しかし，貢献が「僅か」であることは「無効」を意味するわけではない。巨大な機械を構成する小さな歯車のひとつだとしても，その歯車がなければ機械は正常に作動しないのである。そして，総合政策学の理解が深まれば，たとえ「僅か」だとしても，自分なりの貢献ができるし，自分の貢献を確認・検証することができる。

　僅かな貢献？
　上等じゃないか！！

たとえ僅かでも，確かな貢献を実践できる。

たとえ僅かでも，確かな貢献を認識できる。

その僅かな貢献が世の中をより良くすることに繋がっている！

政策に関わることはおもしろい！

総合政策学はおもしろい！！

ひとりでも多くの読者が，このような境地に到達してもらいたい。

人名索引

事 項 索 引   *太字ページには定義

《著者紹介》

加賀見一彰（かがみ・かずあき）

1999年　東京大学大学院経済学研究科博士課程単位取得退学
2003年　博士（経済学　東京大学）
現　在　東洋大学経済学部総合政策学科教授
主　著　「「部品供給－調達システム」の発生と淘汰」岡崎哲二編『生産組織の経済史』東京大学出版会, 2005年。「無駄ヅモ無き「法と経済学」改革」『新世代法政策学研究』, 2010年。"An Institutional Approach to the Creation of Innovation Ecosystems and the Role of Law", Penn. *State Journal of Law & International Affairs*, Vol.4, Issue 1, 2015.（河野俊行氏との共著）

実践的アプローチで学ぶ
総合政策学入門

2023年10月1日　初版第1刷発行　　　　　〈検印省略〉

定価はカバーに
表示しています

著　　者　　加　賀　見　一　彰
発　行　者　　杉　田　啓　三
印　刷　者　　藤　森　英　夫

発行所　株式会社　ミネルヴァ書房
607-8494　京都市山科区日ノ岡堤谷町1
電話代表　（075)581−5191
振替口座　01020−0−8076

亜細亜印刷・新生製本
ISBN978-4-623-09609-1
Printed in Japan

石畑良太郎ほか 編著
よくわかる社会政策 ［第3版］
B 5 ・232頁
本体2,600円

家中茂ほか 編著
新版 地域政策入門
A 5 ・304頁
本体3,000円

石橋章市朗ほか 著
公共政策学
A 5 ・324頁
本体2,800円

埋橋孝文 編著
どうする日本の福祉政策
A 5 ・284頁
本体3,000円

櫻井純理 編著
どうする日本の労働政策
A 5 ・256頁
本体3,000円

落合恵美子 編著
どうする日本の家族政策
A 5 ・314頁
本体3,000円

フィリップ・コトラー 著　松野弘 監訳
「公共の利益」のための思想と実践
A 5 ・260頁
本体4,000円

M・ミントロム 著　石田祐ほか 訳
政策起業家が社会を変える
四六・240頁
本体2,500円

佐野亘ほか 監修・著
政策と規範
A 5 ・282頁
本体2,800円

樽見弘紀ほか 編著
新・公共経営論
A 5 ・256頁
本体2,800円

ミネルヴァ書房
https://www.minervashobo.co.jp/